Dörte Maria Packeiser/Ernst-Dietrich Egerer
Thomas Holm/

Lied trifft Text

Eine Arbeitshilfe zur Gottesdienstgestaltung mit dem Evangelischen Gesangbuch

Gesangbuchverlag Stuttgart GmbH
Stuttgart 2000

ISBN 3-931895-12-2
Herstellung: J.F. Steinkopf Druck GmbH, Stuttgart
3. Auflage 2002

VORWORT

Das Wort von der ecclesia semper reformanda bezieht sich auch auf das Lied, das die Kirche in jeder Generation von neuem verantworten muß. Und es bezieht sich elementar auf das Singen selbst, das immer wieder der Erneuerung bedarf. Neues Lied und neues Singen leben davon, daß eine Gemeinde auch sagt, was sie singt. Mit ihrem Lied macht die Gemeinde im Gottesdienst nicht einfach gute Stimmung, sondern sie agiert in Bitte, Ruf, Klage, Dank, Appell und Predigt, und sie reagiert in alledem auf das gehörte Wort Gottes. Mit dem Evangelischen Gesangbuch sind die Möglichkeiten dazu vielfältiger geworden.
Frauen und Männern im Pfarramt und im kirchenmusikalischen Dienst soll nun dieses Buch helfen, diese Möglichkeiten noch besser zu erkennen und auszuschöpfen. Es soll helfen, das Gesangbuch als Laienagende zu benutzen, die Liedauswahl für die Gottesdienste im Kirchenjahr zu erleichtern, das Gespräch zwischen Kantorat und Pfarramt anzuregen, und im Laufe der Zeit zu größerer Vielfalt der Lieder in der Gemeinde zu kommen. Dazu haben wir das Kirchenjahr mit allen Sonntagen und den wichtigen Feiertagen mit dem Gesangbuch (EG-Württemberg) durchbuchstabiert.

Der Liturgische Kalender der württembergischen Ausgabe des Evangelischen Gesangbuchs (838) soll in künftigen Auflagen wieder die Sonntagsleitbilder enthalten. Deshalb haben wir sie ebenfalls aufgenommen, wenngleich die aus der Berneuchener liturgischen Bewegung stammenden Leitbilder auch problematisch sind, denn sie sprechen immer wieder die Sprache der 30er-Jahre („die Gemeinde der Sünder") oder sind zuweilen nicht mehr recht zugänglich („der Freudenmeister"). Deshalb haben wir bei einigen Sonn- und Feiertagen zusätzlich in Klammern Vorschläge für ein neues Sonntagsleitbild gemacht.

Bei manchen Sonn- und Feiertagen stehen Bemerkungen zu kalendarischen Besonderheiten. Hierfür konnten wir die meisten Angaben dem Gottesdienstbuch („Erneuerte Agende") der VELKD- und der EKU-Kirchen (Entwurf 1997) entnehmen. Dafür danken wir der Leitung der VELKD in Hannover und der Kirchenkanzlei der EKU in Berlin an dieser Stelle sehr herzlich!

An 12 Stellen weicht die württembergische Landeskirche ohne Kennzeichnung von der Perikopenordnung der EKD ab.[1] An diesen Stellen haben wir sowohl die EKD-Perikope als auch die für Württemberg geltende Alternative aufgeführt. Darüberhinaus gibt es gegenüber der EKD ca. 70 württembergische Abweichungen in der Perikopenabgrenzung. Sie werden ebenfalls an der jeweiligen Stelle vermerkt.

Für die Sonn- und Feiertage schlagen wir zu allen Perikopentexten inklusive der württembergischen Marginalreihe mehrere Lieder vor. Die für einen bestimmten Text angegebenen Lieder eines Sonntages sind auch einmal untereinander austauschbar.
Wir wollen Anreiz geben, beim Singen sich wieder an größere Zusammenhänge zu wagen, nicht im gleichförmigen Absingen der möglicherweise acht oder zehn Strophen eines Liedes, sondern mit phantasievollen Wechseln zwischen verschiedenen Gemeinde- und Instrumentengruppen im Sinne der alternatim-Praxis. Deshalb sind die Lieder meist ohne Strophenauswahl angegeben. Entweder singt man nach altem Brauch per omnes versus, oder trifft selbst eine Strophenauswahl. Wenn wir eine Strophenauswahl getroffen haben, die nicht mit der ersten Strophe eines Liedes beginnt, steht der Titel des Liedes in Klammern.
Manchmal findet sich der Bezug zu einem biblischen Text sehr pointiert in einer einzelnen Strophe. Dann wäre denkbar, eine solche Strophe auch während der Predigt zu singen oder aufzusagen.
Wir regen an, das Predigtlied nicht nur als Bestätigung der gemachten und gehaltenen Predigt zu verstehen, sondern umgekehrt auch zu versuchen, das Predigtlied während oder sogar vor der Predigtarbeit auszuwählen und so eine Predigthilfe zu gewinnen.
Wir haben außerdem jeder Perikope zur Profilierung und schnelleren Einordnung, aber auch zur Denkanregung eine pointierte Überschrift gegeben.
Für jeden Sonntag schlagen wir außerdem Lieder zu Taufe und

[1] Perikopengesetz vom 6. April 1979 mit Ausführungsbestimmungen, Amtsblatt der Evang. Landeskirche in Württemberg 48, 1979, S. 419–432.

Abendmahl vor, die nach Möglichkeit mit den Perikopen oder dem Leitbild des jeweiligen Tages zusammenklingen.

Schließlich geben wir in den „Liturgischen Vorschlägen" Anregungen für den Gebrauch von weiteren Gesängen, Zwischentexten, Bildern und Gebeten, die aus dem Gesangbuch zur Gestaltung eines Gottesdienstes benützt werden können. Darüberhinaus machen wir für manche Sonntage zusätzlich Gestaltungsvorschläge, die im Sinne der Offenen Formen des Gottesdienstbuches „Erneuerte Agende" die Flexibilität des Predigtgottesdienstes in Anspruch nehmen.

Zu guter letzt erschließen verschiedene Verzeichnisse weitere Bezüge:

Eine Liste mit Segensstrophen enthält Vorschläge für das Kirchenjahr.
Das Verzeichnis, das alle Perikopen in der biblischen Anordnung aufführt, kann helfen, für einen bestimmten Text rasch den entsprechenden Sonntag ausfindig zu machen. Viele Predigtbände oder Predigthilfen sind nach dem Kirchenjahr aufgebaut und können mit diesem Verzeichnis schneller erschlossen werden. Die zwischen Württemberg und der EKD abweichenden Texte sind gekennzeichnet.
Das Verzeichnis „Bibelstellen bei Liedstrophen" führt über das Gesangbuchregister „Bibelstellen" (846) hinaus alle im Gesangbuch unter Strophen stehenden Bibelstellen komplett an.
Mit dem Verzeichnis „Zwischentexte zur Liturgie" wird ein Teil der Zwischentexte für den Gottesdienst erschlossen. Dabei wurden auch inhaltliche Bezüge von Perikopen zu Zwischentexten aufgeführt. So kann ein Zwischentext gelegentlich zum Kon-Text der Predigt werden.
Ein weiteres Verzeichnis erschließt mögliche Beziehungen von Perikopen zu den Bildern des württembergischen Gesangbuchs und umgekehrt.
Schließlich wird ein Register mit dem Strophenbau der Lieder vorgelegt. Wer für einen Liedtext einmal nach einer Alternativmelodie sucht, wird mit diesem Schlüssel schnell fündig. Um eine Melodie zu finden, muß man zunächst die Zeilenanzahl einer Strophe, z.B. 4 bei „Meinem Gott gehört die Welt" (408), danach die Silbenzahl

der Zeilen einer Strophe abzählen, also 7.7.7.7. im genannten Beispiel, und findet dann unter „7.7.7.7.“ alle auf dieses Silbenschema passenden Melodien, noch einmal unterteilt in auftaktig (Zusatz: <) und volltaktig beginnende Melodien, sowie bei größeren Gruppen differenziert in choral, mensuriert und taktiert notierte Melodien. Gelegentlich können auch auftaktig und volltaktig beginnende Melodien untereinander kompatibel sein. Das Zeichen ° signalisiert eine gedehnte Anfangsnote.
Die Intention dieses Verzeichnisses wäre allerdings verfehlt, wenn damit bekannte Lieder, die jetzt mit einer neuen Melodie im Gesangbuch stehen (z.B. „Der du die Zeit in Händen hast“ (64), „Du höchstes Licht“ (441) und andere), doch wieder nur nach altbekannten Melodien gesungen würden. Es kann aber gelegentlich reizvoll sein und neue Zugänge zu einem Liedtext ermöglichen, wenn er nach einer anderen Melodie gesungen wird.

Folgende Abkürzungen sind verwendet:
E (Eingangslied), **Ps** (Psalm), **Wl** (Wochenlied), **Tl** (Tageslied), **W** (württembergische Marginalreihe, Perikope oder Perikopenabgrenzung), **S** (Schlußlied), **T** (Tauflied), **A** (Abendmahlslied), **K** (Kanon), **Ssp** (Singspruch).

Dörte Maria Packeiser, Kirchenmusikdirektorin in Heidenheim;
Ernst-Dietrich Egerer, Pfarrer in Hattenhofen;
Thomas Holm, Pfarrer in Ravensburg;
Bernhard Leube, Pfarrer beim Amt für Kirchenmusik, Stuttgart.

INHALTSVERZEICHNIS

1. SONNTAG IM ADVENT

Der kommende Herr
(Der Einzug Jesu)

Liturgische Farbe: violett

Wochenspruch: Siehe, dein König kommt zu dir, ein Gerechter und ein Helfer. (Sach 9,9)

Wochenpsalm: Psalm 24

E:	Macht hoch die Tür	1
	Tochter Zion	13
	Nun jauchzet all, ihr Frommen	9
	Dein König kommt in niedern Hüllen	14
Ps:	Psalm 24	712
	Lobgesang der Maria	761
Wl:	Nun komm, der Heiden Heiland	4
	Die Nacht ist vorgedrungen	16
I:	**Mt 21, 1–9 (Ev.): Jesu Einzug in Jerusalem**	
	Wie soll ich dich empfangen	11
	Dein König kommt in niedern Hüllen	14
	Sieh, dein König kommt zu dir	537
	Jesus zieht in Jerusalem ein	314
	(Nun jauchzet, all ihr Frommen)	9,2
II:	**Röm 13, 8–12 (13.14) (Ep.): Die Nacht ist vorgedrungen**	
	Die Nacht ist vorgedrungen	16
	O komm, o komm, du Morgenstern	19
	Du höchstes Licht, du ewger Schein	441
	(Also liebt Gott die arge Welt)	51,4

III:	**Jer 23, 5–8 (AT): Verheißung des gerechten Königs**	
	Macht hoch die Tür	1
	Tochter Zion, freue dich	13
	Dein König kommt in niedern Hüllen	14,1–3
	Auf, auf, ihr Christen alle	536
IV:	**Offb 5, 1–5 (6–14): Das Buch mit den sieben Siegeln**	
	(Wach auf, mein Herz, die Nacht ist hin)	114,6–8.10
	(Jesus Christus herrscht als König)	123,2
	(Herzlich tut mich erfreuen)	148,8
	Herr Gott, dich loben wir	191
V:	**Lk 1, 67–79: Der Lobgesang des Zacharias**	
	Gott sei Dank durch alle Welt	12
	Gott, heilger Schöpfer aller Stern	3
	Morgenglanz der Ewigkeit	450
VI:	**Hebr 10, (19–22)23–25 [W: Hebr 10, 19–25]: Bekenntnis der Hoffnung**	
	Gottes Sohn ist kommen	5
	Herr, mach uns stark im Mut, der dich bekennt	154,1–5
	Vertraut den neuen Wegen	395
	Ich glaube fest, daß alles anders wird	661
W:	**Sach 9, 9.10: Verheißung des Friedenskönigs**	
	Tochter Zion, freue dich	13
	Dein König kommt in niedern Hüllen	14
	Nun jauchzet, all ihr Frommen	9
	Christus ist König, jubelt laut	269
S:	Seht, die gute Zeit ist nah	18 (K)
	Sende dein Licht und deine Wahrheit	172 (K)
T:	Gott, der du alles Leben schufst	211
	(Das Volk, das noch im Finstern wandelt)	20,8
	(Wie soll ich dich empfangen)	11,4–8

A:	Gottes Sohn ist kommen	5,1–4
	(Auf, auf, ihr Christen alle)	536,2.3
	Er ist das Brot, er ist der Wein	228

Vorschläge zur liturgischen Gestaltung

- Einzug der Gemeinde in die Kirche mit „Macht hoch die Tür“ (1) oder „Tochter Zion“ (13).
- „Macht hoch die Tür“ (1) mit dem Kanon „Er ist die rechte Freudensonn“ (2) kombinieren, oder Strophen 1–4 mit Chor singen lassen, die Gemeinde die jeweils letzten zwei Melodiezeilen aufnehmen lassen, Strophe 5 dann als Eingangsgebet.
- „Komm, göttliches Licht“ (575), als Introitus, evtl. nur mit Frauenstimmen.
- Familiengottesdienst mit „Wir sagen euch an den lieben Advent“ (17).
- Entfaltetes Kyrie (178.4; 178.13) in der Messe, weil Gloria entfällt.
- Entsprechend der Passionszeit in der Adventszeit auf das „Ehr sei dem Vater ...“ (177.1) nach dem Psalmgebet verzichten.
- Eingangsgebet S. 66; aus Nr. 772. Abschluß des Eingangsgebets mit „O laß dein Licht auf Erden siegen“ (14,6).
- Nach dem Stillen Gebet „Seht, die gute Zeit ist nah“ (18 K), „Nun sei uns willkommen, Herre Christ“ (22 K), „Sende dein Licht und deine Wahrheit“ (172 K).
- Evangelium des Tages S. 71.
- „Jesus zieht in Jerusalem ein“ (314) im Wechsel, z.B. zwei Bankseiten.
- „Wir glauben Gott im höchsten Thron“ (184) auf Melodie „O Heiland, reiß die Himmel auf“ (7)
- Zu Mt 21,9 (S. 71) Sanctus/Benedictus-Gesänge (185.1–3; 185.5).
- An Sonntagen der 5. Reihe „Lobgesang des Zacharias“ nach 779,6, z.B. vom Kirchenchor.
- Adventskyrie (178.6) bei den Fürbitten.
- Als Segensstrophen „Komm, o mein Heiland Jesus Christ“ (1,5), „Ach mache du mich Armen“ (10,4), „Lob, Preis und Dank, Herr Jesu Christ“ (33,3), den Kanon „Sende dein Licht und deine Wahrheit“ (172 K).

2. SONNTAG IM ADVENT

Der kommende Erlöser (Gericht und Erlösung)

Liturgische Farbe: violett

Wochenspruch: Seht auf und erhebt eure Häupter, weil sich eure Erlösung naht. (Lk 21,28)

Wochenpsalm: Psalm 80, 2–7.15–20

E:	Wie soll ich dich empfangen	11
	O Heiland, reiß die Himmel auf	7
	Nun komm, der Heiden Heiland	4
Ps:	Psalm 143	755
	Psalm 126	750
	Psalm 51	727
	Psalm 63	729
Wl:	Ihr lieben Christen, freut euch nun	6
I:	**Lk 21, 25–33 (Ev.): Erlösung am Ende der Zeit**	
	Gottes Sohn ist kommen	5
	Gott, heilger Schöpfer aller Stern	3
	Wir warten dein, o Gottessohn	152
	Des Menschen Sohn wird kommen	558
II:	**Jak 5, 7.8 (Ep.): Mahnung zur Geduld**	
	Die Nacht ist vorgedrungen	16
	(Wir warten dein, o Gottessohn)	152,2.3
	(Steht auf, ihr lieben Kinderlein)	442,7–9

III: Mt 24, 1–14: Zeichen des Kommens Jesu

Gott, heilger Schöpfer aller Stern	3
(Wie soll ich dich empfangen)	11,6–10
Der Himmel, der ist, ist nicht der Himmel, der kommt	153
Daß Jesus siegt, bleibt ewig ausgemacht	375

IV: Jes 63, 15.16.(17–19a).19b; 64, 1–3(AT): Sehnsucht nach Erlösung

O Heiland, reiß die Himmel auf	7
(Die Nacht ist vorgedrungen)	16,3.4
Seht, die gute Zeit ist nah	18 (K)
Herr, mach uns stark im Mut, der dich bekennt	154

V: Jes 35, 3–10: Rückkehr der Erlösten nach Zion

Seht, die gute Zeit ist nah	18 (K)
Tröstet, tröstet, spricht der Herr	15
Herzlich tut mich erfreuen	148
Wenn der Herr einst die Gefangnen	298
Morgenglanz der Ewigkeit	450

VI: Offb 3, 7–13: Halte, was du hast!

(Wie soll ich dich empfangen)	11,4–7
Es mag sein, daß alles fällt	378
Ich steh in meines Herren Hand	374
(Befiehl du deine Wege)	361,9–12
Geist des Glaubens, Geist der Stärke	137,1.2

W: Offb 2, 1–7: Lohn der Geduld

Mit Ernst, o Menschenkinder	10
(Wie soll ich dich empfangen)	11,8–10
(Befiehl du deine Wege)	361,9–12

S:

Wachet auf, ruft uns die Stimme	147
(Gottes Sohn ist kommen)	5,5–9
(Ermuntert euch, ihr Frommen)	151,8
Der Himmel, der ist, ist nicht der Himmel, der kommt	153

T:	Nun schreib ins Buch des Lebens	207
	(Die Nacht ist vorgedrungen)	16,4.5
	Voller Freude über dieses Wunder	212
A:	Herr, du wollest uns bereiten	220
	(Auf, auf, ihr Christen alle)	536,2–7
	Kyrie eleison	178.14 (K)

Vorschläge zur liturgischen Gestaltung

- Singspruch „Seht auf und erhebt eure Häupter“ (21 Ssp) als Motto mehrfach wiederholen, zum Einzug in Kombination mit „Dein König kommt in niedern Hüllen“ (14) oder mit „Mit Ernst, o Menschenkinder“ (10), als „Kyrie“ im Fürbittengebet, Kombination auch mit den Zwischentexten S. 56; 57; 61; 66.
- Nach dem Stillen Gebet Kanon „Jesus Christus, gestern und heute“ (683 K) oder „Alles ist eitel, du aber bleibst“ (559 K).
- Als Segensstrophen „Laß mich dein sein und bleiben“ (157), „Jesu, stärke deine Kinder“ (164), „Gloria sei dir gesungen“ (535).
- Zwischentext S. 989 als Eingangsgebet.

3. SONNTAG IM ADVENT

Der Vorläufer des Herrn (Johannes der Täufer)

Liturgische Farbe: violett

Wochenspruch: Bereitet dem Herrn den Weg, denn siehe, der Herr kommt gewaltig. (Jes 40,3.10)

Wochenpsalm: Psalm 85, 2–8 *oder* Psalm 24

E:	Nun komm, der Heiden Heiland	4
	Gott sei Dank durch alle Welt	12
	Tröstet, tröstet, spricht der Herr	15
Ps:	Psalm 25	713
	Psalm 24	712
Wl:	Mit Ernst, o Menschenkinder	10
I:	**Mt 11, 2–6.(7–10) (Ev.) [W: Mt 11, 2–6.(7–11)]: Bist du es, der da kommen soll?**	
	Wir wollen singn ein' Lobgesang	141
	Wie soll ich dich empfangen	11
II:	**1. Kor 4, 1–5 (Ep.): Richtet nicht vor der Zeit!**	
	Ihr lieben Christen, freut euch nun	6
	Ist Gott für mich, so trete	351,11–13
	Meine engen Grenzen	589
	Manchmal kennen wir Gottes Willen	626

III:	**Lk 3, 1–14: Die Predigt des Täufers**	
	Wir wollen singn ein' Lobgesang	141
	(Wach auf, wach auf, du deutsches Land)	145,4–7
	Kam einst zum Ufer	312
IV:	**Röm 15, (4.)5–13: Nehmt einander an, wie Christus euch angenommen hat!**	
	Lobt Gott den Herrn, ihr Heiden all	293
	Wir sagen euch an den lieben Advent	17,1–3
	Nun singe Lob, du Christenheit	265
	O Heiland, reiß die Himmel auf	7
	Nun komm, der Heiden Heiland	4
V:	**Jes 40, 1–8.(9–11): Tröstet, tröstet mein Volk!**	
	Tröstet, tröstet, spricht der Herr	15
	(Mit Ernst, o Menschenkinder)	10,2–4
	Erhebet er sich, unser Gott	281,1
VI:	**Offb 3, 1–6: Werde wach!**	
	Wach auf, wach auf, du deutsches Land	145
	O komm, o komm, du Morgenstern	19
	(Valet will ich dir geben)	523,5
W:	**Lk 1, 5–25.57–66: Johannes der Täufer – Ankündigung und Geburt**	
	Wir wollen singn ein Lobgesang	141
	Ohren gabst du mir	236
	(Mit Ernst, o Menschenkinder)	10,2
	(O Jesu Christe, wahres Licht)	72,4
S:	Das Volk, das noch im Finstern wandelt	20
	(Macht hoch die Tür)	1,5
	Gott sei Dank durch alle Welt	12
T:	Christ, unser Herr, zum Jordan kam	202
	Du hast mich, Herr, zu dir gerufen	210

A:	Kommt mit Gaben und Lobgesang	229
	Ohren gabst du mir	236

Vorschläge zur liturgischen Gestaltung

- Der Kanon „Alles ist eitel, du aber bleibst“ (559 K) enthält einen Kernsatz aus dem Predigttext der 6. Reihe.
- Der Kanon „Nun sei uns will kommen, Herre Christ“ (22 K) als mehrfach wiederkehrendes Motto.
- Der Lobgesang des Zacharias (779.6) als gesungener Psalm, z.B. vom Chor oder einer Schola.
- „Das Volk, das noch im Finstern wandelt“ (20) kombiniert mit der Lesung des biblischen Textes S. 85.
- „Kam einst zum Ufer“ (312) mit Vorsängern und Sängergruppe inszenieren.
- Lesung aus der CA: Artikel 11 Von der Buße (S. 1498).

4. SONNTAG IM ADVENT

Die nahende Freude (Maria)

Liturgische Farbe: violett

Wochenspruch: Freuet euch in dem Herrn allewege, und abermals sage ich: Freuet euch! Der Herr ist nahe! (Phil 4,4.5)

Wochenpsalm: Psalm 102, 17–23

E:	Die Nacht ist vorgedrungen	16
	Es kommt ein Schiff geladen	8
	Hoch hebt den Herrn mein Herz	309
	Macht hoch die Tür	1
	Wir sagen euch an den lieben Advent	17
Ps:	Psalm 102	741
	Lobgesang der Maria	761
	Psalm 145	756
Wl:	Nun jauchzet, all ihr Frommen	9
I:	**Lk 1, (39–45).46–55.(56) (Ev.): Der Lobgesang Marias**	
	Mein Seel, o Herr, muß loben dich	308
	Hoch hebt den Herrn mein Herz	309
	Dein König kommt in niedern Hüllen	14
II:	**Phil 4, 4–7 (Ep.) [W: Phil 4, 4–7. (8.9)]: Aufruf zur Freude**	
	In dem Herren freuet euch	359
	Freuet euch im Herren allewege	239
	Freuet euch, ihr Christen alle (ohne Halleluja)	34
	O komm, o komm, du Morgenstern	19

III:	**Lk 1, 26–33.(34–37).38 [W: Lk 1, 26–38]:Der Englische Gruß**	
	Es kommt ein Schiff geladen	8
	Wie soll ich dich empfangen	11
	(Jauchzet, ihr Himmel)	41,7
	(Herbei, o ihr Gläub'gen)	45,2
IV:	**2. Kor 1, 18–22: Ja und Amen**	
	Gott sei Dank durch alle Welt	12
	(Dir, dir, o Höchster, will ich singen)	328,6.7
	(Das Kreuz ist aufgerichtet)	94,4
	(Herr, dein Wort, die edle Gabe)	198,2
V:	**Joh 1, 19–23.(24–28) [W: Joh 1, 19–28]: Die Predigt des Täufers**	
	Tröstet, tröstet, spricht der Herr	15
	Mit Ernst, o Menschenkinder	10
	Wir wollen singn ein' Lobgesang	141
	Siehe, das ist Gottes Lamm	190.4 (K)
VI:	**Jes 52, 7–10 (AT): Gottes Rückkehr nach Zion**	
	Macht hoch die Tür	1
	Tochter Zion, freue dich	13
	Jesus zieht in Jerusalem ein	314
	(Wachet auf, ruft uns die Stimme)	147,2
	Singet dem Herrn ein neues Lied	287
W:	**Röm 5, 12–14.(15–17).18–21: Adam und Christus**	
	(Christ lag in Todesbanden)	101,2–4
	(Nun freut euch, lieben Christen g'mein)	341,2–7
	Christe, du Schöpfer aller Welt	92,1–4
	(Dies ist der Tag, den Gott gemacht)	42,4 7
S:	O komm, o komm, du Morgenstern	19
	Das Volk, das noch im Finstern wandelt	20
	Seht, die gute Zeit ist nah	18 (K)

T:	Christ, unser Herr, zum Jordan kam	202
	(Gott, der du alles Leben schufst)	211,3–5
A:	Sieh, dein König kommt zu dir	537
	Ich bin das Brot, lade euch ein	587

Vorschläge zur liturgischen Gestaltung

- Adventskyrie (178.6).
- Magnificat in Liedform: „Mein Seel, o Herr, muß loben dich" (308); „Hoch hebt den Herrn mein Herz" (309), als Kanon „Meine Seele erhebt den Herren" (310 K), im Taizé-Kanon (573 I und II), z.B. nach dem Stillen Gebet II und nach den Abkündigungen zu I dazu.
- Magnificat als gesungenes Psalmgebet (781.6).
- Nach dem Stillen Gebet „Seht, die gute Zeit ist nah" (18 K) oder „Sende dein Licht und deine Wahrheit" (172 K).
- Als Gebet „O komm, o komm, du Morgenstern" (19) im Wechsel mit den O-Antiphonen des 17.–23. Dezember (Gotteslob, Nr. 772) und Lesungen. Der Kehrvers von „O komm, o komm, du Morgenstern" (19) kann auch separat verwendet werden.

CHRISTVESPER

Das Licht der Welt (Die Geburt Christi)

Liturgische Farbe: weiß

Tagesspruch: Das Wort ward Fleisch und wohnte unter uns, und wir sahen seine Herrlichkeit. (Joh 1,14)

Tagespsalm: Psalm 2 *oder* Psalm 96

Die Christvesper wird in der Regel in einer besonderen Form und ohne Abendmahl gefeiert. Die Predigttexte sind austauschbar mit denen der Christnacht.

E:	Lobt Gott, ihr Christen alle gleich	27
	Ihr Kinderlein, kommet	43
	Herbei, o ihr Gläub'gen	45
	Vom Himmel hoch, da komm ich her	24
Ps:	Psalm 98	739
	Psalm 96	738
	Lobgesang der Maria	761
Tl:	Gelobet seist du, Jesu Christ	23
I:	**Lk 2, 1–14.(15–20) (Ev.): Die Geburt Christi**	
	Vom Himmel hoch, da komm ich her	24
	Brich an, du schönes Morgenlicht	33
	Kommet, ihr Hirten	48
	Wißt ihr noch, wie es geschehen	52
	Als die Welt verloren	53
	Den die Hirten lobeten sehre	29
	Ihr Kinderlein, kommet	43
	Ich lobe meinen Gott, der aus der Tiefe mich holt	611

II:	**Tit 2, 11–14 (Ep.): Erscheinung der heilsamen Gnade Gottes**	
	Dies ist die Nacht, da mir erschienen	40
	Weil Gott in tiefster Nacht erschienen	56
	Also liebt Gott die arge Welt	51,1.2
	Freu dich, Erd und Sternenzelt	47
III:	**Joh 3, 16–21: Gott liebt diese Welt**	
	Also liebt Gott die arge Welt	51
	Also hat Gott die Welt geliebt	28 (Ssp)
	Gott liebt diese Welt	409
	Zu Bethlehem geboren	32
	Ihr Kinderlein, kommet	43
IV:	**Jes 9, 1–6 (AT): Das Licht in der Finsternis**	
	Das Volk, das noch im Finstern wandelt	20
	Es ist ein Ros entsprungen	30
	Ich steh an deiner Krippen hier	37
	Wunderbarer Gnadenthron	38
	Dies ist die Nacht, da mir erschienen	40
	Der Heiland ist geboren	49
V:	**Joh 7, 28.29: Der Gesandte Gottes**	
	Dies ist der Tag, den Gott gemacht	42
	Gott, heilger Schöpfer aller Stern	3
	Es kommt ein Schiff geladen	8
	Du Kind, zu dieser heilgen Zeit	50
VI:	**1. Tim 3, 16: Geheimnis des Glaubens**	
	Jauchzet, ihr Himmel	41
	Als die Welt verloren	53
	Hört der Engel helle Lieder	54
	Ihr Kinderlein, kommet	43

Keine württembergische Reihe.

S:	Als die Welt verloren	53
	O du fröhliche	44
	Stille Nacht, heilige Nacht	46
	Uns wird erzählt von Jesus Christ	57
	Es ist ein Ros entsprungen	30

Vorschläge zur liturgischen Gestaltung

- Weihnachtsgeschichte Lk 2: S. 90f., die Worte des Engels in der Spartenüberschrift S. 89.
- Eine Variante des Engelsrufes: Zwischentext S. 124.
- Beginn des Predigttextes der 3. Reihe: Spartenüberschrift S. 183.
- Predigttext der 4. Reihe: S. 85.
- „Es ist ein Ros entsprungen“ (30,1.2) Gemeinde 4stimmig, danach Kanon „Es ist ein Ros entsprungen“ (31) vom Chor, schließlich Gemeinde Schlußstrophen (30,3.4).
- Prophetenlesungen und die Weihnachtsgeschichte durch Lieder, Liedstrophen mehrfach unterbrechen, z.B. „Kommet, ihr Hirten“ (48), „Allein Gott in der Höh sei Ehr“ (179,1) „Ehre sei Gott in der Höhe“ (26 K), „Gloria in excelsis Deo“ (572 K), „Als die Welt verloren“ (53), evtl. Gemeinde nur „Gloria“, „Hört der Engel helle Lieder“ (54), Gemeinde nur „Gloria“, „Und es sang aus Himmelshallen“ (52,5), auch „Gloria sei dir gesungen“ (147,3; 535) u.a.
- Den Quempas „Den die Hirten lobeten sehre“ (29) mit vier Gruppen von verschiedenen Plätzen der Kirche aus singen.
- Weihnachtliche Anbetung: Zwischentext S. 131.
- Segensstrophe „O du fröhliche“ (44).

CHRISTNACHT

Der Sohn Davids
(Die Geburt Christi)

Liturgische Farbe: weiß

Tagesspruch: Das Wort ward Fleisch und wohnte unter uns, und wir sahen seine Herrlichkeit. (Joh 1,14)

Tagespsalm: Psalm 2 *oder* Psalm 96

Die Predigttexte sind austauschbar mit denen der Christvesper.

E:	Kommt und laßt uns Christus ehren	39
	Weil Gott in tiefster Nacht erschienen	56
	Nun singet und seid froh	35
	Dies ist die Nacht, da mir erschienen	40
Ps:	Psalm 92	737
	Psalm 96	738
	Psalm 134	752
	Lobgesang der Maria	761
	Gott, du bist freundlich zu uns	768
Tl:	Lobt Gott, ihr Christen alle gleich	27

I: **Mt 1, (1–17). 18–21.(22–25) (Ev.) [W: Mt 1, (1–17). 18–25]: Stammbaum und Geburt Jesu**

Gelobet seist du, Jesu Christ	23
Ich steh an deiner Krippen hier	37
Es ist ein Ros entsprungen	30
Nun singet und seid froh	35
Wißt ihr noch, wie es geschehen	52

II:	**Röm 1, 1–7: Aus Davids Stamm – für alle Welt**	
	Nun komm, der Heiden Heiland	4
	Zu Bethlehem geboren	32
	Herbei, o ihr Gläub'gen	45
	O Bethlehem, du kleine Stadt	55
	Jesus ist kommen, Grund ewiger Freude	66
	Wie schön leuchtet der Morgenstern	70
III:	**2. Sam 7, 4–6.12–14a: Ewige Herrschaft dem Hause Davids**	
	Es ist ein Ros entsprungen	30
	Es ist ein Ros entsprungen	31 (K)
	Macht hoch die Tür	1
	Christus ist König, jubelt laut	269
IV:	**Jes 7, 10–14 (AT): Immanuel**	
	Die Nacht ist vorgedrungen	16
	Jauchzet, ihr Himmel	41
	Es ist ein Ros entsprungen	30
	Weil Gott in tiefster Nacht erschienen	56
V:	**Hes 37, 24–28: Erneuerung des Bundes mit David**	
	Gott sei Dank durch alle Welt	12
	O Bethlehem, du kleine Stadt	55
	Tochter Zion, freue dich	13
	(Das Volk, das noch im Finstern wandelt)	20,7
	Du Friedefürst, Herr Jesu Christ	422
VI:	**Kol 2, 3–10: Alle Schätze in Christus verborgen**	
	Ich steh an deiner Krippen hier	37
	Du Kind zu dieser heilgen Zeit	50
	(Eins ist Not! Ach Herr, dies Eine)	386,5
	(Jesu, meine Freude)	396,4
	(Der Mond ist aufgegangen)	482,4.5

Keine württembergische Reihe.

S:	Es ist ein Ros entsprungen	30
	O du fröhliche	44
	Stille Nacht, heilige Nacht	46
	Der Heiland ist geboren	49
	Zu Bethlehem geboren	32
	Stern über Bethlehem	540
T:	Ach lieber Herre Jesu Christ, der du ein Kindlein worden bist	203
A:	(Fröhlich soll mein Herze springen)	36,9–12
	Sieh nicht an, was du selber bist	539

Vorschläge zur liturgischen Gestaltung

- Die Christnacht kann in verschiedenen Formen gefeiert werden, in der variablen Form des Predigtgottesdienstes, als breit angelegte Andacht, oder als Vigil, bei der in Anlehnung an die Osternacht eine Lichtfeier integriert wird.
- Die Grundstruktur der Vigil: I Einleitung: Lied; II eine Folge von Lesungen nach dem Muster: a) Lied, b) Lesung, davon eine mit Predigt, c) Canticum des Chores oder gleichbleibendes Responsorium Kantor(in) – Gemeinde, d) Kollektengebet; III Schluß: Lied, Fürbittengebet, evtl. mit Litanei (192), Vaterunser, Segen. Ähnlich sind Weihnachtsgottesdienste nach der Struktur des Bachschen Weihnachtsoratoriums: Text, Auslegung/Betrachtung, Choral.
- Bildpredigten mit Hilfe von K. Raschzok (Hg), Die Bilder im Gesangbuch, Erlangen 1995, z.B. zu den Bildern von Jean Arp, Christus am Kreuz, S. 54 und von Karl Schmidt-Rottluff, Die Heiligen Drei Könige, S. 162.
- „Uns wird erzählt von Jesus Christ“ (57) in zwei Gruppen mit Kanon der letzten Zeile.

CHRISTFEST I

Das Kind in der Krippe (Die Menschwerdung Gottes)

Liturgische Farbe: weiß

Tagesspruch: Das Wort ward Fleisch und wohnte unter uns, und wir sahen seine Herrlichkeit. (Joh 1,14)

Tagespsalm: Psalm 96

Die Predigttexte sind austauschbar mit denen des Christfestes II.

E:	Brich an, du schönes Morgenlicht	33
	Freuet euch, ihr Christen alle	34
	Fröhlich soll mein Herze springen	36
	Vom Himmel hoch, da komm ich her	24
Ps:	Psalm 96	738
	Hymnus aus dem Johannes-Evangelium	763
Tl:	Gelobet seist du, Jesu Christ	23

I:	**Lk 2, (1–14).15–20 (Ev.): Die Geburt Christi**	
	Kommet, ihr Hirten	48
	Nun singet und seid froh	35
	Herbei, o ihr Gläub'gen	45
	Ich steh an deiner Krippen hier	37
	Sieh nicht an, was du selber bist	539
	Ich lobe meinen Gott, der aus der Tiefe mich holt	611
	(Fröhlich soll mein Herze springen)	36,6
	Ehre sei Gott in der Höhe	26 (K)

II:	**Tit 3, 4–7 (Ep.): Die Leutseligkeit Gottes**	
	Fröhlich soll mein Herze springen	36
	Dies ist die Nacht, da mir erschienen	40
	Der Tag, der ist so freudenreich	538
	Jauchzet, ihr Himmel	41
III:	**Mi 5, 1–4a (AT): Die Zukunft Davids in Bethlehem**	
	Vom Himmel kam der Engel Schar	25
	O Bethlehem, du kleine Stadt	55
	Es kommt ein Schiff geladen	8,1–4
IV:	**1. Joh 3, 1–6: Kinder Gottes**	
	Vom Himmel kam der Engel Schar	25
	Der Tag, der ist so freudenreich	538
	Dies ist der Tag, den Gott gemacht	42
	(Ich steh an deiner Krippen hier)	37,2
V:	**Joh 3, 31–36: Jesu himmlische Herkunft**	
	Jesus ist kommen, Grund ewiger Freude	66
	Wunderbarer Gnadenthron	38
	Kommt und laßt uns Christus ehren	39
	Also liebt Gott die arge Welt	51
	(Jesus Christus herrscht als König)	123,4–6
	Vom Himmel hoch, da komm ich her	24
VI:	**Gal 4, 4–7: Gotteskindschaft**	
	Lobt Gott, ihr Christen alle gleich	27
	Dies ist der Tag, den Gott gemacht	42
	(Nun freut euch, lieben Christen g'mein)	341,5–7
	(Es kommt ein Schiff geladen)	8,4–6
	(Dir, dir, o Höchster, will ich singen)	328,4.5
W:	**Kol 1, 13–20: Der Erstgeborene vor aller Schöpfung**	
	Fröhlich soll mein Herze springen	36
	(Ich steh an deiner Krippen hier)	37,2
	(Jesus Christus herrscht als König)	123,3–6

S:	Hört der Engel helle Lieder	54
	Nun singet und seid froh	35
	Freu dich, Erd und Sternenzelt	47
	Der Heiland ist geboren	49
T:	Christ, unser Herr, zum Jordan kam	202
	Also liebt Gott die arge Welt	51
	(Der Heiland ist geboren)	49,4
A:	Gott gibt ein Fest	586
	Sieh nicht an, was du selber bist	539
	Ich steh an deiner Krippen hier	37,3.4

Vorschläge zur liturgischen Gestaltung

- „Dies ist der Tag, den Gott gemacht“ (42) strophenweise auf den Gottesdienst (Messe) verteilt: 1 zum Eingang, 2–4 nach der Lesung/den Lesungen, 5 als Sanctus, 6 als Agnus Dei, 8 nach der Austeilung, 9 zum Ausgang.
- „Ehr sei dem Vater und dem Sohn“ (155,4) zum Beschluß des Psalmgebets auf die Melodie „Vom Himmel hoch, da komm ich her“ (24).
- Als Eingangsgebet oder Abschluß desselben „O heilig Kind von Bethlehem“ (55,3).
- „Halleluja. Suchet zuerst Gottes Reich in dieser Welt“ (182,1.7) oder eine Strophe aus „Freuet euch, ihr Christen alle“ (34) als Halleluja-Vers vor der Lesung des Evangeliums.
- Lesung der Weihnachtsgeschichte strukturieren mit „Allein Gott in der Höh sei Ehr (179,1; 180.4), „Ehre sei Gott in der Höhe“ (180.1), „Gott in der Höh sei Preis und Ehr“ (180.2), „Ehre sei Gott in der Höhe“ (180.3; 26 K), oder „Gloria in excelsis Deo“ (572 K).
- Nicänum (687) nach der Weihnachtsgeschichte, oder Te Deum (191) oder „Großer Gott, wir loben dich“ (331).
- Predigttext der württ. Reihe als Psalmgebet im Wechsel (765).
- Ein Kernsatz des Predigttextes der 3. Reihe: S. 101.
- „Wir glauben Gott im höchsten Thron“ (184) nach der Melodie „Vom Himmel hoch, da komm ich her (24).
- Singspruch „Also hat Gott die Welt geliebt“ (28) als Motto mehrfach.

- „Kommet, ihr Hirten“ (48) und „Nun singet und seid froh“ (35) gleichzeitig (Quodlibet), 35 ein Viertel früher beginnend; desgleichen „Sei mir willkommen, edler Gast“ (24,8) und „Gelobet seist du, Jesus Christ“ (23,1).
- „Uns wird erzählt von Jesus Christ“ (57) in zwei Gruppen, letzte Zeile im Kanon.
- „Vom Himmel hoch, da komm ich her“ (24) mit verteilten Rollen.
- „Freu dich, Erd und Sternenzelt“ (47) zeilenweise im Kanon.
- In einer Messe als Sanctus den Kanon 185.5.
- „Das hat er alles uns getan“ (23,7) als Akklamation nach den Einsetzungsworten.
- Segensstrophe „O du fröhliche“ (44) oder „Eins aber, hoff ich, wirst du mir“ (37,9).
- Zwischentext S. 119 als Sendungswort.

CHRISTFEST II

Die Menschwerdung Gottes (Das Licht der Welt)

Liturgische Farbe: weiß

Tagesspruch: Das Wort ward Fleisch und wohnte unter uns, und wir sahen seine Herrlichkeit. (Joh 1,14)

Tagespsalm: Psalm 96

Das Gedächtnis des Erzmärtyrers Stephanus, das auf denselben Tag fällt, hat eine längere Tradition als das Weihnachtsfest. Es soll daher nicht völlig vom 2. Weihnachtstag verdrängt werden, sondern nach Möglichkeit in einem Gottesdienst oder einer Andacht dieses Tages (evtl. am Abend) begangen werden.
Die Predigttexte sind austauschbar mit denen des Christfestes I oder denen des Stephanustags.

E:	Dies ist der Tag, den Gott gemacht	42
	Der Tag, der ist so freudenreich	538
	Kommt und laßt uns Christus ehren	39
	Es ist ein Ros entsprungen	30
	Freu dich, Erd und Sternenzelt	47
Ps:	Psalm 96	738
	Hymnus aus dem Kolosserbrief	765
	Psalm 98	739
Tl:	Gelobet seist du, Jesu Christ	23

I:	**Joh 1, 1–5.(6–8).9–14 (Ev.): Das Wort ward Fleisch**	
	Jauchzet, ihr Himmel	41
	Gott hat das erste Wort	199
	Es kommt ein Schiff geladen	8
	Christe, du bist der helle Tag	469,1
	(O Heiland, reiß die Himmel auf)	7,5
II:	**Hebr 1, 1–3.(4–6) (Ep.): Christus über allen Propheten und Engeln**	
	Dies ist die Nacht, da mir erschienen	40
	(Die Nacht ist vorgedrungen)	16,2.3
	Morgenglanz der Ewigkeit	450
	Christus, das Licht der Welt	410
III:	**Joh 8, 12–16: Das Licht der Welt**	
	Christus, das Licht der Welt	410
	Brich an, du schönes Morgenlicht	33
	Christ ist der Weg, das Licht, die Pfort	612
	Du bist der Weg und die Wahrheit und das Leben	619
	Du höchstes Licht, du ewger Schein	441
	(Mir nach, spricht Christus, unser Held)	385,2
IV:	**Offb 7, 9–12.(13–17): Die Völker vor dem Thron**	
	Herr Gott, dich loben wir	191
	(Herzlich tut mich erfreuen)	148,5–9
	(Jesus Christus herrscht als König)	123,10.11
	Gloria sei dir gesungen	535
	Heilig, heilig, heilig – Holy, holy, holy	596
	(Geh aus, mein Herz, und suche Freud)	503,11
V:	**Jes 11, 1–9 (AT): Der Frieden des Messias**	
	Es ist ein Ros entsprungen	30
	Es ist ein Ros entsprungen	31 (K)
	Freu dich, Erd und Sternenzelt	47
	(Komm, Gott Schöpfer, Heiliger Geist)	126,3–5
	Wie schön leuchtet der Morgenstern	70,1

VI:	**2. Kor 8, 9: Der fröhliche Wechsel**	
	Lobt Gott, ihr Christen alle gleich	27
	Wunderbarer Gnadenthron	38
	Dein König kommt in niedern Hüllen	14
	Du Kind, zu dieser heilgen Zeit	50
W:	**1. Kor 8, 5.6: Der Herr und die Herren**	
	Der Himmel, der ist, ist nicht der Himmel, der kommt	153
	(Nun jauchzet, all ihr Frommen)	9,4
	Auf, auf, ihr Christen alle	536
	Wir glauben all an einen Gott	183
	(Erhebet er sich, unser Gott)	281,4
	(Sei Lob und Ehr dem höchsten Gut)	326,8
	Dein König kommt in niedern Hüllen	14
S:	Freuet euch, ihr Christen alle	34
	Stern über Bethlehem	540
	O du fröhliche	44
T:	Ach lieber Herre Jesu Christ, der du ein Kindlein worden bist	203
	Gott, der du alles Leben schufst	211
	Kind, du bist uns anvertraut	582
	Vom Himmel kam der Engel Schar	25
A:	Das Wort geht von dem Vater aus	223
	Auf, auf, ihr Christen alle	536,1–5
	Gott gibt ein Fest	586

Vorschläge zur liturgischen Gestaltung

- „Komm, göttliches Licht“ (575) zum Eingang vom Chor, wenn möglich nur Frauenstimmen.
- Kanon „Es ist ein Ros entsprungen“ (31 K), z.B. nach dem Eingangsgebet.
- Sonntagsevangelium aus Joh 1 als Zwischentext S. 126, als Wechselgebet 763.

- Beginn des Predigttextes der 5. Reihe als Zwischentext S. 104.
- Singspruch „Also hat Gott die Welt geliebt“ (28 Ssp) als Strukturierung des Fürbittengebets, oder als Motto des Gottesdienstes an verschiedenen Stellen.
- Segenskanon „Sende dein Licht und deine Wahrheit“ (172 K).

26. DEZEMBER, TAG DES ERZMÄRTYRERS STEPHANUS

Stephanus

Liturgische Farbe: rot

Tagesspruch: Der Tod seiner Heiligen wiegt schwer vor dem Herrn. Dir will ich Dank opfern und des Herrn Namen anrufen. (Ps 116,15.17)

Tagespsalm: Psalm 119, 81.82.84–86

Das Gedächtnis des Erzmärtyrers Stephanus hat eine längere Tradition als das Weihnachtsfest. Es soll nicht völlig vom 2. Weihnachtstag verdrängt werden, sondern nach Möglichkeit in einem Gottesdienst dieses Tages (evtl. am Abend) begangen werden. Die Predigttexte sind austauschbar mit denen des Christfestes II.

E:	Wach auf, du Geist der ersten Zeugen	241
	Geist des Glaubens, Geist der Stärke	137
Ps:	Psalm 119	748
Tl:	Vom Himmel kam der Engel Schar	25
I:	**Mt 10, 16–22 (Ev.): Gesandt wie Schafe unter die Wölfe**	
	Herr, mach uns stark im Mut, der dich bekennt	154
	Wach auf, du Geist der ersten Zeugen	241
	Sei Lob und Ehr dem höchsten Gut	326
	Herr, wir bitten: Komm und segne uns	565
II:	**Apg (6, 8–15); 7, 55–60 (Ep.): Verhaftung und Tod des Stephanus**	
	Geist des Glaubens, Geist der Stärke	137
	Herr Gott, dich loben wir	191

III:	**Mt 23, 34–37: Das Schicksal der Propheten**	
	Herr, nun selbst den Wagen halt	242
	Herzlich tut mich erfreuen	148,1–3.8.9
	Sonne der Gerechtigkeit	262/263
	Wach auf, wach auf, du deutsches Land	145
IV:	**Offb 7, 9–12.(13–17): Die Völker vor dem Thron**	
	(Jesus Christus herrscht als König)	123,2.10.11
	(Großer Gott, wir loben dich)	331,4–6
	(Herzlich tut mich erfreuen)	148,1–3.8.9
V:	**2. Chr 24, 19–21 (AT): Der Tod des Propheten Sacharja**	
	Geist des Glaubens, Geist der Stärke	137
	Kommt her, des Königs Aufgebot	259
	Wach auf, wach auf, du deutsches Land	145
VI:	**Hebr 10, 32–34.39: Standhaftigkeit**	
	In dir ist Freude	398
	Kommt her, des Königs Aufgebot	259
	(Jauchzt, alle Lande, Gott zu Ehren)	279,4
	Keine württembergische Reihe.	
S:	Nun singet und seid froh	35
	Ich glaube, daß die Heiligen	253
T:	Du hast mich, Herr, zu dir gerufen	210
A:	Seht, das Brot, das wir hier teilen	226

Vorschläge zur liturgischen Gestaltung

- An verschiedenen Stellen des Gottesdienstes möglich: „Ihr werdet die Kraft des Heiligen Geistes empfangen“ (132 Ssp; K) und „Gleichwie mich mein Vater gesandt hat“ (260 K).
- Lesung aus der CA, Artikel 21 (S. 1503f).

1. SONNTAG NACH DEM CHRISTFEST

Simeon
(Simeon und Hanna)

Liturgische Farbe: weiß

Wochenspruch: Das Wort ward Fleisch, und wohnte unter uns, und wir sahen seine Herrlichkeit. (Joh 1, 14)

Wochenpsalm: Psalm 71, 14–18

E:	Nun singet und seid froh	35
	Der Heiland ist geboren	49
	Der Morgenstern ist aufgedrungen	69
Ps:	Psalm 71	732
	Psalm 27	714
Wl:	Vom Himmel kam der Engel Schar	25
	Freuet euch, ihr Christen alle	34
I:	**Lk 2, (22–24).25–38.(39–40) (Ev.): Simeon und Hanna**	
	Mit Fried und Freud ich fahr dahin	519
	Gott sei Dank durch alle Welt	12
	Herr Christ, der einig Gotts Sohn	67
	(Fröhlich soll mein Herze springen)	36,10–12
	Im Frieden dein, o Herre mein	222,1.3
II:	**1. Joh 1, 1–4 (Ep.): Wort des Lebens leibhaftig**	
	Uns wird erzählt von Jesus Christ	57
	Zu Bethlehem geboren	32
	Eine freudige Nachricht breitet sich aus	580

III: Mt 2, 13–18.(19–23): Flucht nach Ägypten (und Kindermord)

Befiehl du deine Wege	361
Erhalt uns, Herr, bei deinem Wort	193
Wer nur den lieben Gott läßt walten	369
Gib Frieden, Herr, gib Frieden	430
O Herr, mach mich zu einem Werkzeug deines Friedens	416

IV: 1. Joh 2, 21–25: Wer den Sohn bekennt, hat den Vater

Laß mich dein sein und bleiben	157
Bei dir, Jesu, will ich bleiben	406
Wir glauben Gott im höchsten Thron	184
(Auf, auf, mein Herz, mit Freuden)	112,6

V: Joh 12, 44–50: Jesus – das Bild Gottes

Gelobet seist du, Jesu Christ	23
O Jesu Christe, wahres Licht	72
Du Morgenstern, du Licht vom Licht	74
Christus, das Licht der Welt	410

VI: Jes 49, 13–16 (AT): Gott kann Zion nicht vergessen

Freuet euch, ihr Christen alle	34
Jauchzet, ihr Himmel	41
(Lob Gott getrost mit Singen)	243,3–6
(Nun laßt uns gehn und treten)	58,4–8
(Sei Lob und Ehr dem höchsten Gut)	326,5

W: 1. Joh 4, 1–6: Kriterien des Geistes

(Vom Himmel hoch, da komm ich her)	24,9–13
Lobt Gott, ihr Christen alle gleich	27
Weil Gott in tiefster Nacht erschienen	56
O komm, du Geist der Wahrheit	136
(Jesu, hilf siegen, du Fürste des Lebens)	373,3

S:	Brich an, du schönes Morgenlicht	33
	Komm in unsre stolze Welt	428
	Im Frieden dein, o Herre mein	222,1.3
	Uns wird erzählt von Jesus Christ	56
T:	Voller Freude über dieses Wunder	212
	Herr Christ, dein bin ich eigen	204
A:	Im Frieden dein, o Herre mein	222
	Brich herein, süßer Schein	680,1.3

Vorschläge zur liturgischen Gestaltung

- Singgottesdienst mit Vorstellung unbekannter Lieder.
- „Lobgesang des Simeon" (782.10) in zwei Gruppen oder als Psalm.
- Das von Luther als Sololied zur Laute komponierte „Mit Fried und Freud ich fahr dahin" (519) solistisch vortragen.
- „Eine freudige Nachricht breitet sich aus" (580) mit Zwischenrufen, z.B. von der Empore, z.B. mit „Christ ist geboren" oder Zwischenstrophen, z.B. „Euch ist ein Kindlein heut geborn" (24, 2).
- Schlußkanon „Sende dein Licht und deine Wahrheit" (172).

31. DEZEMBER, ALTJAHRSABEND (SILVESTER)

Zeit vor Gott
(Auf der Schwelle)

Liturgische Farbe: weiß

Tagesspruch: Barmherzig und gnädig ist der Herr, geduldig und von großer Güte. (Ps 103,8)

Tagespsalm: Psalm 121

E:	Kommt und laßt uns Christus ehren	39
	Nun laßt uns gehn und treten	58
	Ich heb mein Augen sehnlich auf	296
	Der Tag hat sich geneiget	472
Ps:	Psalm 121	749
	Psalm 90	735
	Psalm 4	703
	Hymnus aus dem Römerbrief	762
	Gott behütet mich	769
Tl:	Das alte Jahr vergangen ist	59
	Der du die Zeit in Händen hast	64
I:	**Lk 12, 35–40 (Ev.): Seid wachsam!**	
	Wachet auf, ruft uns die Stimme	147
	Des Menschen Sohn wird kommen	558
	Mache dich, mein Geist, bereit	387
	Werde munter, mein Gemüte	475,1.2.4.5.8
	(Laß mich, o Herr, in allen Dingen)	414,4

II:	**Röm 8, 31b–39 (Ep.): Nichts kann uns scheiden**	
	Warum sollt ich mich denn grämen	370
	Ist Gott für mich, so trete	351
	In dir ist Freude	398
	(O Haupt voll Blut und Wunden)	85,9.10
	(Auf, auf, mein Herz, mit Freuden)	112,6
	(Jesus lebt, mit ihm auch ich)	115,5
	(Man lobt dich in der Stille)	323,2
	(Jesu, meine Freude)	396,4
III:	**Jes 30, (8–14).15–17 (AT): Stillesein und Hoffen**	
	Das Jahr geht still zu Ende	63
	Von guten Mächten treu und still umgeben	65
	(Gott ist gegenwärtig)	165,6.7
	Man lobt dich in der Stille	323
	Wer nur den lieben Gott läßt walten	369
	Gib dich zufrieden und sei stille	371
	Was Gott tut, das ist wohlgetan	372
	Herr, weil mich festhält deine starke Hand	625
IV:	**2. Mose 13, 20–22: Wolken- und Feuersäule**	
	Von guten Mächten treu und still umgeben	65
	Nun aufwärts froh den Blick gewandt	394
	Vertraut den neuen Wegen	395
	In Gottes Namen fahren wir	498
	Geh unter der Gnade	543
	Weiß ich den Weg auch nicht	624
V:	**Joh 8, 31–36: Die Wahrheit wird euch freimachen**	
	Gottes Sohn ist kommen	5
	O Durchbrecher aller Bande	388
	(Herr Jesu, Gnadensonne)	404,4
	(Nun laßt uns Gott dem Herren)	320,8
	(Jesus ist kommen, Grund ewiger Freude)	66,2

VI:	**Hebr 13,9b: Jesus Christus – gestern, heute und in Ewigkeit**	
	Meine Zeit steht in deinen Händen	628
	Bleib bei uns, wenn der Tag entweicht	542
	(Das Jahr geht still zu Ende)	63,6
	(Wohl denen, die da wandeln)	295,3
	Jesus Christus gestern und heute	683 (K)
W:	**Ps 90: Zeit vor Gott**	
	Der du die Zeit in Händen hast	64
	Jesu, geh voran	391
	(Der Tag hat sich geneiget)	472,2–6
	(Wer weiß, wie nahe mir mein Ende)	530,3
	Herr, lehre uns, daß wir sterben müssen	534
	Meine Zeit steht in deinen Händen	628
	Bis hierher hat mich Gott gebracht	329
S:	Von guten Mächten treu und still umgeben	65/541
	Laß mich dein sein und bleiben	157
	Bewahre uns, Gott	171
	Ach bleib mit deiner Gnade	347
	Bleib bei uns, wenn der Tag entweicht	542
	Geh unter der Gnade	543
	(Freuet euch, ihr Christen alle)	34,4
	Treuer Wächter Israel'	248
	Der Tag, mein Gott, ist nun vergangen	266
T:	Nun schreib ins Buch des Lebens	207
	Ich möcht', daß einer mit mir geht	209
	Kind, du bist uns anvertraut	582
A:	Seht das Brot, das wir hier teilen	226
	Er ist das Brot, er ist der Wein	228
	Nun laßt uns Gott dem Herren	320

Vorschläge zur liturgischen Gestaltung

- Anstelle des Eingangsgebetes oder zu dessen Abschluß „Daß nicht vergessen werde“ (63,3) oder „Der du allein der Ewge heißt“ (64,6).
- „Ehr sei dem Vater und dem Sohn“ (155,4) zum Beschluß des Psalmgebets auf die Melodie „Freut euch, ihr lieben Christen all“ (60).
- Predigttext der 2. Reihe: Zwischentext S. 763, Wechselgebet Nr. 762.
- Den Beginn des Predigttexts der 6. Reihe kann man als Kanon singen (683 K).
- Die Kanongesänge „Herr, bleibe bei uns“ (483 K) und „Du Gott stützt mich“ (630 K) sind jeweils mehrfach denkbar, auch „Nichts soll dich ängsten“ (574), „Meine Hoffnung und meine Freude“ (576), „Bleib mit deiner Gnade bei uns“ (787.8).
- Wochenschlußhymnus „Du Schöpfer aller Wesen“ (485) mit Vorbemerkung zum Jahresende.
- Die Gottesdienste zum Jahreswechsel sollen auch durch Lieder als Gottesdienste in der Weihnachtszeit erkennbar sein.
- Gelegentlich sind Abendlieder verwendbar.
- „Gelobt sei deine Treue“ (58,7–15) als strophenweise Unterbrechung des Fürbittengebets.
- Nach dem Brauch in manchen „Stunden“ des Pietismus kann man z.B. während eines Liedes oder beim Hinausgehen die Gemeinde aus mehreren Körben Kärtchen mit Bibelversen ziehen lassen.
- „Lob, Ehr sei Gott im höchsten Thron“ (24,15) als Segensstrophe.
- „Der Herr behüte deinen Ausgang“ (173 K) vor dem Segen.

NEUJAHRSTAG

Der Weg mit Gott (Das Jahr des Herrn)

Liturgische Farbe: weiß

Tagesspruch: Alles, was ihr tut mit Worten oder mit Werken, das tut alles im Namen des Herrn Jesus und dankt Gott, dem Vater, durch ihn. (Kol 3, 17)

Tagespsalm: Psalm 8

Dieser Tag kann auch als Tag der Beschneidung und Namengebung Jesu gefeiert werden.
Die Predigttexte sind austauschbar.

E:	Hilf, Herr Jesu, laß gelingen	61
	Jesus soll die Losung sein	62
Ps:	Psalm 8	705
	Herr, unser Herrscher, wie herrlich ist dein Name	766
Tl:	Der du die Zeit in Händen hast	64
	Von guten Mächten treu und still umgeben	65
I:	**Lk 4, 16–21.(22–30) (Ev.): Jesu Predigt in Nazareth**	
	Wir haben Gottes Spuren festgestellt	656
	Gott sei Dank durch alle Welt	12
	Gleichwie mich mein Vater gesandt hat	260 (K)
	Hilf, Herr Jesu, laß gelingen	61

II:	**Jak 4, 13–15.(16.17) (Ep.): Der wichtigste Vor-Satz**	
	Alles ist an Gottes Segen	352
	Befiehl du deine Wege	361
	In allen meinen Taten	368
	Ich weiß, mein Gott, daß all mein Tun	497
	Das walte Gott, der helfen kann	675
III:	**Joh 14, 1–6: Der Weg, die Wahrheit, das Leben**	
	(Mir nach, spricht Christus, unser Herr)	385,2–6
	Christ ist der Weg, das Licht, die Pfort	612
	Du bist der Weg und die Wahrheit und das Leben	619
	In Gottes Namen fahren wir	498
	(Das Volk, das noch im Finstern wandelt)	20,5
	(Nun schreib ins Buch des Lebens)	207,3
IV:	**Jos 1, 1–9 (AT): Über den Jordan gehen**	
	Jesus soll die Losung sein	62
	Zieht in Frieden eure Pfade	258
	(Kommt her, des Königs Aufgebot)	259,2
	Vertraut den neuen Wegen	395
V:	**Spr 16, 1–9: Der Mensch denkt – Gott lenkt**	
	Ich weiß, mein Gott, daß all mein Tun	497,1–5
	Vertraut den neuen Wegen	395
	Befiehl du deine Wege	361
	Ich steh vor dir mit leeren Händen, Herr	382
	Das walte Gott, der helfen kann	675
VI:	**Phil 4, 10–13.(14–20): Nichts ist unmöglich**	
	Der Herr ist mein getreuer Hirt	274
	(Ich singe dir mit Herz und Mund)	324,12–14
	(Sollt ich meinem Gott nicht singen)	325,5
	Warum sollt ich mich denn grämen	370
W:	**2. Kön 23, 1–3: Erneuerter Bund unter Josia**	
	Jesus soll die Losung sein	62
	(Nun lob, mein Seel, den Herren)	289,4.5
	Wohl denen, die da wandeln	295

S:	Nun laßt uns gehn und treten	58
	Bewahre uns, Gott	171
	(Wer nur den lieben Gott läßt walten)	369,7
	Nun aufwärts froh den Blick gewandt	394
	In allen meinen Taten	368
T:	Ich bin getauft auf deinen Namen	200
	Nun schreib ins Buch des Lebens	207
	Gott, der du alles Leben schufst	211
A:	Er ist das Brot, er ist der Wein	228
	Gott sei gelobet und gebenedeiet	214
	Nun laßt uns Gott dem Herren	320

Vorschläge zur liturgischen Gestaltung

- Die neue Jahreslosung steht vielfach als Kanon zur Verfügung.
- Anstelle des Eingangsgebets oder zu dessen Abschluß „Daß nicht vergessen werde“ (63,3) oder „Der du allein der Ewge heißt“ (64,6). S. auch Zwischentext S. 835.
- Das Bild „Noah mit dem Regenbogen“ von Marc Chagall S. 146 zu Beginn der Lieder zur Jahreswende kann der Predigt den einen oder anderen Impuls geben. Wer mag, versuche sich an einer Bildpredigt. Anregungen dazu in Klaus Raschzok (Hg), Die Bilder im Gesangbuch. Beschreibung, Kontext, Zugänge. Erlangen 1995, S. 20–23. Das Bild S. 88 zur Weihnachtssparte hat den Titel „Neujahrsglückwunsch“ (vgl. Raschzok, S. 16–19).
- „Gelobt sei deine Treue“ (58,7–15) als strophenweise Unterbrechung des Fürbittengebets.
- „Herr, höre, Herr, erhöre“ (423) als Fürbittengebet.

1. JANUAR, BESCHNEIDUNG UND NAMENSGEBUNG JESU

Im Namen Jesu

Liturgische Farbe: weiß

Tagesspruch: Alles, was ihr tut mit Worten oder mit Werken, das tut alles im Namen des Herrn Jesus und dankt Gott, dem Vater, durch ihn. (Kol 3, 17)

Tagespsalm: Psalm 8

Wenn der 1. Januar als Neujahrstag gefeiert wird, können die Texte des Tages der Beschneidung und Namengebung Jesu einem Gottesdienst der folgenden vier Tage zugewiesen werden.
Die Predigttexte sind austauschbar mit Neujahr.

E:	Jesus soll die Losung sein	62
	Wie herrlich gibst du, Herr, dich zu erkennen	271
	Gelobt sei deine Treu	665
Ps:	Psalm 8	705
	Hymnus aus dem Philipperbrief	764
	Herr, unser Herrscher, wie herrlich ist dein Name	766
Tl:	Freut euch, ihr lieben Christen all	60
I:	**Lk 2, 21 (Ev.): Beschneidung und Namensgebung Jesu**	
	Jesus soll die Losung sein	62
	Es ist in keinem andern Heil	356
	(Treuer Wächter Israel')	248,3
	(Sei Lob und Ehr dem höchsten Gut)	326,8
	(Es ist das Heil uns kommen her)	342,3

II:	**Gal 3, 26–29 (Ep.): Eins in Jesu Namen**	
	Dies ist der Tag, den Gott gemacht	42
	Ich bin getauft auf deinen Namen	200,1.2
	Herr, du hast darum gebetet	267
	Strahlen brechen viele	268
	(Wer weiß, wie nahe mir mein Ende)	530,5
III:	**1. Mose 17, 1–8 (AT): Gottes ewiger Bund mit Abraham**	
	Nun danket Gott, erhebt und preiset	290
	Abraham, Abraham, verlaß dein Land	311
	(Nun lob, mein Seel, den Herren)	289,4.5
	Keine württembergische Reihe.	
S:	(Vom Himmel hoch, da komm ich her)	24,12–15
	(Vom Himmel kam der Engel Schar)	25,4–6
T:	Gott Vater, du hast deinen Namen	208
	Ich bin getauft auf deinen Namen	200
A:	Das Wort geht von dem Vater aus	223
	(Dank sei dir, Vater, für das ewge Leben)	227,3–5

Vorschläge zur liturgischen Gestaltung

- Weitere Strophen zur Namengebung Jesu: „Lob, Preis und Dank, Herr Jesu Christ“ (33,3), „Wir haben niemand, dem wir uns vertrauen“ (247, 4), „Die ganze Schöpfung soll sich vor ihm beugen“(271, 8), „Wohl mir, ich bitt in Jesu Namen“ (328, 7), „Nun, Herr, du wirst erfüllen“ (423, 11).
- Vgl. Neujahrstag.

2. SONNTAG NACH DEM CHRISTFEST

Der Gottessohn
(Der zwölfjährige Jesus im Tempel)

Liturgische Farbe: weiß

Wochenspruch: Wir sahen seine Herrlichkeit als des eingeborenen Sohnes vom Vater, voller Gnade und Wahrheit. (Joh 1, 14)

Wochenpsalm: Psalm 138, 2–5 *oder* Psalm 96.

E:	Du Morgenstern, du Licht vom Licht	74
	Wie lieblich schön, Herr Zebaoth	282
	Morgenglanz der Ewigkeit	450
	Der Heiland ist geboren	49
	Als die Welt verloren	53
Ps:	Psalm 84	734
	Psalm 96	738
Wl:	Also liebt Gott die arge Welt	51
	O Jesu Christe, wahres Licht	72
I:	**Lk 2, 41–52 (Ev.): Der zwölfjährige Jesus im Tempel**	
	Herr Christ, der einig Gotts Sohn	67
	Wie lieblich schön, Herr Zebaoth	282
	Du höchstes Licht, du ewger Schein	441,1–3

II: 1. Joh 5, 11–13 (Ep.) [W: 1. Joh 5, (6–8).9–12.(13)]: Das Zeugnis Gottes: Zeugnis vom Sohn

Also liebt Gott die arge Welt	51
Jesus ist kommen, Grund ewiger Freude	66
O lieber Herre Jesu Christ	68
(O Heilger Geist, kehr bei uns ein)	130,2
(Dir, dir, o Höchster, will ich singen)	328,6

III: Joh 1, 43–51: Philippus und Nathanael

Gott, heilger Schöpfer aller Stern	3
Jauchzet, ihr Himmel	41
Such, wer da will, ein ander Ziel	346
Mir nach, spricht Christus, unser Held	385
(Fröhlich soll mein Herze springen)	36,6–9

IV: Jes 61, 1–3.(4.9).10.11 (AT) [W: Jes 61, 1–3.(4–9).10–11]: Gute Botschaft den Elenden

(Fröhlich soll mein Herze springen)	36,10–12
Gleichwie mich mein Vater gesandt hat	260 (K)
Christi Blut und Gerechtigkeit	350
Die ganze Welt hast du uns überlassen	360
Herr, deine Liebe ist wie Gras und Ufer	643
(Ein Lämmlein geht und trägt die Schuld)	83,7
(Hilf, Herr Jesu, laß gelingen)	61,3
(Eins ist not! Ach Herr, dies Eine)	386,6

V: Joh 7, 14–18: Jesus bringt die Lehre Gottes

Gottes Sohn ist kommen	5
Wohl denen, die da wandeln	295
Sei Lob und Ehr dem höchsten Gut	326
Lobet den Herren, alle die ihn ehren	448 (K)

VI: Röm 16, 25–27: Zu guter letzt: Gott Lob und Dank

Nun singe Lob, du Christenheit	264
Ich lobe meinen Gott von ganzem Herzen	272
Christus, das Licht der Welt	410
Lob, Anbetung, Ruhm und Ehre	610
(Erhebet er sich, unser Gott)	281,3–5

W:	**4. Mose 13, 25–28; 14, 1–3.10b–13.19–24.31: Fürsprache Moses**	
	Ich steh vor dir mit leeren Händen, Herr	382
	Nun danket Gott, erhebt und preiset	290
	Ach Gott und Herr, wie groß und schwer	233
	Herr, der du vormals hast dein Land	283,1.2.5.7
	Im Lande der Knechtschaft	604
	(Wie schön leuchtet der Morgenstern)	70,2
S:	(Freuet euch, ihr Christen alle)	34,3.4
	Lobt Gott, den Herrn der Herrrlichkeit	300
	In dir ist Freude	398
T:	Herr, dieses Kind dir dargebracht	583
	Gott Vater, du hast deinen Namen	208
A:	Ich bin das Brot, lade euch ein	587
	Herr Jesu Christ, du höchstes Gut	219
	(Auf, auf, ihr Christen alle)	536,2.3

Vorschläge zur liturgischen Gestaltung

- Zur 6. Reihe passt der Kanon „Ich will den Herrn loben alle Zeit“ (335 K), mit Chorunterstützung. Außerdem, z.B. nach dem Stillen Gebet: „Lobet und preiset, ihr Völker, den Herrn“ (337 K) und „Alte mit den Jungen sollen loben“ (338 K).
- „Also hat Gott die Welt geliebt“ (28 Ssp) als Ein- und Ausleitung der Schriftlesung oder zur Gliederung der Fürbitten.

EPIPHANIAS (ERSCHEINUNGSFEST)

Die Herrlichkeit Christi (Der Morgenstern)

Liturgische Farbe: weiß

Tagesspruch: Die Finsternis vergeht, und das wahre Licht scheint jetzt. (1. Joh 2, 8b)

Wochenpsalm: Psalm 72,1–3.10–13.19

E:	Der Morgenstern ist aufgedrungen	69
	Herbei, o ihr Gläub'gen	45
	Dies ist der Tag, den Gott gemacht	42
	Licht, das in die Welt gekommen	592
	Ich will dir danken, Herr, unter den Völkern	291
	Stern über Bethlehem	540
Ps:	Hymnus aus dem Johannes-Evangelium	763
	Psalm 100	740
Tl:	Wie schön leuchtet der Morgenstern	70
	O König aller Ehren	71
I:	**Mt 2, 1–12 (Ev.): Die Magier**	
	Kommt und laßt uns Christus ehren	39
	Der Morgenstern ist aufgedrungen	69
	O König aller Ehren	71
	Stern über Bethlehem	540
	Auf Seele, auf und säume nicht	73
	Stern, auf den ich schaue	407

II: Eph 3, 2.3a.5.6 (Ep.):
Alle Völker – Miterben der Verheißung

Nun jauchzt dem Herrren, alle Welt	288
Lobt Gott den Herrn, ihr Heiden all	293
Nun preiset alle Gottes Barmherzigkeit	502
(Gelobet seist du, Jesu Christ)	23,4–7
(Dir, dir, o Höchster will ich singen)	328,4–5
Ich bin getauft auf deinen Namen	200

III: Joh 1, 15–18: Das Zeugnis des Täufers von Christus

Lobt Gott, ihr Christen alle gleich	27
Herr Christ, der einig Gotts Sohn	67
Du Morgenstern, du Licht vom Licht	74
Die Nacht ist vorgedrungen	16
(Jesus ist kommen, Grund ewiger Freude)	66,7–9
(O Durchbrecher aller Bande)	388,6

IV: Kol 1, 24–27 [W: Kol 1, 24–27.(28.29)]:
Das offenbarte Geheimnis

Jauchzet, ihr Himmel	41
Singt, singt dem Herren neue Lieder	286
Licht, das in die Welt gekommen	592

V: Jes 60, 1–6 (AT): Über dir geht auf der Herr

Licht, das in die Welt gekommen	592
Das Volk, das noch im Finstern wandelt	20
Du höchstes Licht, du ewger Schein	441
Ein Licht geht uns auf in der Dunkelheit	555

VI: 2. Kor 4, 3–6 [W: 2. Kor 4, 1–6]:
Der helle Schein in unseren Herzen

Erneure mich, o ewigs Licht	390
Herr Christ, der einig Gotts Sohn	67
(Dies ist die Nacht, da mir erschienen)	40, 2–4
Ins Wasser fällt ein Stein	637

W:	**Apg 4, 1–12: Petrus und Johannes vor dem Hohen Rat**	
	Es ist in keinem andern Heil	356
	(Jesus soll die Losung sein)	62, 2–5
	Christi Blut und Gerechtigkeit	350
S:	Jesus ist kommen, Grund ewiger Freude	66
	Lobt Gott den Herrn, ihr Heiden all	293
	Licht, das in die Welt gekommen	592
T:	Ach lieber Herre Jesu Christ, der du ein Kindlein worden bist	203
	Ich bin getauft auf deinen Namen	200
A:	Schmücke dich, o liebe Seele	218
	Gott gibt ein Fest	586
	(Wie schön leuchtet der Morgenstern)	70, 3.4 / 544, 3.4

Vorschläge zur liturgischen Gestaltung

- Für den Gottesdienst an Epiphanias liegen in der Regel liturgische Vorschläge des Oberkirchenrats vor.
- Zum Eingangslied kann als Gloria-Patri-Strophe „Ehr sei dem Vater und dem Sohn“ (155,4) auf die Melodie „O Jesu Christe, wahres Licht“ (72) ergänzt werden.
- Psalm 67 (785) kann als Eingangspsalm von zwei Gruppen mit eventuell zwei Vorsängern oder zum Abendmahl vom Chor gesungen werden. Ebenso Psalm 100 (786).
- Das Eingangsgebet kann mit folgenden Strophen ergänzt, abgeschlossen oder ersetzt werden: „Du Schöpfer aller Dinge, du väterliche Kraft“ (67,4.5); „Bleib bei uns, Herr, verlaß uns nicht“ (74,4); „O du Glanz der Herrlichkeit“ (161,3).
- Das Glaubensbekenntnis kann man singen mit „Wir glauben Gott im höchsten Thron“ (184) nach der Melodie „O Jesu Christe, wahres Licht“ (72).
- Das Wochenlied „Wie schön leuchtet der Morgenstern“ (70) wird in Württemberg gern in der Fassung Albert Knapps gesungen, der Nicolai aller Mystik entkleidet hat.

- Das Sonntagsevangelium steht als Zwischentext S. 168.
- Ein Kernsatz des Predigttextes der 5. Reihe steht in der Spartenüberschrift S. 163.
- Der Kanon „Sende dein Licht und deine Wahrheit“ (172 K) kann das Symbol des Lichtes unterstreichen.
- „Lobet und preiset, ihr Völker, den Herrn“ (337 K) paßt zur Missionsthematik von Epiphanias.

1. SONNTAG NACH EPIPHANIAS

Taufe Jesu

Liturgische Farbe: grün

Wochenspruch: Welche der Geist Gottes treibt, die sind Gottes Kinder. (Röm 8,14)

Wochenpsalm: Psalm 89, 2–6.20–23.27–30 *oder* Psalm 100

E:	O König aller Ehren	71
	Du Morgenstern, du Licht vom Licht	74
	O Christe, Morgensterne	158
	Das ist mir lieb, daß du mich hörst	292
Ps:	Psalm 116	746
	Psalm 100	740
Wl:	O lieber Herre Jesu Christ	68
	Du höchstes Licht, du ewger Schein	441

I:	**Mt 3, 13–17 (Ev.): Die Taufe Jesu**	
	Christ, unser Herr, zum Jordan kam	202
	Wir wollen singn ein' Lobgesang	141
	Herr Christ, der einig Gotts Sohn	67
II:	**Röm 12, 1–3.(4–8) (Ep.): Gottesdienst im Alltag der Welt**	
	Laß mich, o Herr, in allen Dingen	414
	Strahlen brechen viele aus einem Licht	268
	Hilf, Herr meines Lebens	419
	(Ich bin getauft auf deinen Namen)	200,5.6
	(Es geht daher des Tages Schein)	439,5.6

III:	**Mt 4, 12–17: Jesus beginnt in der Provinz**	
	Komm in unsre stolze Welt	428
	Das Volk, das noch im Finstern wandelt	20
	Wach auf, du Geist der ersten Zeugen	241
	Laß uns den Weg der Gerechtigkeit gehn	658
IV:	**1. Kor 1, 26–31: Die törichte Weisheit Gottes**	
	(Herr, stärke mich, dein Leiden zu bedenken)	91,4–6
	(Ich weiß, mein Gott, daß all mein Tun)	497,4–9
	(Eins ist not! Ach Herr, dies Eine)	386,5–8
	(Wer nur den lieben Gott läßt walten)	369, 6.7
	Herr, laß mich deine Heiligung	634
V:	**Joh 1, 29–34: Der Täufer Johannes und das Lamm Gottes**	
	Der Morgenstern ist aufgedrungen	69
	Wir wollen singn ein' Lobgesang	141
	O Jesu Christe, wahres Licht	72
	(Jesus ist kommen, Grund ewiger Freude)	66,6
	(Herr, weil mich festhält deine starke Hand)	625,2
VI:	**Jes 42, 1–4.(5–9) (AT): Der glimmende Docht wird nicht verlöschen**	
	Nun lob, mein Seel, den Herren	289
	Christus, das Licht der Welt	410
	(Lobe den Herren, o meine Seele)	303,5–8
	(Such, wer da will, ein ander Ziel)	346,2.3
W:	**Mk 1, 9–13.(14.15): Taufe und Versuchung Jesu, seine Predigt**	
	Christ, unser Herr, zum Jordan kam	202
	Gott Vater, du hast deinen Namen	208,1.3
	(Ich weiß, woran ich glaube)	357,3.4
	(Bleib bei mir, Herr! Der Abend bricht herein)	488,3–5
S:	Jesu, der du bist alleine	252
	(Jesus ist kommen, Grund ewiger Freude)	66,8.9

T:	Ich bin getauft auf deinen Namen	200,1.5
	Christ, unser Herr, zum Jordan kam	202
A:	Gottes Sohn ist kommen	5,1–4
	Herr Jesu Christ, du höchstes Gut	219

Vorschläge zur liturgischen Gestaltung

- Diesen Sonntag kann man als Taufsonntag im Januar vorsehen.
- Zum Eingang kann ein Chor „Komm, göttliches Licht" (575) in Abstimmung auf die Tonart des folgenden Orgelvorspiels singen; oder als Leitvers beim Psalmgebet mit tonartlich abgestimmtem „Ehr sei dem Vater".
- Bei Sonntagen der 5. Reihe können alle Agnus-Dei-Gesänge (190.1–190.4) gesungen werden.

2. SONNTAG NACH EPIPHANIAS

Der Freudenmeister
(Die Hochzeit zu Kana)

Liturgische Farbe: grün

Wochenspruch: Das Gesetz ist durch Mose gegeben; die Gnade und Wahrheit ist durch Jesus Christus geworden. (Joh 1,17)

Wochenpsalm: Psalm 105, 1–8 *oder* Psalm 100

E:	Jesus ist kommen, Grund ewiger Freude	66
	Christus ist König, jubelt laut	269
	Wie schön leuchtet der Morgenstern	70/544
	Freuet euch, ihr Christen alle	34,1–3
Ps:	Psalm 100	740
	Psalm 36	719
	Psalm 116	746
Wl:	Gottes Sohn ist kommen	5
	In dir ist Freude	398
I:	**Joh 2, 1–11 (Ev.): Die Hochzeit zu Kana**	
	Unser Leben sei ein Fest	636
	Deine Hände, großer Gott	424
	Lobt und preist die herrlichen Taten des Herrn	429
	Singt das Lied der Freude über Gott	305

II: Röm 12, (4–8).9–16 (Ep.): Kennzeichen der christlichen Gemeinde

Strahlen brechen viele aus einem Licht	268
Herz und Herz vereint zusammen	251
Ein wahrer Glaube Gotts Zorn stillt	413
O Herr, mach mich zu einem Werkzeug deines Friedens	416
Laß die Wurzel unsers Handelns Liebe sein	417
(Christus ist König, jubelt laut)	269,4.5

III: 2. Mose 33, 17b–23 (AT) [W: 2. Mose 33, (12–17a). 17b–23]: Mose möchte Gott sehen

Gott wohnt in einem Lichte	379
Christus, das Licht der Welt	410
Öffne meine Augen	176 (Ssp; K)
O Gottes Sohn, du Licht und Leben	633,1.2
Ich will dich lieben, meine Stärke	400,1–4
(Jauchzet, ihr Himmel)	41,3.4
(Du Wort des Vaters, rede du)	632,10

IV: 1. Kor 2, 1–10: Die Weisheit Gottes

Wie herrlich gibst du, Herr, dich zu erkennen	271
(Eins ist not! Ach Herr, dies Eine)	386,5
(Ich weiß, mein Gott, daß all mein Tun)	497,4–9

V: Mk 2, 18–20.(21.22): Das Fest der Gegenwart Jesu

Jesus ist kommen	66
Wie schön leuchtet der Morgenstern	70
Unser Leben sei ein Fest	636
O Durchbrecher aller Bande	388
Singt das Lied der Freude über Gott	305

VI:	**Hebr 12, 12–18.(19–21).22–25a: Ihr seid im himmlischen Jerusalem**	
	Kommt, Kinder, laßt uns gehen	393
	Jerusalem, du hochgebaute Stadt	150
	Herr, laß mich deine Heiligung	634
	Jesu, stärke deine Kinder	164
	(Ermuntert euch, ihr Frommen)	151,7
W:	**Hos 2, 20–22: Die Verlobung Gottes**	
	Gelobt sei deine Treu	665
	Auf und macht die Herzen weit	454
	Gott ist getreu	616
S:	Du höchstes Licht, du ewger Schein	441
	Jesu, meine Freude	396
	Meine Hoffnung und meine Freude	576
T:	Weißt du, wieviel Sternlein stehen	511
	In dir ist Freude	398
	(Die Nacht ist vorgedrungen)	16,4.5
A:	Gott gibt ein Fest	586
	Komm, sag es allen weiter	225
	In dir ist Freude	398
	Seht das Brot, das wir hier teilen	226
	(Ermuntert euch, ihr Frommen)	151,7

Vorschläge zur liturgischen Gestaltung

- An diesem Sonntag sollte in der Konsequenz des Tagesevangeliums das Abendmahl gefeiert werden.
- Ein Kernsatz aus dem Predigttext der 2. Reihe steht in der Spartenüberschrift S. 1431.

3. SONNTAG NACH EPIPHANIAS

Der Heiden Heiland (Der Heiland der Völker)

Liturgische Farbe: grün

Wochenspruch: Es werden kommen von Osten und von Westen, von Norden und von Süden, die zu Tisch sitzen werden im Reich Gottes. (Lk 13,29)

Wochenpsalm: Psalm 86, 1–11.17 *oder* Psalm 100

Der 3. Sonntag nach Epiphanias fällt aus, wenn Ostern vor dem 8. April (in Schaltjahren 7. April) liegt. Fällt dieser Sonntag auf den 25. Januar, so können die Texte des Gedenktages der Berufung des Apostels Paulus (EG S. 1534) an die Stelle der Texte dieses Sonntages treten.

E:	Jesu, Jesu, Brunn des Lebens	562
	O lieber Herre Jesu Christ	68
	Licht, das in die Welt gekommen	592
	Ich will dir danken, Herr, unter den Völkern	291
Ps:	Psalm 47	726
	Psalm 100	740
Wl:	Lobt Gott, den Herrn, ihr Heiden all	293
I:	**Mt 8, 5–13 (Ev.): Der Hauptmann von Kapernaum**	
	Allein auf Gottes Wort will ich	195
	Herr, öffne mir die Herzenstür	197
	Meine engen Grenzen	589
	Ich lobe meinen Gott, der aus der Tiefe mich holt	611
	Gott will's machen	620

II: Röm 1, (14.15).16.17(Ep.) [W: Röm 1, 14–17]: Das Evangelium – die Kraft Gottes

Allein auf Gottes Wort will ich	195
Es ist das Heil uns kommen her	342
Such, wer da will, ein ander Ziel	346
O Gott, du höchster Gnadenhort	194
(Wie schön leuchtet der Morgenstern)	70,2
(O komm, du Geist der Wahrheit)	136,4

III: Joh 4, 46–54: Heilung in Kapernaum

Ohren gabst du mir	236
Ich lobe meinen Gott von ganzem Herzen	272
Nun danket Gott, erhebt und preiset	290
Wir haben Gottes Spuren festgestellt	656

IV: 2. Kön 5, (1–8).9–15.(16–18).19a (AT) [W: 2. Kön 5,(1–8). 9–19a]: Die Heilung des Naaman

Jesus ist kommen, Grund ewiger Freude	66
Ich will dir danken, Herr, unter den Völkern	291
Ich steh vor dir mit leeren Händen, Herr	382
Herr, du hast mich angerührt	383
Harre, meine Seele	623

V: Joh 4, 5–14: Jesus und die Samariterin

Der Herr ist mein getreuer Hirt	274
Brunn alles Heils, dich ehren wir	140
O Lebensbrünnlein tief und groß	399
Stern, auf den ich schaue	407
Nun gib uns Pilgern aus der Quelle	579

VI: Apg 10, 21–35: Grenzüberschreitung

Wach auf, du Geist der ersten Zeugen	241
Die Kirche steht gegründet	264
O Jesu Christe, wahres Licht	72
In Christus gilt nicht Ost noch West	597
Damit aus Fremden Freunde werden	657

W:	**Apg 15, 1–12: Das Apostelkonzil und die Heidenmission**	
	Ich lobe dich von ganzer Seelen	250
	O daß doch bald dein Feuer brennte	255
	Herr, du hast darum gebetet	267
	Christus ist König, jubelt laut	269
	Damit aus Fremden Freunde werden	657
S:	(Herr Christ, der einig Gotts Sohn)	67,3.4
	(Wach auf, du Geist der ersten Zeugen)	241,4.8
T:	Gott, der du alles Leben schufst	211
	Ein reines Herz, Herr, schaff in mir	389
A:	Du hast zu deinem Abendmahl	224
	Damit aus Fremden Freunde werden	657
	(Auf, Seele, auf und säume nicht)	73,8–10

Vorschläge zur liturgischen Gestaltung

- Vers 8 des Tagesevangeliums ist Bestandteil der Abendmahlsbereitung in der Messe.
- Aus dem Predigttext der 3. Reihe steht ein Schlüsselsatz als Zwischentext S. 443.
- Zur Thematik des Sonntags „Lobet und preiset, ihr Völker, den Herrn“ (337 K).

4. SONNTAG NACH EPIPHANIAS

Der Herr der Naturmächte
(Der Herr der Natur)

Liturgische Farbe: grün

Wochenspruch: Kommt her und sehet an die Werke Gottes, der so wunderbar ist in seinem Tun an den Menschenkindern. (Ps 66,5)

Wochenpsalm: Psalm 107, 1.2.23–32 *oder* Psalm 100

Der 4. Sonntag nach Epiphanias kommt nur in den Jahren vor, in denen Ostern später liegt als der 14. April (in Schaltjahren 13. April). Trifft er auf den 2. Februar, so sollten die Texte des Tages der Darstellung des Herrn genommen werden.

E:	Du Morgenstern, du Licht vom Licht	74
	Gott des Himmels und der Erden	445
	All Morgen ist ganz frisch und neu	440
	Wunderbarer König	327
Ps:	Psalm 136	753
	Psalm 100	740
	Herr, unser Herrscher, wie herrlich ist dein Name	766
Wl:	Wach auf, wach auf, 's ist hohe Zeit	244
	Such, wer da will, ein ander Ziel	346
I:	**Mk 4, 35–41 (Ev.): Die Stillung des Sturmes**	
	Wach auf, wach auf, 's ist hohe Zeit	244
	Gott, unser Ursprung, Herr des Raums	431
	Meinem Gott gehört die Welt	408
	Gott will's machen	620

II: 2. Kor 1, 8–11 (Ep.): Gott errettet aus Todesnot

Jesus ist kommen, Grund ewiger Freude	66
O Tod, wo ist dein Stachel nun	113
(Du meine Seele, singe)	302,5–8
Befiehl du deine Wege	361
In dir ist Freude	398

III: Mt 14, 22–33: Der sinkende Petrus

Wach auf, wach auf, 's ist hohe Zeit	244
Stark ist meines Jesu Hand	617
Herr, weil mich festhält deine starke Hand	625
(Ist Gott für mich, so trete)	351,2.3
Such, wer da will, ein ander Ziel	346,1.2

IV: Eph 1, 15–20a: Gebet um Glaubenserkenntnis

Herr Christ, der einig Gotts Sohn	67
O Gott, du höchster Gnadenhort	194
O Jesu Christe, wahres Licht	72
Herr Jesu, Gnadensonne	404
(Jauchz, Erd, und Himmel, juble hell)	127,4
(Ein reines Herz, Herr, schaff in mir)	389,3–5

V: Jes 51, 9–16 (AT): Gott führt sein Volk heim nach Zion

Zieh an die Macht, du Arm des Herrn	377
Danket Gott, denn er ist gut	301
Erhebet er sich, unser Gott	281
(Wie lieblich schön, Herr Zebaoth)	282,4–6
(Ich steh vor dir mit leeren Händen, Herr)	382,3

VI: Gen 8, 1–12: Das Ende der Sintflut

Solang es Menschen gibt auf Erden	427
Gott gab uns Atem, damit wir leben	432
Freunde, daß der Mandelzweig	655
Die Erde ist des Herrn	659
(Preis, Lob und Dank sei Gott dem Herren)	245,3
(Herr, die Erde ist gesegnet)	512,3

W:	**Mk 1, 21–28: Heilung eines Besessenen**	
	Singet dem Herrn ein neues Lied	287
	Wir haben Gottes Spuren festgestellt	656
	Jesu, hilf siegen, du Fürste des Lebens	373
	Daß Jesus siegt, bleibt ewig ausgemacht	375
S:	Die Erde ist des Herrn	659
	Freuet euch der schönen Erde	510
T:	Liebster Jesu, wir sind hier, deinem Worte nachzuleben	206
	Weißt du, wieviel Sternlein stehen	511
A:	Herr Jesu Christe, mein getreuer Hirte	217
	Meinem Gott gehört die Welt	408

Vorschläge zur liturgischen Gestaltung

- Das Sonntagsevangelium steht als Zwischentext S. 1080; eine Auslegung dazu von Kurt Marti auf S. 1081.
- Der Predigttext der 3. Reihe steht als Zwischentext S. 489.
- Zur 6. Reihe wäre auch eine Bildpredigt denkbar über „Noah und der Regenbogen“ von Marc Chagall, S. 146 mit Hilfe von Klaus Raschzok: Die Bilder im Gesangbuch, Erlangen 1995, S. 20–23.

2. FEBRUAR, TAG DER DARSTELLUNG DES HERRN (LICHTMESS)

Liturgische Farbe: weiß

Tagesspruch: Als die Zeit erfüllt war, sandte Gott seinen Sohn, geboren von einer Frau und unter das Gesetz getan. (Gal 4,4)

Wochenpsalm: Psalm 48, 2.3a.9–11 *oder* Psalm 8

Vom 3. Sonntag vor der Passionszeit an entfällt das Halleluja. – Fällt der 2. Februar auf einen der Sonntage nach Epiphanias (ausgenommen den letzten Sonntag nach Epiphanias) oder vor der Passionszeit, treten die Texte für den 2. Februar an die Stelle der für den jeweiligen Sonntag vorgesehenen.

E:	Wie herrlich gibst du, Herr, dich zu erkennen	271
	Herr, unser Herrscher, wie herrlich bist du	270
	Es ist ein Ros entsprungen	30
Ps:	Psalm 8	705
	Herr, unser Herrscher, wie herrlich ist dein Name	766
Tl:	Im Frieden dein, o Herre mein	222
	Mit Fried und Freud ich fahr dahin	519
I:	**Lk 2, 22–24.(25–35) (Ev.): Jesu Darstellung im Tempel**	
	Mit Fried und Freud ich fahr dahin	519
	Nun komm, der Heiden Heiland	4
	Gott sei Dank durch alle Welt	12
	(Fröhlich soll mein Herze springen)	36,10–12

II:	**Hebr 2, 14–18 (Ep.): Jesus – der treue Hohepriester**	
	Vom Himmel kam der Engel Schar	25
	Ehre sei dir, Christe	75
	Halt im Gedächtnis Jesus Christ	405
	Christe, du Schöpfer aller Welt	92
	Es ist das Heil uns kommen her	342,1–6
	(Fröhlich soll mein Herze springen)	36,2–4
III:	**Mal 3, 1–4 (AT): Wenn der Herr zu seinem Tempel kommt**	
	Jesus ist kommen, Grund ewiger Freude	66
	Mit Ernst, o Menschenkinder	10
	(Wie soll ich dich empfangen)	11,7–10
	(Jauchzt, alle Lande, Gott zu Ehren)	279,4
S:	Christus, das Licht der Welt	410
T:	Ach lieber Herre Jesu Christ, der du ein Kindlein worden bist	203
	Gott Vater, du hast deinen Namen	208
A:	Halt im Gedächtnis Jesus Christ	405
	Im Frieden dein, o Herre mein	222
	Das Wort geht von dem Vater aus	223

Vorschläge zur liturgischen Gestaltung

- Der Lobgesang des Simeon Lk 2,29–32 ist das Canticum in der Complet (782.10). Das „Nunc dimittis" könnte einstimmig vom Chor gesungen werden mit einem anderen Leitvers der Gemeinde, z.B. „Lobt Gott, den Herrn der Herrlichkeit" (300,1), dem Kanon „Ich will dem Herrn singen mein Leben lang" (340 Ssp; K), „Stern über Bethlehem" (540,3), „Das ewig Licht geht da herein" (23,4), „Also hat Gott die Welt geliebt" (28) oder „Freu dich, Erd und Sternenzelt" (47,1 ohne Kehrvers).
- Als mehrfach wiederkehrende Gesänge sind auch denkbar der Kanon „Nun sei uns willkommen, Herre Christ" (22 K) oder „Jesus Christus gestern und heute" (683 K), oder „Seht auf und erhebt eure Häupter" (21 Ssp).

5. SONNTAG NACH EPIPHANIAS

Der Herr der Geschichte (Leben im Licht)

Liturgische Farbe: grün

Wochenspruch: Der Herr wird ans Licht bringen, was im Finstern verborgen ist, und wird das Trachten der Herzen offenbar machen. (1. Kor 4,5b)

Wochenpsalm: Psalm 37, 1–7a

Dieser Sonntag kommt nur in den sehr seltenen Jahren vor, in denen Ostern später liegt als der 21. April (in Schaltjahren 20. April).

E:	Auf, Seele, auf und säume nicht	73
	O König aller Ehren	71
Ps:	Psalm 37	720
	Psalm 25	713
	Psalm 146	757
Wl:	Ach bleib bei uns, Herr Jesu Christ	246
I:	**Mt 13, 24–30 (Ev.): Das Unkraut unter dem Weizen**	
	Die ganze Welt hast du uns überlassen	360
	Ihr lieben Christen, freut euch nun	6
	(Gottes Sohn ist kommen)	5,7–9
	(Geh aus, mein Herz, und suche Freud)	503,13–15
	Laß uns den Weg der Gerechtigkeit gehn	658

II:	**1. Kor 1, (4.5).6–9 (Ep.): Gott ist treu**	
	(Ich singe dir mit Herz und Mund)	324,12–14
	Ich glaube, daß die Heiligen	253
	Gott ist getreu	616
	Gelobt sei deine Treu	665
	(Ich lobe dich von ganzer Seelen)	250,5
	(Du meine Seele, singe)	302,4
	(Sieh nicht an, was du selber bist)	539,3
III:	**Jes 40, 12–25 (AT): Gott ist unvergleichlich**	
	Wir glauben Gott im höchsten Thron	184
	Herr Gott, dich loben wir	191
	Großer Gott, wir loben dich	331
	Wenn ich, o Schöpfer, deine Macht	506
	(Herzlich tut mich erfreuen)	148,2–5
W:	**Hes 33, 10–16: Mir ist nicht lieb des Sünders Tod**	
	So wahr ich lebe, spricht dein Gott	234
	Und suchst du meine Sünde	237
	Erneure mich, o ewigs Licht	390
	Hilf, Herr meines Lebens	419
	Meine engen Grenzen	589
	(Aus tiefer Not laßt uns zu Gott)	144,4
S:	Ein Licht geht uns auf in der Dunkelheit	555
	Der Morgenstern ist aufgedrungen	69
	Stern, auf den ich schaue	407
T:	Segne dieses Kind	581
	Gott Vater, höre unsre Bitt	205
A:	Ich bin das Brot, lade euch ein	587
	Dank sei dir, Vater, für das ewge Leben	227
	(Jesus ist kommen, Grund ewiger Freude)	66,7

Vorschläge zur liturgischen Gestaltung

- Einer Predigt über Hes 33 kann eine Bußfeier folgen, der äußeren Form nach z.B. nach dem von der Evang. Michaelsbruderschaft herausgegebenen Evangelischen Tagzeitenbuch, [4]1998, S. 235–237. Eine solche Feier ist auch separat denkbar als Vorabend-Andacht.
- An Sonntagen der 3. Reihe eignet sich als Kanon nach dem Stillen Gebet „Gott, weil er groß ist“ (411 K).

LETZTER SONNTAG NACH EPIPHANIAS

Verklärung

Liturgische Farbe: weiß

Wochenspruch: Über dir geht auf der Herr, und seine Herrlichkeit erscheint über dir. (Jes 60,2)

Wochenpsalm: Psalm 97 *oder* Psalm 100

Der Letzte Sonntag nach Epiphanias wird in jedem Jahr gefeiert als das Fest der Verklärung Christi, das in anderen Kirchen am 6. August gefeiert wird. Trifft er auf den 2. Februar (Darstellung des Herrn), so kann dieser Gedenktag auf den Vortag oder einen Tag der folgenden Woche verlegt werden.

E:	Wie schön leuchtet der Morgenstern	70
	Liebster Jesu, wir sind hier, dich und dein Wort anzuhören	161
	Gott ist gegenwärtig	165
	Nun jauchzt dem Herren, alle Welt	288
	Gott, heilger Schöpfer aller Stern	3
Ps:	Psalm 100	740
	Hymnus aus dem Kolosserbrief	765
	nach Psalm 67	768
W:	Herr Christ, der einig Gotts Sohn	67

I:	**Mt 17, 1–9 (Ev.): Verklärung Jesu**	
	Wie schön leuchtet der Morgenstern	70
	Jesus lebt, mit ihm auch ich	115
	Morgenglanz der Ewigkeit	450
	Du höchstes Licht, du ewger Schein	441
	Du Morgenstern, du Licht vom Licht	74
	Gott, heilger Schöpfer aller Stern	3
	(Gott ist gegenwärtig)	165,8
II:	**2. Kor 4, 6–10 (Ep.): Der Schatz in irdenen Gefässen**	
	(Dies ist die Nacht, da mir erschienen)	40,2–5
	O Gott, du höchster Gnadenhort	194
	Ein Licht geht uns auf in der Dunkelheit	555
	O Jesu Christe, wahres Licht	72
	(Ich glaube, daß die Heiligen)	253,3
	(Wo Gott der Herr nicht bei uns hält)	297,6
III:	**2. Mose 3, 1–10.(11–14) (AT): Der brennende Dornbusch**	
	Gott wohnt in einem Lichte	379
	Gott ist gegenwärtig	165
	(Auf, Seele, auf und säume nicht)	73,6–10
	Verzage nicht, du Häuflein klein	249
	Gleichwie mich mein Vater gesandt hat	260 (K)
	When Israel was in Egypt's land	603
IV:	**Offb 1, 9–18: Der Erste und der Letzte und der Lebendige**	
	Mit Freuden zart zu dieser Fahrt	108
	Jesus ist kommen, Grund ewiger Freude	66
	Nun singet und seid froh	35
	(O Tod, wo ist dein Stachel nun)	113,3–5
	Wie schön leuchtet der Morgenstern	70

V:	**Joh 12, 34–36.(37–41): Werdet Kinder des Lichts !**	
	Du Morgenstern, du Licht vom Licht	74
	Du höchstes Licht, du ewger Schein	441
	Gott, unser Ursprung, Herr des Raums	431
	Herr Jesu, Gnadensonne	404
	(Gelobet seist du, Jesu Christ)	23,4
	(Mir nach, spricht Christus, unser Held)	385,2
VI:	**2. Petr 1, 16–19.(20.21): Nachklang der Verklärung Jesu**	
	Der Morgenstern ist aufgedrungen	69
	O Christe, Morgensterne	158
	Steht auf, ihr lieben Kinderlein	442
	O komm, o komm, du Morgenstern	19
	Licht, das in die Welt gekommen	592
	Christ ist der Weg, das Licht, die Pfort	612
	(Also liebt Gott die arge Welt)	51,4
W:	**2. Mose 34, 29–35: Moses Antlitz – Abglanz Gottes**	
	Morgenglanz der Ewigkeit	450
	(Auf, Seele, auf und säume nicht)	73,6–8
	Gott wohnt in einem Lichte	379
	(Wie schön leuchtet der Morgenstern)	70,4
	Meine Seele in der Höhle	588
S:	Jesus ist kommen, Grund ewiger Freude	66
	Gott, heilger Schöpfer aller Stern	3
	(Ich will dich lieben, meine Stärke)	400,5–7
T:	Gott Vater, du hast deinen Namen	208
	Ich glaube, daß die Heiligen	253,1.2
	(Liebster Jesu, wir sind hier, deinem Worte nachzuleben)	206,3
A:	Erneure mich, o ewigs Licht	390
	Im Frieden dein, o Herre mein	222
	Ich glaube, daß die Heiligen	253,1.2

Vorschläge zur liturgischen Gestaltung

- Psalm 100 (786) als gesungener Psalm in zwei Gruppen eventuell mit zwei Vorsängern.
- „Laßt Gottes Licht durch euch scheinen in der Welt“ (182, 4.7) als Zwischengesang vor dem Evangelium oder nach dem Stillen Gebet oder am Schluß.
- „Sende dein Licht und deine Wahrheit“ (172 K) zum Abschluß des Stillen Gebetes oder zum Schluß.
- „Komm, göttliches Licht“ (575) ist als Eingang oder als Zwischengesang an mehreren Stellen denkbar.
- „Öffne meine Augen“ (176 Ssp; K) zur württembergischen Predigtreihe nach dem Eingangsgebet.
- Zur „Verklärung“ und besonders an Sonntagen der 3. Reihe können Sanctus-Gesänge (EG 185.1, 185.2, 185.3, 185.5 K) gesungen werden
- Im Eingangsteil können Anbetungsgesänge (auch anstelle des Psalmgebets) wie in Lobpreisgottesdiensten aneinander gereiht werden: z.B. „Laudate omnes gentes – Lobsingt, ihr Völker alle“(181.6), „Jubilate Deo“ (181.7 K), „Sanctus“ (185.5 K), „Lob, Anbetung, Ruhm und Ehre“ (610), Te Deum (191), „Du bist der Weg und die Wahrheit und das Leben“ (619).

SEPTUAGESIMAE (70 Tage vor Ostern – 3. Sonntag vor der Passionszeit)

Lohn und Gnade (Der Lohn des Glaubens)

Liturgische Farbe: grün

Wochenspruch: Wir liegen vor dir mit unserm Gebet und vertrauen nicht auf unsere Gerechtigkeit, sondern auf deine große Barmherzigkeit. (Dan 9,18)

Wochenpsalm: Psalm 31, 20–25

Vom 3. Sonntag vor der Passionszeit an entfällt das Halleluja. Fällt dieser Sonntag auf den 2. Februar (Lichtmeß), so sollten dessen Texte an die Stelle der Texte dieses Sonntags treten.

E:	Herr Jesu Christ, dich zu uns wend	155
	In dich hab ich gehoffet, Herr	275
	Jesu, Seelenfreund der Deinen	560
Ps:	Psalm 31	716
	Geborgen ist mein Leben in Gott	767
	Psalm 38	721
Wl:	Es ist das Heil uns kommen her	342
	Gott liebt diese Welt	409

I: Mt 20, 1–16a (Ev.) [W: Mt 20, 1–16]: Gleicher Lohn für alle

Nun preiset alle Gottes Barmherzigkeit	502
Lobt Gott, den Herrn, ihr Heiden all	293
Mir ist Erbarmung widerfahren	355
Wir wolln uns gerne wagen	254
(Er weckt mich alle Morgen)	452,4.5
(Der Herr ist gut, in dessen Dienst wir stehn)	631,4

II: 1. Kor 9, 24–27 (Ep.): Zielstrebig

Mir nach, spricht Christus, unser Held	385
Laß mich, o Herr, in allen Dingen	414
Für Christus leben, sterben für ihn	640
Daß Jesus siegt, bleibt ewig ausgemacht	375
Zieh an die Macht, du Arm des Herrn	377
Jesu, hilf siegen, du Fürste des Lebens	373

III: Lk 17, 7–10: Kein Anspruch auf Lohn

Ich steh vor dir mit leeren Händen, Herr	382
Kommt, atmet auf, ihr sollt leben	639
(Ich lobe dich von ganzer Seelen)	250,4
(Der Herr ist gut, in dessen Dienst wir stehn)	631,4

IV: Jer 9, 22–23 (AT): Selbstinszenierung und Gotteserkenntnis

Ein reines Herz, Herr, schaff in mir	389
Man lobt dich in der Stille	323
Mir ist Erbarmung widerfahren	355
(Aus tiefer Not schrei ich zu dir)	299,2.3
(Mit Ernst, o Menschenkinder)	10,3
(Du meine Seele, singe)	302,8

V: Mt 9, 9–13: Zöllnerberufung – Zöllnermahl

Jesus nimmt die Sünder an	353
Lasset uns mit Jesus ziehen	384
Mir nach, spricht Christus, unser Held	385
Jesus, der zu den Fischern lief	313
(Nun laßt uns Gott dem Herren)	320,4–6

VI:	**Röm 9, 14–24: Zorn und Gnade – wie Gott will**	
	Und suchst du meine Sünde	237
	Mir ist Erbarmung widerfahren	355
	Was Gott tut, das ist wohlgetan	372
	Lobt Gott, den Herrn, ihr Heiden all	293
	Laß mich, o Herr, in allen Dingen	414
	Was mein Gott will, gescheh allzeit	364,1.2
	(Wer nur den lieben Gott läßt walten)	369,3–5
W:	**1. Sam 15, 35b–16, 13: Salbung Davids**	
	Der Herr ist mein getreuer Hirt	274
	(Zieh ein zu deinen Toren)	133,4
	(Geist des Glaubens, Geist der Stärke)	137,5
S:	Lobt Gott den Herrn, ihr Heiden all	293
	Ach bleib mit deiner Gnade	347
T:	Du hast mich, Herr, zu dir gerufen	210
	Nun schreib ins Buch des Lebens	207
	(Nun laßt uns Gott dem Herren)	320,5
A:	Jesus Christus, unser Heiland, der von uns den Gotteszorn wandt	215
	(Nun laßt uns Gott dem Herren)	320,5

Vorschläge zur liturgischen Gestaltung

- An Sonntagen der 5. Reihe wäre denkbar, z.B. mit den Konfirmandinnen und Konfirmanden ein Mahl im Gemeindehaus zu feiern, zu dem die Gemeinde, und entweder Angehörige und Freunde der Konfirmandinnen und Konfirmanden, oder im Sinne einer Vesperkirche die momentan erreichbaren Bedürftigen eingeladen werden.
- Zur württembergischen Reihe kann „Gott, mein Gott, warum hast du mich verlassen“ (381) als Psalm gesungen werden.

SEXAGESIMAE (60 Tage vor Ostern – 2. Sonntag vor der Passionszeit)

Viererlei Ackerfeld (Wort Gottes – Antwort des Menschen)

Liturgische Farbe: grün

Wochenspruch: Heute, wenn ihr seine Stimme hören werdet, so verstockt eure Herzen nicht. (Hebr 3, 15)

Wochenpsalm: Psalm 119, 89–91.105.116

E:	Tut mir auf die schöne Pforte	166
	O Gott, du höchster Gnadenhort	194
	Herr, öffne mir die Herzenstür	197
	Lobet den Herren, denn er ist sehr freundlich	304
	Wach auf, mein Herz, und singe	446,1–5
Ps:	Psalm 119	748
	Psalm 67	730
	Gott, du bist freundlich zu uns	768
Wl:	Herr, für dein Wort sei hochgepreist	196
	Es wolle Gott uns gnädig sein	280
I:	**Lk 8, 4–8.(9–15) (Ev.): Das Gleichnis vom Sämann**	
	Herr, für dein Wort sei hochgepreist	196
	Eine freudige Nachricht breitet sich aus	580
	Korn, das in die Erde	98
	Wach auf, wach auf, du deutsches Land	145
	(Schmückt das Fest mit Maien)	135,4–7
	(Tut mir auf die schöne Pforte)	166,4.5

II:	**Hebr 4, 12.13 (Ep.): Die kritische Schärfe des Wortes Gottes**	
	Allein auf Gottes Wort will ich	195
	Gott hat das erste Wort	199
	Walte, walte nah und fern	578
	(O komm, du Geist der Wahrheit)	136,2
III:	**Mk 4, 26–29: Die selbstwachsende Saat**	
	Herr, für dein Wort sei hochgepreist	196
	Laß uns den Weg der Gerechtigkeit gehn	658
	(Tut mir auf die schöne Pforte)	166,4
	(Wach auf, du Geist der ersten Zeugen)	241,2
IV:	**2. Kor (11, 18.23b–30); 12, 1–10: Der Nimbus der Schwäche**	
	Einer ist's, an dem wir hangen	256
	Wer nur den lieben Gott läßt walten	369
	(Christen erwarten in allerlei Fällen)	621,4
	(Ich ruf zu dir, Herr Jesu Christ)	343,5
V:	**Jes 55, (6–9).10–12a (AT) [W: Jes 55, 6–12a]: Gottes Wort wirkt**	
	Herr, für dein Wort sei hoch gepreist	195
	Wach auf, du Geist der ersten Zeugen	241
	Eine freudige Nachricht breitet sich aus	580
	Auf und macht die Herzen weit	454
	Gott rufet noch	392
	(Schmückt das Fest mit Maien)	135,4
VI:	**Apg 16, 9–15: Die Christenheit und Europa**	
	In Christus gilt nicht Ost noch West	597
	O daß doch bald dein Feuer brennte	255
	Der du in Todesnächten	257
	Erhalt uns, Herr, bei deinem Wort	193
	(Einer ist's, an dem wir hangen)	256,4
	(O komm, du Geist der Wahrheit)	136,5–7

W:	**Mal 3, 13–20a: Sonne der Gerechtigkeit**	
	Sonne der Gerechtigkeit	262/263
	Nun lob, mein Seel, den Herren	289
	Nun gib uns Pilgern aus der Quelle	579
	(Einer ist's, an dem wir hangen)	256,4
	(Ermuntert euch, ihr Frommen)	151,8
S:	Zieht in Frieden eure Pfade	258
	Walte, walte nah und fern	578
T:	Gott Vater, du hast deinen Namen	208
	Du bist der Weg und die Wahrheit und das Leben	619
A:	Das Wort geht von dem Vater aus	223
	(Jesu Kreuz, Leiden und Pein)	78,9

Vorschläge zur liturgischen Gestaltung

- Zwischentext S. 414 als Eingangsgebet.
- „Halt dich im Glauben an das Wort" (73,5) als Abschluß des Eingangsgebetes.
- Kanongesänge sind an verschiedenen Stellen der Liturgie denkbar, z.B. „Herr, wohin sollen wir gehen" (261 K), oder eine Kombination aus „Öffne meine Augen" (176 Ssp; K) mit Strophen aus „Wohl denen, die da wandeln" (295). Dabei kann man folgende Anordnung wählen: Spruch – Kanon – Strophe 295, 1 oder mehr – Kanon – Spruch – Amen. Die Tonarten müssen angeglichen werden.
- Predigttext 5. Reihe als Zwischentext teilweise S. 933.
- Segensstrophe „Nichts soll dich ängsten – Nada te turbe" (574).

ESTOMIHI (– nach Psalm 31, 3)

Der Weg zum Kreuz (Der Weg der Liebe)

Liturgische Farbe: grün

Wochenspruch: Seht, wir gehen hinauf nach Jerusalem, und es wird alles vollendet werden, was geschrieben ist durch die Propheten von dem Menschensohn. (Lk 18,31)

Wochenpsalm: Psalm 31, 2–6

Fällt dieser Sonntag auf den 2. Februar (Darstellung des Herrn), sollten dessen Texte an die Stelle der Texte dieses Sonntags treten.

E:	Du Wort des Vaters, rede du	632
	In dich hab ich gehoffet, Herr	275
	Jesu, geh voran	391
Ps:	Psalm 31	716
	Psalm 57	728
	Geborgen ist mein Leben in Gott	767
Wl:	Ein wahrer Glaube Gotts Zorn stillt	413
	Lasset uns mit Jesus ziehen	384
I:	**Mk 8, 31–38 (Ev.): Kreuzweg**	
	Mir nach, spricht Christus, unser Held	385
	Kommt, Kinder, laßt uns gehen	393
	Jesu, geh voran	391
	(Wenn meine Sünd mich kränken)	82,6.7
	(Ich grüße dich am Kreuzesstamm)	90,2
	(Gottes Sohn ist kommen)	5,3

II:	**1. Kor 13 (Ep.): Das andere Hohelied der Liebe**	
	Es kennt der Herr die Seinen	358
	Liebe, die du mich zum Bilde	401
	Ein wahrer Glaube Gotts Zorn stillt	413
	Liebe, du ans Kreuz für uns erhöhte	415
	Liebe ist nicht nur ein Wort	650
	Ich bete an die Macht der Liebe	641
	Ach komm, füll unsre Seelen ganz	648
	(Stern, auf den ich schaue)	407,2
III:	**Lk 10, 38–42: Maria und Martha**	
	Eins ist not! Ach Herr, dies Eine	386
	Herr, dein Wort, die edle Gabe	198
	(Tut mir auf die schöne Pforte)	166,6
	(Alles ist an Gottes Segen)	352,3
IV:	**Am 5, 21–24 (AT): Kritik der schönen Liturgie**	
	Sonne der Gerechtigkeit	262/263
	Selig sind, die da geistlich arm sind	307
	Selig seid ihr	651
	Laß uns den Weg der Gerechtigkeit gehn	658
	Ich glaube fest, daß alles anders wird	661
	(Herr, der du vormals hast dein Land)	283,6.7
V:	**Lk 18, 31–43: Nachfolge mit offenen Augen**	
	Ohren gabst du mir	236
	O Jesu Christe, wahres Licht	72
	(Kommt, Kinder, laßt uns gehen)	393,2
	Wir haben Gottes Spuren festgestellt	656
	Öffne meine Ohren, heiliger Geist	577
	Öffne meine Augen	176 (Ssp; K)
VI:	**Jes 58, 1–9a: Rechtes Fasten**	
	So jemand spricht, ich liebe Gott	412
	Brich dem Hungrigen dein Brot	418
	Brich mit den Hungrigen dein Brot	420

W:	**Lk 13, 31–35: Der Fuchs und die Henne**	
	Lobe den Herren, den mächtigen König der Ehren	316/317
	(Nun ruhen alle Wälder)	477,8
	Jesu, meine Freude	396
	(Sollt ich meinem Gott nicht singen)	325,2
	(Ist Gott für mich, so trete)	351,6
S:	Nun aufwärts froh den Blick gewandt	394
	Einer ist's, an dem wir hangen	256
	Jesu, geh voran	391
T:	Wach auf, mein Herz, und singe	446
	Vertraut den neuen Wegen	395
A:	Im Frieden dein, o Herre mein	222
	(O Lebensbrünnlein tief und groß)	399,6.7
	(Der Herr ist mein getreuer Hirt)	274,2–4

Vorschläge zur liturgischen Gestaltung

- „Du stellst meine Füße auf weiten Raum“ (647 K) als Antiphon zum Wochenpsalm.
- Anstelle des Eingangsgebets oder zu dessen Abschluß „Liebe, zieh uns in dein Sterben“ (388,7).
- Zur liturgischen Verwendung von Zwischentexten s. S. 331.

1. SONNTAG DER PASSIONSZEIT (INVOKAVIT – nach Ps 91,15) LANDESBUSSTAG

Versuchung

Liturgische Farbe: violett

Wochenspruch: Dazu ist erschienen der Sohn Gottes, daß er die Werke des Teufels zerstöre. (1. Joh 3,8b)

Wochenpsalm: Psalm 91, 1–4.11.12 *oder* Psalm 130 (Landesbußtag)

E:	Erneure mich, o ewigs Licht	390
	Lasset uns mit Jesus ziehen	384
	Jesu, meines Lebens Leben	86
	Gott der Vater steh uns bei	138
	Aus meines Herzens Grunde	443
Ps:	Psalm 91	736
	Psalm 130	751
	Psalm 42	723
Wl	Ein feste Burg ist unser Gott	362
	Ach bleib mit deiner Gnade	347
I:	**Mt 4, 1–11 (Ev.): Versuchung Jesu**	
	Mache dich, mein Geist, bereit	387
	Jesu, hilf siegen, du Fürste des Lebens	373
	Daß Jesus siegt, bleibt ewig ausgemacht	375
	Singen wir heut mit einem Mund	104
	(Es ist das Heil uns kommen her)	342,8.9
	(Aus meines Herzens Grunde)	443,5–7
	(Was mein Gott will, gescheh allzeit)	364,4
	(Vater unser im Himmelreich)	344,7

II:	**Hebr 4, 14–16 (Ep.): Jesus – der große Hohepriester**	
	O Mensch, bewein dein Sünde groß	76
	Wenn meine Sünd mich kränken	82
	Mir nach, spricht Christus, unser Held	385
	O Gottes Sohn, du Licht und Leben	633
	Für Christus leben, sterben für ihn	640
III:	**1. Mose 3, 1–19. (20–24) (AT): Der Sündenfall**	
	Christe, du Schöpfer aller Welt	92
	O Durchbrecher aller Bande	388
	Aus tiefer Not schrei ich zu dir	299
	Und suchst du meine Sünde	237
	(Frühmorgens, da die Sonn aufgeht)	111,6–10
	(Kommt und laßt uns Christus ehren)	39,3–5
IV:	**2. Kor 6, 1–10: Bewährung des Apostels**	
	In dir ist Freude	398
	Von Gott will ich nicht lassen	365
	Auf meinen lieben Gott	345
	Jesu, meine Freude	396
	Warum sollt ich mich denn grämen	370
	(Kommt her zu mir, spricht Gottes Sohn)	363,5–7
V:	**Lk 22, 31–34: Ankündigung der Verleugnung des Petrus**	
	Jesu, hilf siegen, du Fürste des Lebens	373
	Mache dich, mein Geist, bereit	387
	Jesu, stärke deine Kinder	164
	Du Gott stützt mich	630 (K)
	Stark ist meines Jesu Hand	617
VI:	**Jak 1, 12–18: Ursprung der Versuchung**	
	O Durchbrecher aller Bande	388
	Mache dich, mein Geist, bereit	387
	Meine engen Grenzen	589
	(Befiehl du deine Wege)	361,8–12
	(Ich ruf zu dir, Herr Jesu Christ)	343,5

W:	**Mk 9, 43–48: Kampf der Anfechtung!**	
	Jesu, hilf siegen, du Fürste des Lebens	373
	(Herr Christ, der einig Gotts Sohn)	67,5
	(Lasset uns mit Jesus ziehen)	384,3
	(Herr Jesu, Gnadensonne)	404,5
	Zieh an die Macht, du Arm des Herrn	377
S:	Nun aufwärts froh den Blick gewandt	394
	Daß Jesus siegt, bleibt ewig ausgemacht	375
	Wir danken dir, Herr Jesu Christ, daß du für uns gestorben bist	79
	Christe, du Schöpfer aller Welt	92
	(Heut singt die liebe Christenheit)	143,5–8
T:	Herr, dieses Kind dir dargebracht	583
	(Christ, unser Herr, zum Jordan kam)	202,6.7
	Ach lieber Herre Jesu Christ, weil du ein Kind gewesen bist	468,1.2
A:	Meine engen Grenzen	589
	Die ihr bei Jesus bleibet	667

Vorschläge zur liturgischen Gestaltung

- In einer Messe kann man beim Kyrie die Fassungen 178.3 oder 178.5 singen.
- Psalm 91 kann mit Nr. 782.4 gesungen werden.
- Anstelle des Eingangsgebets oder zu dessen Abschluß „O hilf, Christe, Gottes Sohn“ (77,8) oder „Jesu, weil du bist erhöht“ (78,10).
- „Du Gott stützt mich“ (630 K) nach dem Stillen Gebet.
- An jedem Sonntag ein weiteres Symbol für Leiden in der heutigen Zeit („moderne Marterwerkzeuge“) im Gottesdienst einführen und aufstellen.
- Informationen zum Beginn der Aktion „7 Wochen ohne“ einflechten.
- Als Fürbitte zum Landesbußtag die Litanei (192), evtl. im Wechsel mit dem Liturgen/der Liturgin oder dem Kirchenchor.

- Als Segensstrophe „Und ob gleich alle Teufel“ (361,5), „Du wollst dich mein erbarmen“ (71,5), im Familiengottesdienst „Breit aus die Flügel beide“ (477, 8).
- Bei Abendgottesdiensten Eröffnung der Komplet (782.1), „Vergönne, daß der Engel Scharen“ (476,5).
- Zur Passionszeit generell: Das „Ehr sei dem Vater“ nach dem Psalmgebet schweigt von Judika bis Karsamstag, nach dem Gottesdienstbuch („Erneuerte Agende“) nur in der Karwoche. Bis dahin z.B. auch „Ehr sei dem Vater und dem Sohn“ (155,4) auf die Melodie „Wir danken dir, Herr Jesu Christ, daß du für uns gestorben bist“ (79).
- Bei der Messe fehlen Gloria und Halleluja.

2. SONNTAG DER PASSIONSZEIT (REMINISZERE – nach Ps 25, 6)

Den Menschen ausgeliefert (Streit um Jesus)

Liturgische Farbe: violett

Wochenspruch: Gott erweist seine Liebe zu uns darin, daß Christus für uns gestorben ist, als wir noch Sünder waren. (Röm 5, 18)

Wochenpsalm: Psalm 10, 4.11–14.17.18 *oder* Psalm 34

E:	Erneure mich, o ewigs Licht	390
	O Gottes Sohn, du Licht und Leben	633
	Nun freut euch, lieben Christen g'mein	341,1–5
	Herr Jesu, deine Angst und Pein	89
Ps:	Psalm 34	768
	Psalm 25	713
Wl:	Wenn wir in höchsten Nöten sein	366
I:	**Mk 12, 1–12 (Ev.): Die bösen Weingärtner**	
	Du schöner Lebensbaum des Paradieses	96
	O Herr, nimm unsre Schuld	235
	Halt im Gedächtnis Jesus Christ	405
	Schaffe in mir, Gott, ein reines Herze	230
II:	**Röm 5, 1–5. (6–11) (Ep.): Frieden mit Gott**	
	Es ist das Heil uns kommen her	342
	Wenn meine Sünd mich kränken	82
	Befiehl du deine Wege	361
	(Treuer Wächter Israel')	248,7

III:	**Mt 12, 38–42: Das Zeichen des Jona**	
	Kreuz, auf das ich schaue	548
	Holz auf Jesu Schulter	97
	Das Kreuz ist aufgerichtet	94
	Korn, das in die Erde	98
IV:	**Jes 5, 1–7 (AT): Das Weinberglied**	
	Herr, der du vormals hast dein Land	283
	Erhebet er sich, unser Gott	281
	Wach auf, wach auf, du deutsches Land	145
	Ach Gott, vom Himmel sieh darein	273
V:	**Joh 8, (21–26a). 26b–30: Der erhöhte Menschensohn**	
	Christe, du Schöpfer aller Welt	92
	Ich grüße dich am Kreuzesstamm	90
	Liebe, du ans Kreuz für uns erhöhte	415
	Wir danken dir, Herr Jesu Christ, daß du für uns gestorben bist	79
	(Jesu Kreuz, Leiden und Pein)	78,10
VI:	**Hebr 11, 8–10 [W: Hebr 11, 1–3.8–10]: Das Wesen des Glaubens**	
	Gott hat das erste Wort	299
	Allein auf Gottes Wort will ich	195
	Abraham, Abraham, verlaß dein Land	311
	Ich steh vor dir mit leeren Händen, Herr	382
	Ich weiß, woran ich glaube	357
	Geist des Glaubens, Geist der Stärke	137,1–3
W A:	**Mt 21, 1–17; 26, 1–13: Einzug – Tempelreinigung – Tötungsbeschluß – Salbung**	
	Dein König kommt in niedern Hüllen	14
	Jesus zieht in Jerusalem ein	314
	Ehre sei dir Christe	75
	(Mir nach, spricht Christus, unser Held)	385,3
	(O Durchbrecher aller Bande)	388,6.7

W B:	**Joh 11, 46 – 12, 19: Tötungsbeschluß – Salbung – Einzug**	
	Dein König kommt in niedern Hüllen	14
	Jesus zieht in Jerusalem ein	314
	Ehre sei dir Christe	75
	(Mir nach, spricht Christus, unser Held)	385,3
	(O Durchbrecher aller Bande)	388,6.7
S:	Für Christus leben, sterben für ihn	640
	Kreuz, auf das ich schaue	548
T:	Herr Christ, dein bin ich eigen	204
	Du schöner Lebensbaum des Paradieses	96,1–4
A:	Das Wort geht von dem Vater aus	223
	Ich bin das Brot, lade euch ein	587

Vorschläge zur liturgischen Gestaltung

- Psalm 34 mit Nr. 781.2 singen; Psalm 25 mit Nr. 784.
- Segensstrophe „Nichts soll dich ängsten – Nada te turbe“ (574).
- Zur Gestaltung der Passionszeit s. Sonntag Invokavit.

3. SONNTAG DER PASSIONSZEIT (OKULI – nach Ps 25, 15)

Nachfolge

Liturgische Farbe: violett

Wochenspruch: Wer seine Hand an den Pflug legt und sieht zurück, der ist nicht geschickt für das Reich Gottes. (Lk 9,62)

Wochenpsalm: Psalm 34, 16–23

E:	Lasset uns mit Jesus ziehen	384
	Mir nach, spricht Christus, unser Held	385
	Wir danken dir, Herr Jesu Christ, daß du für uns gestorben bist	79
	Holz auf Jesu Schulter	97
Ps:	Psalm 34	718
	Psalm 25	713
	Hymnus aus dem Philipperbrief	764
Wl:	Wenn meine Sünd' mich kränken	82
	Du schöner Lebensbaum des Paradieses	96
I:	**Lk 9, 57–62 (Ev.): Ungeteilte Nachfolge**	
	Jesu, geh voran	391
	Für Christus leben, sterben für ihn	640
	O Gottes Sohn, du Licht und Leben	633
	Nun aufwärts froh den Blick gewandt	394
	So nimm denn meine Hände	376
	Jesus, der zu den Fischern lief	313

II: Eph 5, 1–8a (Ep.) [W: Eph 5, 1–8]: Kinder des Lichts

Gelobet seist du, Jesu Christ	23,1.4–7
Jesus nimmt die Sünder an	353
Erneure mich, o ewigs Licht	390
Laß uns den Weg der Gerechtigkeit gehn	658

III: Mk 12, 41–44: Das Opfer der armen Witwe

Komm in unsre stolze Welt	428
Die Erde ist des Herrn	659
(Die güldne Sonne voll Freud und Wonne)	449,3
O Herr, mach mich zu einem Werkzeug deines Friedens	416

IV: 1. Petr 1, (13–17). 18–21: Teuer erkauft

Nun freut euch, lieben Christen g'mein	341
Sollt ich meinem Gott nicht singen	325
Bei dir, Jesu, will ich bleiben	406,1–4
Einer ist's, an dem wir hangen	256
(Du großer Schmerzensmann)	87,3.4
(Jesus Christus herrscht als König)	123,6

V: Jer 20, 7–11a. (11b–13): Zumutung des Prophetenamts

Es mag sein, daß alles fällt	378
Ich ruf zu dir, Herr Jesu Christ	343
Herr, du hast mich angerührt	383
Ach Gott, vom Himmel sieh darein	273

VI: 1. Kön 19, 1–8. (9–13a) (AT): Stärkung Elias

Er ist das Brot, er ist der Wein	228
Bewahre uns, Gott	171
Wie der Hirsch lechzt nach frischem Wasser	278
(Der Herr ist mein getreuer Hirt)	274,4

W A:	**Mt 26, 14–30: Verrat des Judas und Abendmahl**	
	Das Wort geht von dem Vater aus	223
	Das sollt ihr, Jesu Jünger, nie vergessen	221
	Herr Jesu Christe, mein getreuer Hirt	217
	Wenn meine Sünd mich kränken	82
	(O Haupt voll Blut und Wunden)	85,4–6
W B:	**Joh 12, 20–50: Verherrlichung Jesu und Unglaube des Volkes**	
	Korn, das in die Erde	98
	Die Sach ist dein, Herr Jesu Christ	593
	Christus, das Licht der Welt	410
	(Jesu Kreuz, Leiden und Pein)	78,9
S:	Schenk uns Weisheit, schenk uns Mut	635
	Du Wort des Vaters, rede du	632
	Ich will dich lieben, meine Stärke	400
T:	Ich möcht', daß einer mit mir geht	209
	Ich bin getauft auf deinen Namen	200
	Erneure mich, o ewigs Licht	390
A:	Er ist das Brot, er ist der Wein	228
	Kommt mit Gaben und Lobgesang	229
	Das Weizenkorn muß sterben	585

Vorschläge zur liturgischen Gestaltung

- Zum Sonntagsnamen „Oculi nostri" (787.6). Er ist auch enthalten im Leitvers zu Psalm 25 (784).
- Psalm 34 kann man mit Nr. 781.2 singen.
- Segensstrophe „Dank sei dem Vater, unsrem Gott im Himmel" (96,6).
- Zur Gestaltung der Passionszeit s. Sonntag Invokavit.

4. SONNTAG DER PASSIONSZEIT (LÄTARE – nach Jes 66, 10)

Für euch dahingegeben (Das Weizenkorn)

Liturgische Farbe: violett (rosa)

Wochenspruch: Wenn das Weizenkorn nicht in die Erde fällt und erstirbt, bleibt es allein; wenn es aber erstirbt, bringt es viel Frucht. (Joh 12,24)

Wochenpsalm: Psalm 84, 6–13

E:	In dir ist Freude	398
	Ehre sei dir, Christe	75
Ps:	Psalm 84	734
	Hymnus aus dem Römerbrief	762
Wl:	Korn, das in die Erde	98
	Jesu, meine Freude	396
I:	**Joh 12, 20–26 (Ev.): Das Weizenkorn**	
	Jesu Kreuz, Leiden und Pein	78,1.2.9.10
	Korn, das in die Erde	98
	Das Weizenkorn muß sterben	585
	Die Sach ist dein, Herr Jesu Christ	593
II:	**2. Kor 1, 3–7 (Ep.): Getröstet**	
	Sei Lob und Ehr dem höchsten Gut	326
	O Christe, Morgensterne	158
	(Wie soll ich dich empfangen)	11,3.8
	(Von guten Mächten treu und still umgeben)	65,1.3.4.7
	(Du großer Schmerzensmann)	87,3–5

III:	**Joh 6, 55–65 [W: Joh 6, 52–65]: Das Brot vom Himmel**	
	Herr Jesu Christe, mein getreuer Hirte	217,1.2
	Er ist das Brot, er ist der Wein	228
	Jesus Christus, unser Heiland	215
	Schmücke dich, o liebe Seele	218
	(Wie schön leuchtet der Morgenstern)	70,2
IV:	**Phil 1, 15–21: Hauptsache: Christus wird verkündigt**	
	Auf meinen lieben Gott	345
	Christus, der ist mein Leben	516
	Jesu, meine Freude	396
	Warum sollt ich mich denn grämen	370
V:	**Joh 6, 47–51: Ich bin das Brot des Lebens**	
	Schmücke dich, o liebe Seele	218
	Du bist der Weg und die Wahrheit und das Leben	619
	Herr Jesu Christe, mein getreuer Hirte	217,1.2
VI:	**Jes 54, 7–10 (AT): Gottes Gnade weicht nicht**	
	Weicht, ihr Berge, fallt, ihr Hügel	615
	Gott ist getreu	616
	(Nun lob, mein Seel, den Herren)	289,4.5
W A:	**Mt 26, 30–56: Gethsemane**	
	Jesu Kreuz, Leiden und Pein	78,1–4
	Seht hin, er ist allein im Garten	95,1.2
	Christus, der uns selig macht	77,1
	Mache dich, mein Geist, bereit	387
	Bleibet hier und wachet mit mir	787.2
	(Jesu, hilf siegen, du Fürste des Lebens)	373,4
W B:	**Joh 13, 1–38: Fußwaschung – Liebesgebot – Ankündigung der Verleugnung**	
	Jesu Kreuz, Leiden und Pein	78,1–3
	Ein wahrer Glaube Gotts Zorn stillt	413
	Liebe, du ans Kreuz für uns erhöhte	415
	Laß die Wurzel unsers Handelns Liebe sein	417

S:	Bei dir Jesu, will ich bleiben	406
	Korn, das in die Erde	98
T:	Ich bin getauft auf deinen Namen	200
	O Welt, sieh hier dein Leiden	84,7–9
A:	Dank sei dir, Vater, für das ewge Leben	227
	Das Weizenkorn muß sterben	585
	Jesu Kreuz, Leiden und Pein	79,9.10

Vorschläge zur liturgischen Gestaltung

- Bei Sonntagen der 2. Reihe „Kyrie, Gott Vater in Ewigkeit" (178.4) nach dem Eingangsgebet im Wechsel zwischen Chor und Gemeinde.
- Das Motiv „Weizenkorn" legt eine Meditation über das Weizenkorn, eine Pflanzaktion o.ä. nahe. Schalen mit Erde, in die an diesem Sonntag Weizenkörner gepflanzt werden, können an Ostern als Osternest, oder als Altarschmuck verwendet werden.
- Segensstrophe „Zieht in Frieden eure Pfade" (258).
- Zur Gestaltung der Passionszeit s. Sonntag Invokavit.

25. MÄRZ, TAG DER ANKÜNDIGUNG DER GEBURT DES HERRN

Verkündigung

Liturgische Farbe: weiß

Tagesspruch: Als die Zeit erfüllt war, sandte Gott seinen Sohn, geboren von einer Frau und unter das Gesetz getan. (Gal 4,4)

Tagespsalm: Psalm 45, 2a.3.(5.7).8.18 *oder* Psalm 98

Dieser Tag kann, wenn er auf einen Sonntag fällt, im Gottesdienst erwähnt und berücksichtigt werden. Ansonsten wird man dieses Tages am ehesten in einer Abendandacht gedenken, z.B. im Kirchengemeinderat oder auch in anderen Gruppen und Kreisen der Gemeinde.

E:	Singt, singt dem Herren neue Lieder	286
	Singet dem Herrn ein neues Lied	287
	Hoch hebt den Herrn mein Herz	309
	Mein Seel, o Herr, muß loben dich	308
Ps:	Psalm 98	739
	Psalm 24	712
	Lobgesang der Maria	761
Tl:	O lieber Herre Jesu Christ	68
I:	**Luk 1, 26–28 (Ev.): Der Englische Gruß**	
	Erneure mich, o ewigs Licht	390
	Gott, aller Schöpfung heilger Herr	142,1.5.6
	Es kommt ein Schiff geladen	8
	Wie soll ich dich empfangen	11
	(Jauchzet, ihr Himmel)	41,7
	(Herbei, o ihr Gläub'gen)	45,2

II:	**Gal 4, 4–7 (Ep.): Gotteskindschaft**	
	(Dir, dir, o Höchster, will ich singen)	328,4.5
	(Nun freut euch, lieben Christen g'mein)	341,5–7
	(Es ist das Heil uns kommen her)	342,3
	(Die Nacht ist vorgedrungen)	16,2
	Lobt Gott, ihr Christen alle gleich	27
III:	**Jes 7, 10–14 (AT): Immanuel**	
	Weil Gott in tiefster Nacht erschienen	56
	Jauchzet, ihr Himmel	41
	Die Nacht ist vorgedrungen	16
	Gott sei Dank durch alle Welt	12
	(Dies ist der Tag, den Gott gemacht)	42,5.6
S:	Schönster Herr Jesu	403
	(Steht auf, ihr lieben Kinderlein)	442,2.3
	(Wie schön leuchtet der Morgenstern)	70,2

Vorschläge zur liturgischen Gestaltung

- „Meine Seele erhebt den Herren“ (310 K) oder „Magnificat“ (573 K I+II) nach dem Stillen Gebet.
- Magnificat als gesungener Psalm (781.6).

5. SONNTAG DER PASSIONSZEIT (JUDIKA – nach Ps 43, 1)

Das Lamm Gottes

Liturgische Farbe: violett

Wochenspruch: Der Menschensohn ist nicht gekommen, daß er sich dienen lasse, sondern daß er diene und gebe sein Leben zu einer Erlösung für viele. (Mt 20,28)

Wochenpsalm: Psalm 43

E:	Du schöner Lebensbaum des Paradieses	96
	Ein Lämmlein geht und trägt die Schuld	83
	Wie der Hirsch lechzt nach frischem Wasser	278
Ps:	Psalm 43	724
	Hymnus aus dem Philipperbrief	764
Wl:	O Mensch, bewein dein Sünde groß	76
I:	**Mk 10, 35–45 (Ev.): Nicht herrschen, sondern dienen**	
	Christi Blut und Gerechtigkeit	350
	Bei dir, Jesu, will ich bleiben	406,1–3
	Wenn meine Sünd' mich kränken	82,1.2.7
	(Nimm von uns, Herr, du treuer Gott)	146,4
	(Du großer Schmerzensmann)	87,3
	Liebe, die du mich zum Bilde	401
II:	**Hebr 5, 7–9 (Ep.): Jesus – der gehorsame Hohepriester**	
	O Welt, sieh hier dein Leben	84,1.8.13
	Ich grüße dich am Kreuzesstamm	90
	Herr, stärke mich, dein Leiden zu bedenken	91
	(Nun freut euch, lieben Christen g'mein)	341,6–8

III: 1. Mose 22, 1–13 (AT): Bindung Isaaks

Laß mich, o Herr, in allen Dingen	414
Geist des Glaubens, Geist der Stärke	137,1–3
(Wach auf, mein Herz, und singe)	446,5.6
(Die güldne Sonne voll Freud und Wonne)	449,3

IV: 4. Mose 21, 4–9: Die eherne Schlange

Ach Gott und Herr, wie groß und schwer	233
Stern, auf den ich schaue	407
Das Kreuz ist aufgerichtet	94
Und suchst du meine Sünde	237
Eines wünsch ich mir vor allem andern	546
Nun aufwärts froh den Blick gewandt	394

V: Joh 11, 47–53 [W: Joh 11, 46–53]: Einer anstelle aller

Such, wer da will, ein ander Ziel	346
Jesu, meines Lebens Leben	86
(Jesus Christus herrscht als König)	123,5–8

VI: Hebr 13, 12–14 (W: Hebr 13,(9–11).12–14): Wie Jesus draußen

Kommt, Kinder, laßt uns gehen	393
Lasset uns mit Jesus ziehen	384
(Nun sich der Tag geendet, mein Herz zu dir sich wendet)	481,5
(Das Jahr geht still zu Ende)	63,6

W A: Mt 26, 57–75: Verurteilung und Verleugnung

(Seht hin, er ist allein im Garten)	95,3
(Jesu Kreuz, Leiden und Pein)	78,5
(O Haupt voll Blut und Wunden)	85,6
(Werde munter, mein Gemüte)	475,5

W B: Joh 18, 1–27: Gefangennahme – Verleugnung – Jesus vor Hannas

(Seht hin, er ist allein im Garten)	95,2.3
(Werde munter, mein Gemüte)	475,5
(O Welt, sieh hier dein Leben)	84,3.4.12

S:	(Ein Lämmlein geht und trägt die Schuld)	83,4
	Kreuz, auf das ich schaue	548
T:	Kind, du bist uns anvertraut	582
	O Lebensbrünnlein tief und groß	399
A:	Komm, mein Herz, in Jesu Leiden	584
	(Ein Lämmlein geht und trägt die Schuld)	83,5.6

Vorschläge zur liturgischen Gestaltung

- Bis Karfreitag als bleibendes Eingangslied „Ehre sei dir Christe" (75), an Judica drei Strophen, an Palmarum zwei, an Karfreitag eine.
- Das „Ehr sei dem Vater ..." (177.1) entfällt. Zur Gestaltung der gesamten Passionszeit s. Invokavit.
- Das Leitbild (Lamm Gottes) lädt ein, die verschiedenen Agnus Dei-Gesänge (190.1–190.4) zu entdecken.
- Bei der württ. Reihe A Bildmeditation über Otto Dix' „Verleugnung Petri" S. 738 oder Christian Rohlfs' „Gethsemane" S. 698.

KONFIRMATION

Der Weg zum Leben

Liturgische Farbe: rot

Tagesspruch: Seht, welch eine Liebe hat uns der Vater erwiesen, daß wir Gottes Kinder heißen sollen. (1. Joh. 3, 1) *oder*
Christus spricht: Nicht ihr habt mich erwählt, sondern ich habe euch erwählt. (Joh. 15,16)

Tagespsalm: Psalm 67, 2–8

Allgemeiner Konfirmationssonntag ist nach der württembergischen Konfirmationsordnung der Sonntag Judika. Ausweichmöglichkeiten sind der 3. und 4. Sonntag der Passionszeit, bzw. der 3. bis 5. Sonntag nach Ostern.

E:	Tut mir auf die schöne Pforte	166
	Lobet den Herren alle, die ihn ehren	447
	Sonne der Gerechtigkeit	262/263
	Ich möcht', daß einer mit mir geht	209
Ps:	Psalm 67	730
	Psalm 100	740
	Gott, du bist freundlich zu uns	768
Tl:	Du hast mich, Herr, zu dir gerufen	210
	Herr Christ, dein bin ich eigen	204
I:	**Mt 7, 13–16a (Ev.) [W: Mt 7, 13.14]: Die enge Pforte**	
	Lasset uns mit Jesus ziehen	384
	Mir nach, spricht Christus, unser Held	385,1–3
	(Ich grüße dich am Kreuzesstamm)	90,2
	(Geh aus, mein Herz, und suche Freud)	503,13–15/ 676,2–4

In dem Herren freuet euch	359
Schenk uns Weisheit, schenk uns Mut	635
Vertraut den neuen Wegen	395

II: **1. Tim. 6, 12–16 (Ep.) [W: 1. Tim 6, 11b–16]: Der gute Kampf des Glaubens**

Laß mich, o Herr, in allen Dingen	414
Zieh ein zu deinen Toren	133,1.11–13
(Sei Lob und Ehr dem höchsten Gut)	326,7–9
(O komm, du Geist der Wahrheit)	136,1–4
Laß uns den Weg der Gerechtigkeit gehn	658
Gott wohnt in einem Lichte	379

III: **Joh. 6, 66–69: Bekenntnis des Petrus**

Such, wer da will, ein ander Ziel	346
Meinen Jesus laß ich nicht	402
Bei dir, Jesu, will ich bleiben	406
Du bist der Weg, die Wahrheit und das Leben	619
Wir haben Gottes Spuren festgestellt	656
O Jesu Christe, wahres Licht	72
Herr, wohin sollen wir gehen	261 (K)

IV: **1. Kor. 3, 21b–23:Wir sind Christi, Christus aber ist Gottes**

Ich möcht', daß einer mit mir geht	209
Sei Lob und Ehr dem höchsten Gut	326
Ins Wasser fällt ein Stein	637
Kommt, atmet auf, ihr sollt leben	639
Herr, deine Liebe ist wie Gras und Ufer	643

V: **5. Mose 30, 11–20a: Entscheide dich für's Leben!**

Wohl denen, die da wandeln	295
Kommt herbei, singt dem Herrn	601
Du bist der Weg, die Wahrheit und das Leben	619
(Die güldne Sonne voll Freud und Wonne)	449,5

VI: **Spr 3, 1–8 (AT): Denk' dran!**

Wohl denen, die da wandeln	295
Befiehl du deine Wege	361

	Vergiß nicht zu danken dem ewigen Herrn	608
	Bewahre uns, Gott	171
	Vertraut den neuen Wegen	395
W:	**Jer 15, 16: Gottes Wort – meine Speise**	
	Allein auf Gottes Wort will ich	195
	Herr, für dein Wort sei hoch gepreist	196
	Herr, öffne mir die Herzenstür	197
	Wie lieblich ist der Maien	501
	(Such, wer da will, ein ander Ziel)	346,4
	(Wach auf, mein Herz, und singe)	446,8.9
	Herr Christ, dein bin ich eigen	204
	Wir danken Gott für seine Gaben	458
S:	Komm, Herr, segne uns	170
	Bewahre uns, Gott	171
	Laß mich dein sein und bleiben	157
	Herr, wir bitten: Komm und segne uns	565
	Nun danket alle Gott	321
	Großer Gott, wir loben dich	331
	We shall overcome	652
T:	Herr Christ, dein bin ich eigen	204
	Du hast mich, Herr, zu dir gerufen	210
A:	Komm, sag es allen weiter	225
	Kommt mit Gaben und Lobgesang	229
	Unser Leben sei ein Fest	636

Vorschläge zur liturgischen Gestaltung

- Zur Predigt über den Text der 1. Reihe das Bild von Christian Rohlfs, Bergpredigt, S. 412.
- Bei der Einsegnung Strophen aus „Komm, Herr, segne uns“ (170) oder „Bewahre uns, Gott“ (171) oder Kanon „Sende dein Licht und deine Wahrheit“ (172) oder „Öffne meine Augen“ (176 Ssp; K).
- Liedvorschläge in der Konfirmationsagende.
- Segensstrophen „Sing, bet und geh auf Gottes Wegen“ (369,7), „Ich bitt, daß du mir gnädig“ (472,5).

6. SONNTAG DER PASSIONSZEIT (PALMSONNTAG)

Der Schmerzensmann (Jesu Einzug in Jerusalem)

Liturgische Farbe: violett

Wochenspruch: Der Menschensohn muß erhöht werden, damit alle, die an ihn glauben, das ewige Leben haben. (Joh 3,14.15)

Wochenpsalm: Psalm 69, 2–4.8–10.21b.22.30

E:	Jesus zieht in Jerusalem ein	314
	Herr, stärke mich, dein Leiden zu bedenken	91
	Jesu, deine Passion	88
	Du schöner Lebensbaum des Paradieses	96
Ps:	Psalm 69	731
	Psalm 102	741
	Psalm 57	728
	Hymnus aus dem Römerbrief	762
	Hymnus aus dem Philipperbrief	764
Wl:	Du großer Schmerzensmann	87
I:	**Joh 12, 12–19 (Ev.): Einzug in Jerusalem**	
	Jesus zieht in Jerusalem ein	314
	Dein König kommt in niedern Hüllen	14
	Auf, auf, ihr Christen alle	536

II: Phil 2, 5–11 (Ep.): Erniedrigung und Erhöhung Jesu

Jesu Kreuz, Leiden und Pein	78
Ich grüße dich am Kreuzesstamm	90
Herr Jesu, deine Angst und Pein	89
Nun gehören unsre Herzen	93
(Wie herrlich gibst du, Herr, dich zu erkennen)	271,7.8
Nun freut euch, lieben Christen g'mein	341,1.4–7
(Lobt Gott, ihr Christen alle gleich)	27,3–5

III: Mk 14, 3–9: Salbung in Bethanien

Herz und Herz vereint zusammen	251
Ich will dich lieben meine Stärke	400
Meinen Jesus laß ich nicht	402
Wie schön leuchtet der Morgenstern	70

IV: Jes 50, 4–9 (AT): Gott steht seinem Knecht bei

Er weckt mich alle Morgen	452
O Welt, sieh hier dein Leben	84,1–6
O Haupt voll Blut und Wunden	85
Ich steh in meines Herren Hand	374

V: Joh 17, 1.(2–5).6–8 [W: Joh 17, 1–8]: Das hohepriesterliche Gebet

Gott in der Höh sei Preis und Ehr	180.2
Nun danket Gott, erhebt und preiset	290,1–3
Herr, du hast darum gebetet	267
Du Wort des Vaters, rede du	632
Ich grüße dich am Kreuzesstamm	90

VI: Hebr 12, 1–3: Jesus – Anfänger und Vollender des Glaubens

Jesu, deine Passion	88
Nun aufwärts froh den Blick gewandt	394
Stern, auf den ich schaue	407
Jesu, hilf siegen, du Fürste des Lebens	373
Eines wünsch ich mir vor allem andern	546
Daß Jesus siegt, bleibt ewig ausgemacht	375

W A:	**Mt 27, 1–30: Das Ende des Judas – Jesus vor Pilatus – Verspottung – Kreuzigung**	
	Jesu, meines Lebens Leben	86
	Christus, der uns selig macht	77,1–4
	Jesu Kreuz, Leiden und Pein	78,1.5–7
	(Seht hin, er ist allein im Garten)	95,3.4
W B:	**Joh 18, 28–19,16: Jesus vor Pilatus – Verspottung – Verurteilung**	
	Jesu, meines Lebens Leben	86
	Christus, der uns selig macht	77,1–4
	Jesu Kreuz, Leiden und Pein	78,1.5–7
	(Seht hin, er ist allein im Garten)	95,3.4
	(Werde munter, mein Gemüte)	475,5
S:	Ach mein Herr Jesu, wenn ich dich nicht hätte	545
	Eines wünsch ich mir vor allem andern	546
	Kreuz, auf das ich schaue	548
	(Herzliebster Jesu, was hast du verbrochen)	81,8–11
T:	Du hast mich, Herr, zu dir gerufen	210
	(Eines wünsch ich mir vor allem andern)	546,4.5
A:	Das Wort geht von dem Vater aus	223
	Menschen gehen zu Gott in ihrer Not	547

Vorschläge zur liturgischen Gestaltung

- Inszenierung des Einzugs Jesu im Gottesdienst mit dem Lied „Jesus zieht in Jerusalem ein“ (314), mit Palmzweigen oder, falls vorhanden, mit einem Palmesel.
- Das Motiv „Einzug“ läßt sich theologisch vertiefen mit einem Einzug zu „Menschen gehen zu Gott in ihrer Not“ (547).
- Zum bleibenden Eingangslied bis Karfreitag s. Judica.
- Kein „Ehr sei dem Vater ...“ (177.1) zum Abschluß des Psalmgebets. Zur Gestaltung der gesamten Passionszeit s. Invokavit.

- Bei einer Messe das „Oster-Kyrie“ (178.7), bes. bei 5. Reihe. Auch Fastenformen (178.3; 178.5). Als Agnus Dei „Siehe, das ist Gottes Lamm“ (190.4), kombiniert mit Strophen aus „Jesu, deine Passion“ (88).
- „Holz auf Jesu Schulter“ (97) im Kanon im Abstand einer ganzen Note.
- Verminderung des Altarschmuckes und der Kerzenzahl gegenüber Judika.

GRÜNDONNERSTAG

Das Mahl des Neuen Bundes (Das letzte Mahl – das erste Abendmahl)

Liturgische Farbe: weiß

Tagesspruch: Er hat ein Gedächtnis gestiftet seiner Wunder, der gnädige und barmherzige Herr. (Ps 111,4)

Tagespsalm: Psalm 111

E:	Holz auf Jesu Schulter	97
	Ich bin das Brot, lade euch ein	587
	Komm, mein Herz, in Jesu Leiden	584
	Seht, das Brot, das wir hier teilen	226
Ps:	Psalm 111	744
	Psalm 116	746
	Psalm 34	718
Tl:	Das Wort geht von dem Vater aus	223
I:	**Joh 13, 1–15.(34.35) (Ev.): Die Fußwaschung**	
	Jesu Kreuz, Leiden und Pein	78,1–4.9.10
	Wenn meine Sünd' mich kränken	82,1.7.8
	Lasset uns mit Jesus ziehen	384
	Laß die Wurzel unsers Handelns Liebe sein	417
II:	**1. Kor 11, 23–36 (Ep.) [W: 1. Kor 11, (17–22).23–26.(27–29)]: Abendmahl und Lebensstil**	
	Schmücke dich, o liebe Seele	218
	Jesus Christus, unser Heiland, der von uns den Gotteszorn wandt	215
	Herr Jesu Christ, du höchstes Gut	219
	Das Weizenkorn muß sterben	585

III: Mk 14, 17–26: Abendmahl – bedrohte Gemeinschaft

Das Kreuz ist aufgerichtet	94
Jesu Kreuz, Leiden und Pein	78,1–4
Seht das Brot, das wir hier teilen	226
Christus, das Licht der Welt	410
(Das Wort geht von dem Vater aus)	223,2

IV: 1. Kor 10, 16.17: Abendmahl – Gemeinschaft mit Christus

Das sollt ihr, Jesu Jünger, nie vergessen	221
Herr Jesu Christe, mein getreuer Hirte	217
Schmücke dich, o liebe Seele	218
Ich bin das Brot, lade euch ein	587
Dank sei dir, Vater, für das ewge Leben	227,1.3–5
Kommt mit Gaben und Lobgesang	229
Die Kirche steht gegründet	264
Ich glaube, daß die Heiligen	253

V: 2. Mose 12, 1.3.4.6.7.11–14 (AT) [W: 2. Mose 12, 1–14]: Das erste Passa

(Christ lag in Todesbanden)	101,3–7
O Durchbrecher aller Bande	388
Gib Frieden, Herr, gib Frieden	430
When Israel was in Egypt's land	603
We shall overcome	652

VI: Hebr 2, 10–18: Christus – der treue Hohepriester

Christe, du Schöpfer aller Welt	92
(Dies ist der Tag, den Gott gemacht)	42,3–6
Halt im Gedächtnis Jesus Christ	405
Liebe, die du mich zum Bilde	401
Seht hin, er ist allein im Garten	95
(Lobt Gott, ihr Christen alle gleich)	27,3.4

W: Lk 22, 7–20: Das Abendmahl – das Fest im großen Saal

Gott gibt ein Fest	586
Herr, du wollest uns bereiten	220
Komm, sag es allen weiter	225

S:	Bleib mit deiner Gnade bei uns	787.8
	Der Abend kommt	673
	Gott sei gelobet und gebenedeiet	214
	Im Frieden dein, o Herre mein	222
	Du hast uns Leib und Seel gespeist	216
	Er ist das Brot, er ist der Wein	228
A:	Menschen gehen zu Gott in ihrer Not	547
	Das Weizenkorn muß sterben	585
	Herr, gib uns unser täglich Brot	464
	Seht das Brot, das wir hier teilen	226
	Jesus Christus, unser Heiland, der von uns den Gotteszorn wandt	215

Vorschläge zur liturgischen Gestaltung

- Abendmahlsfeier entfalten, z.B. als Tischabendmahl, szenisches Nachempfinden des Abendmahls Jesu, Abendmahl verbunden mit Fußwaschung, Segnung und Salbung.
- An diesem Abend kann der Gottesdienst in der Form der Messe (689) gefeiert werden, das Gloria wird gesungen.
- Agnus Dei – Gesänge 190.1–190.4 bei einer Messe.
- Dem Charakter des Abends entsprechen die Taizé-Gesänge 787.2; 787.6; 787.8.
- Die jüdische Pessach-Liturgie endet mit dem großen Hallel (vgl. Mk 14,26), den Psalmen 113 – 118. Es liegt nahe, am Gründonnerstag einen dieser Psalmen zu beten.
- Abendmahlsbereitung mit Zwischentext S. 454.
- „Wenn meine Sünd' mich kränken" (82) mit der Melodie „Wohl denen, die da wandeln" (295) singen.
- Bildpredigt über Alfred Hrdlicka's Bild „Abendmahl", S. 440.
- Nach altem Brauch läuten in diesem Gottesdienst die Glocken letztmals. Auch die Orgel schweigt nach dem Gloria oder nach dem Tageslied bzw. dem Evangelium, bis beide zum Gloria bzw. nach der Verkündigung des Osterevangeliums in der Osternacht wieder erklingen.

KARFREITAG

Gekreuzigt und gestorben
(Jesu Tod am Kreuz)

Liturgische Farbe: schwarz

Tagesspruch: Also hat Gott die Welt geliebt, daß er seinen eingeborenen Sohn gab, damit alle, die an ihn glauben, nicht verloren werden, sondern das ewige Leben haben. (Joh 3,16)

Tagespsalm: Psalm 22, 2–6.12.23–28

E:	Ehre sei dir, Christe	75
	O Mensch, bewein deine Sünde groß	76
	Jesu, deine Passion	88
	O Lamm Gottes, unschuldig	190.1
Ps:	Psalm 22 I	709
	Psalm 22 II	710
	Hymnus aus dem Philipperbrief	764
	Lied vom Gottesknecht	759
Tl:	Ein Lämmlein geht und trägt die Schuld	83
	Christe, du Schöpfer aller Welt	92
I:	**Joh 19, 16–30 (Ev.): Kreuzigung Jesu**	
	Jesu, meines Lebens Leben	86
	O Haupt voll Blut und Wunden	85
	Nun gehören unsre Herzen	93
	Eines wünsch ich mir vor allem andern	546
	Wie lange willst du mein vergessen	598

II:	**2. Kor 5, (14b–18).19–21 (Ep.): Zur Versöhnung gestorben**	
	Herr Jesu, deine Angst und Pein	89
	Herr, stärke mich, dein Leiden zu bedenken	91
	Meinen Jesus laß ich nicht	402,1.4.5
	(Jesus Christus, unser Heiland, der den Tod überwandt)	102,2.3
	(Allein Gott in der Höh sei Ehr)	179,3
	Wie ein Fest nach langer Trauer	660
III:	**Lk 23, 33–49: Kreuzigung Jesu**	
	Jesu Kreuz, Leiden und Pein	78,1.2.7–10
	Ach mein Herr Jesu, wenn ich dich nicht hätte	545
	Ich grüße dich am Kreuzesstamm	90
	Herzliebster Jesu, was hast du verbrochen	81
	O Welt, sieh hier dein Leben	84
IV:	**Hebr 9, 15.26b–28: Christus – einmal für alle geopfert**	
	O Mensch, bewein dein Sünde groß	76
	Es ist das Heil uns kommen her	342,1.4.5
	Das Kreuz ist aufgerichtet	94
	(Jesus ist kommen, Grund ewiger Freude)	66,6
V:	**Mt 27, 33–50.(51–54) [W: Mt 27, 33–51.(52–54]: Kreuzigung Jesu**	
	Christus, der uns selig macht	77
	Jesu Kreuz, Leiden und Pein	78,1.7–10
	Nun gehören unsre Herzen	93
	Gott, mein Gott, warum hast du mich verlassen	381
	Herzliebster Jesu, was hast du verbrochen	81
VI:	**Jes (52, 13–15); 53, 1–12 (AT): Der leidende Gottesknecht**	
	O Lamm Gottes, unschuldig	190.1
	Ein Lämmlein geht und trägt die Schuld	83
	Christe, du Schöpfer aller Welt	92
	Du großer Schmerzensmann	87
	(Fröhlich soll mein Herze springen)	36,3.4.8

W A:	**Mt 27, 33–50.(51–54) [W: Mt 27, 33–51.(52–54]: Kreuzigung Jesu**	
	Christus, der uns selig macht	77
	Jesu Kreuz, Leiden und Pein	78,1.7–10
	Nun gehören unsre Herzen	93
	Gott, mein Gott, warum hast du mich verlassen	381
W B:	**Joh 19, 16–30: Kreuzigung Jesu**	
	Jesu, meines Lebens Leben	86
	O Haupt voll Blut und Wunden	85
	Nun gehören unsre Herzen	93
	Eines wünsch ich mir vor allem andern	546
S:	Kreuz, auf das ich schaue	548
	Holz auf Jesu Schulter	97
	Du schöner Lebensbaum des Paradieses	96
	Korn, das in die Erde	98
	(O Haupt voll Blut und Wunden)	85,9.10
	(Valet will ich dir geben)	523,3
	(Herr Jesu, deine Angst und Pein)	89,3
A:	Das Weizenkorn muß sterben	585
	Ich bin das Brot, lade euch ein	587
	(O Haupt voll Blut und Wunden)	85,5–8
	O Herr, nimm unsre Schuld	235

Vorschläge zur liturgischen Gestaltung

- Zur Gestaltung des Kirchenraums s. Invokavit. Zusätzlich kann man an Karfreitag den Altar bis auf den Kruzifixus ganz entblößen, (schwarz) verhüllen, oder mit Dornenzweigen belegen. Wenn die Kerzen bleiben, kann man sie bei einer Feier zur Todesstunde Jesu nach der Lesung des Evangeliums löschen.
- Glocken und Orgel können bis zur Osternacht schweigen.
- Einzug der Gemeinde mit „Menschen gehen zu Gott in ihrer Not“ (547).
- Zum bleibenden Eingangslied s. Judika, danach schweigender Einzug.

KARSAMSTAG (KARFREITAG, 2. Gottesdienst)

Begraben *(Begräbnis Jesu)*

Liturgische Farbe: schwarz

Tagesspruch: Also hat Gott die Welt geliebt, daß er seinen eingeborenen Sohn gab, damit alle, die an ihn glauben, nicht verloren werden, sondern das ewige Leben haben. (Joh 3,16)

Tagespsalm: Psalm 88 i.A. *oder* Psalm 22

E:	O Traurigkeit, o Herzeleid	80
	O Haupt voll Blut und Wunden	85
	Jesu, meines Lebens Leben	86
	Christe, du Schöpfer aller Welt	92
Ps:	Psalm 22	709
	Psalm 69	731
	Lied vom Gottesknecht	759
Tl:	Wir danken dir, Herr Jesu Christ	79
I:	**Mt 27, (57–61).62–66 (Ev.): Jesu Grab**	
	Christus, der uns selig macht	77,1.5–8
	O Traurigkeit, o Herzeleid	80
	Korn, das in die Erde	98
II:	**1. Petr 3, 18–22 (Ep.): Niederfahrt Christi**	
	Wenn meine Sünd' mich kränken	82,1–4
	Nun gehören unsre Herzen	93
	Nun komm, der Heiden Heiland	4,1–3.5
	(Preis, Lob und Dank sei Gott dem Herren)	245,3–5

III:	**Jona 2: Gebet Jonas im Bauch des Fisches**	
	Aus tiefer Not laßt uns zu Gott	144
	Aus tiefer Not schrei ich zu dir	299
	(Ich steh an deiner Krippen hier)	37,3
	Wie der Hirsch lechzt nach frischem Wasser	278
	Gott, mein Gott, warum hast du mich verlassen	381
	Das ist mir lieb, daß du mich hörst	292
IV:	**Hebr 9, 11–12.24: Christus – der Hohepriester der zukünftigen Güter**	
	Christus, der uns selig macht	77
	(Jesus ist kommen, Grund ewiger Freude)	66,6
	O Durchbrecher aller Bande	388
	Ehre sei dir, Christe	75
V:	**Joh 19, (31–37).38–42: Begräbnis Jesu**	
	(Christus, der uns selig macht)	77,6–8
	(Valet will ich dir geben)	523,3.4
	O Traurigkeit, o Herzeleid	80
	Jesu, deine Passion	88,1.2
VI:	**Hes 37, 1–14 (AT): Auferstehung Israels**	
	Herr, mach uns stark im Mut, der dich bekennt	154,1–5
	Holz auf Jesu Schulter	97
	(O Gott, du frommer Gott)	495,8
	(Wenn mein Stündlein vorhanden ist)	522,3–5
W A:	Christus, der uns selig macht	77,1.5–8
	O Traurigkeit, o Herzeleid	80
	Korn, das in die Erde	98
W B:	(Christus, der uns selig macht)	77,6–8
	(Valet will ich dir geben)	523,3.4
	O Traurigkeit, o Herzeleid	80
	Jesu, deine Passion	88,1.2

S:	Du schöner Lebensbaum des Paradieses	96
	Korn, das in die Erde	98
	Kreuz, auf das ich schaue	548
	Nun gehören unsre Herzen	93
	(Werde munter, mein Gemüte)	475,4.5
	(Die Sonn hat sich mit ihrem Glanz gewendet)	476,6.7

Vorschläge zur liturgischen Gestaltung

- Wenn zur Todesstunde am Nachmittag ein Gottesdienst gefeiert wird, kann dieser nach der besonderen Ordnung für den Karfreitag gehalten werden (vgl. z.B. das Gottesdienstbuch „Erneuerte Agende").
- Das Wort des Schächers ist enthalten im Leitvers zu „Selig sind, die da geistlich arm sind" (307).
- „Und wer euch noch gefangen hält" (394,3) als Segensstrophe.
- s. die liturgischen Vorschläge zum Karfreitag.

OSTERNACHT oder OSTERMORGEN

Die Auferweckung des Gekreuzigten (Die Auferstehung Jesu)

Liturgische Farbe: weiß

Wochenspruch: Christus spricht: Ich war tot, und siehe, ich bin lebendig von Ewigkeit zu Ewigkeit und habe die Schlüssel des Todes und der Hölle. (Offb 1,18)

Wochenpsalm: Psalm 118, 14–24

E:	Erschienen ist der herrlich Tag	106
	Auf, auf, mein Herz, mit Freuden	112,1–3
	Heut triumphieret Gottes Sohn	109
	Holz auf Jesu Schulter	97
	Korn, das in die Erde	98
Ps:	Psalm 118	747
	Psalm 30	715
	Psalm 18	707
Tl:	Christ ist erstanden	99
I:	**Mt 28, 1–10 (Ev.): Die Auferstehung Jesu**	
	Gelobt sei Gott im höchsten Thron	103
	Er ist erstanden, Halleluja	116
	Frühmorgens, da die Sonn aufgeht	111
	Die Sonne geht auf: Christ ist erstanden	550
II:	**Kol 3, 1–4 (Ep.): Mit Christus auferstanden**	
	Wach auf, mein Herz, die Nacht ist hin	114
	Erneure mich, o ewigs Licht	390
	Mit Freuden zart zu dieser Fahrt	108
	Singen wir heut mit einem Mund	104

II[W]:	**Offb 1,(4–7).8: Christus – A und O**	
	O Tod, wo ist dein Stachel nun	113
	(Wie schön leuchtet der Morgenstern)	70,7
	Jesus Christus gestern und heute	683 (K)
	Ausgang und Eingang	175 (K)
III:	**Jes 26, 13.14. (15–18).19 (AT): Deine Toten werden leben**	
	Jesus lebt, mit ihm auch ich	115
	Jesus, meine Zuversicht	526
	Auferstehn, ja auferstehn wirst du	678
IV:	**1. Thess 4, 13.14: Hoffnung für die Toten**	
	Jesus lebt, mit ihm auch ich	115
	Jesus, meine Zuversicht	526
	Mit Freuden zart zu dieser Fahrt	108
	Frühmorgens, da die Sonn aufgeht	111
V:	**Joh 5, 19–21: Auch der Sohn macht lebendig**	
	Jesus lebt, mit ihm auch ich	115
	Der schöne Ostertag	117
	(O Tod, wo ist dein Stachel nun)	113,5–8
	(Wenn mein Stündlein vorhanden ist)	522,4.5
VI:	**2. Tim 2, 8a (8b–13): Halt im Gedächtnis Jesus Christ**	
	Halt im Gedächtnis Jesus Christ	405
	Gelobt sei deine Treu	665
	(Von Gott will ich nicht lassen)	365,5–7
	(Auf, auf, mein Herz, mit Freuden)	112,8
	(Sieh nicht an, was du selber bist)	539,3
	(Ermuntert euch, ihr Frommen)	151,6
S:	Wir wollen alle fröhlich sein	100
	Die ganze Welt, Herr Jesu Christ	110
	Danket Gott, denn er ist gut	301
T:	Gehet hin in alle Welt	201
	Herr Christ, dein bin ich eigen	204
	Du hast mich, Herr, zu dir gerufen	210

A:	Jesus Christus, unser Heiland,	
	der den Tod überwand	102
	(Christ lag in Todesbanden)	101,5–7
	Dank sei dir, Vater, für das ewge Leben	227

Vorschläge zur liturgischen Gestaltung

- Die Feier der Osternacht kommt in den vergangenen Jahren auch in Württemberg immer mehr in Gebrauch. Eine feste agendarische Ordnung liegt bis jetzt nicht vor. Darum weisen wir hier auf einschlägige Literatur hin: Klassisch (und hochkirchlich) ist das Werk von K.B. Ritter, Die eucharistische Feier. Kassel 1961. Die lutherische Form kann übernommen werden von Alexander Völker (Hg.), Die Feier der Osternacht. Kassel 1983. Dazu empfehlen wir: Heinz Fischer, Osternacht. Neue Texte für den Gottesdienst. Heft 3/4. Hannover 1979. Hintergrund zum Exsultet bieten Guido Fuchs – Hans Martin Weikmann, Das Exsultet. Geschichte, Theologie und Gestaltung der österlichen Lichtdanksagung. Regensburg 1992.
- Die Feier der Osternacht findet in der Regel früh morgens, um 5 Uhr oder um 5.30 Uhr statt. Wo es üblich ist, kann sie auch am späten Abend gefeiert werden, etwa um 22 Uhr.
- Die Feier der Osternacht ist eine gute Gelegenheit, die Konfirmandinnen und Konfirmanden als liturgische Helferinnen und Helfer einzusetzen.
- Die Feier der Osternacht kann vor der Kirche bei einem Osterfeuer begonnen werden. In manchen Gemeinden wird dieser Beginn noch gemeinsam mit der katholischen Schwestergemeinde gefeiert. Dort wird die Osterkerze entzündet, die dann – der Gemeinde voran – in die noch völlig dunkle Kirche getragen wird. Die Kirche wird erst danach durch Weitergeben des Osterlichts an die Gemeindeglieder, die alle eine Handkerze tragen, langsam erleuchtet.
- Noch am Osterfeuer: Holz auf Jesu Schulter (97).
- Schön ist es, wenn der Altar zunächst noch ganz leer ist, und die Altargeräte erst beim Einzug in die Kirche durch Gemeindeglieder nach vorne gebracht werden.
- Das große Osterlob (Exultet) kann in der Form „O Licht der wunderbaren Nacht“ (Gotteslob, Nr. 208) gesungen werden.

- Zur Lesung vom Durchzug durch das Rote Meer kann man „Im Lande der Knechtschaft“ (604) singen.
- Der gesungene Taufbefehl „Gehet hin in alle Welt“ (201) eignet sich besonders, den Zusammenhang mit der Taufe in Erinnerung zu rufen. Er kann auch einige Male hintereinander auswendig gesungen werden, etwa während die Gemeinde einen Weg zum Taufstein geht. Es entspricht altkirchlichem Brauch, wenn in der Osternacht Taufen stattfinden.
- Man kann das Evangelium nach altem Brauch in verteilten Rollen singen. Noten finden sich in der angegebenen Literatur.
- Zum Gloria oder nach dem Evangelium läuten zum ersten Mal wieder die Glocken, die seit dem Gründonnerstagsgottesdienst geschwiegen haben. Auch die Orgel soll erst zum Gloria oder nach der Verlesung des Evangeliums wieder erklingen.
- Nach dem Evangelium kann man sich mit dem Kanon „Der Herr ist auferstanden“ (118 K) grüßen.
- Der Gottesdienst kann neben den speziellen Osternachtsstücken als Deutsche Messe gesungen gestaltet werden, mit den Stücken „Kyrie“ (z.B. 178.2 oder 178.7), „Gloria“ (z.B. 180.1), „Halleluja“ (z.B.181.1; 181.2; 181.3 oder 182.8), „Credo“ (183 oder 184), „Sanctus“ (185.1 oder 185.2), „Vater unser“ (z.B. 187 oder 186), nach den Einsetzungsworten das „Geheimnis des Glaubens“ (189), „Agnus Dei“ (190.2).
- In vielen Gemeinden schließt sich an die Feier der Osternacht, bzw. an die Auferstehungsfeier auf dem Friedhof ein gemeinsames Osterfrühstück an.

OSTERSONNTAG

Das Wunder der Auferstehung (Die Auferstehung Jesu)

Liturgische Farbe: weiß

Wochenspruch: Christus spricht: Ich war tot, und siehe, ich bin lebendig von Ewigkeit zu Ewigkeit und habe die Schlüssel des Todes und der Hölle. (Offb 1,18)

Wochenpsalm: Psalm 118,14–24

E:	Erschienen ist der herrlich Tag	106
	Gelobt sei Gott im höchsten Thron	103
	Auf, auf, mein Herz, mit Freuden	112
Ps:	Psalm 118	747
	Psalm 150	758
	Hymnus aus dem Kolosserbrief	765
Wl:	Christ lag in Todesbanden	101
	Erschienen ist der herrlich Tag	106
I:	**Mk 16, 1–8 (Ev.): Die Auferstehung Jesu**	
	Gelobt sei Gott im höchsten Thron	103
	Erstanden ist der Heilig Christ	105
	Er ist erstanden, Halleluja	116
	Auf, auf, mein Herz, mit Freuden	112

**II: 1. Kor. 15, 1– 11 (Ep.):
Das Zeugnis von den Erscheinungen des Auferstandenen**

Jesus lebt, mit ihm auch ich	115
Wir danken dir, Herr Jesu Christ	107
Die Sonne geht auf: Christ ist erstanden	550
Wo einer dem andern neu vertraut	551
Singen wir heut mit einem Mund	104
Der Herr ist auferstanden	118 (K)

III: Mt 28, 1–10: Die Auferstehung Jesu

Gelobt sei Gott im höchsten Thron	103
Erstanden ist der heilig Christ	105
Frühmorgens, da die Sonn aufgeht	111
Der schöne Ostertag	117

**IV: 1. Sam 2, 1.2.6–8a (AT) [W: 1. Sam 2, 1.2.(3–5).6–8a]:
Der Lobgesang der Hanna**

Die Sonne geht auf: Christ ist erstanden	550
Wo einer dem andern neu vertraut	551
Singen wir heut mit einem Mund	104
(Wer nur den lieben Gott läßt walten)	369,6.7

V: Joh 20, 11–18: Jesus erscheint Maria Magdalena

Wach auf, mein Herz, die Nacht ist hin	114
Erschienen ist der herrlich Tag	106
Auf, auf, mein Herz, mit Freuden	112

VI: 1. Kor 15, 19–28: Christus – der Erste der Auferstandenen

Mit Freuden zart zu dieser Fahrt	108
Christus ist auferstanden	549
O Tod, wo ist dein Stachel nun	113
Er ist erstanden, Halleluja	116
Jesus, meine Zuversicht	526

W A:	**Mt 28, 1–15: Die Auferstehung Jesu**	
	Wir danken dir, Herr Jesu Christ	107
	Gelobt sei Gott im höchsten Thron	103
	Erstanden ist der heilig Christ	105
	Er ist erstanden, Halleluja	116
W B:	**Joh 20, 1–18: Der Ostermorgen**	
	Auf, auf, mein Herz, mit Freuden	112
	Wach auf, mein Herz, die Nacht ist hin	114
	Erstanden ist der heilig Christ	105
	Meine Seele erhebt den Herren	310 (K)
S:	Wir wollen alle fröhlich sein	100
	Christ ist erstanden	99
	Die ganze Welt, Herr Jesu Christ	110
T:	Gehet hin in alle Welt	201
	Die Sonne geht auf: Christ ist erstanden	550
	(Jesus lebt, mit ihm auch ich)	115,2.5
A:	Jesus Christus, unser Heiland, der den Tod überwand	102
	Dank sei dir, Vater, für das ewge Leben	227
	Du schöner Lebensbaum des Paradieses	96,1–4
	(O Lebensbrünnlein tief und groß)	399,5–7

Vorschläge zur liturgischen Gestaltung

- Nach der schlichten Passionszeit kann man nun der Osterfreude auch äußerlich sichtbaren Ausdruck verleihen, z.B. mit besonders schönem Blumenschmuck, mit frisch grünenden Zweigen oder Bäumen an der Kirchentür, mit besonders vielen (bzw. neuen) Kerzen, etc.
- „Erstanden ist der Heilig Christ“ (105) in verteilten Rollen gesungen. Ebenso „Gelobt sei Gott im höchsten Thron“ (103).

- Die Gloria-Patri-Strophe „Ehr sei dem Vater und dem Sohn“ (155,4) kann auf die Melodie „Erschienen ist der herrlich Tag“ (106) gesungen werden, wobei sogar noch ein österliches Halleluja hinzugefügt wird. Vgl. dazu auch den Vorschlag zum Credo.
- Im Eingangsteil das „Oster-Kyrie“ (178.7).
- Der alte Ostergruß „Der Herr ist auferstanden“ (118 K) im Kanon, z.B. nach dem Stillen Gebet oder als Friedensgruß vor der Austeilung.
- Die Lesung mit Halleluja-Gesängen beantworten; z.B. „Wir wollen alle fröhlich sein“ (100 in Auswahl); „Christus ist auferstanden“ (549,1.2); „Gelobt sei Gott im höchsten Thron“ (103,1.5.6); „Heut triumphieret Gottes Sohn“ (109 in Auswahl); „Halleluja“ (181.8 K)
- Statt des Apostolicums kann das Nicänum (687) gebetet werden.
- Das Hauptlied „Christ lag in Todesbanden“ (101) kann als roter Faden den ganzen Gottesdienst durchziehen: 1 zum Eingang; 2–4 nach den Lesungen; 5 als Agnus Dei; 7 nach der Austeilung; 6 zum Ausgang.
- Als Credo kann auch „Wir glauben Gott im höchsten Thron“ (184) auf die Ostermelodie „Erschienen ist der herrlich Tag“ (106) mit Halleluja gesungen werden.
- „Gelobt sei Gott im höchsten Thron“ (103 vierstimmig) und „Singen wir heut mit einem Mund“ (104 einstimmig unbegleitet) im Wechsel: 104,1 – 103,1 – 104,2 – 103,5 – 104,3 – 103,6.
- „Du schöner Lebensbaum des Paradieses“ (96) und „Holz auf Jesu Schulter“ (97) eignen sich gut, um eine Brücke zur Passionszeit zurück zu schlagen. „Korn, das in die Erde“ (98) verbindet speziell den Karfreitag mit Ostern.
- Bei „Holz auf Jesu Schulter“ (97) kann eine kleine Gruppe die Strophen singen, während die Gemeinde antwortet und sich in Bewegung setzt.
- Vgl. die Zwischentexte S. 259, S. 261 und S. 1013.
- „Christ ist erstanden“ (99) als Segenslied.
- Man kann die Kinder während der Predigt um die Kirche herum, oder auch nach dem Gottesdienst in der Kirche Ostereier suchen lassen oder ihnen Kerzen in Eierform schenken. Im Familiengottesdienst ist eine gute Möglichkeit, das neue Leben zu veranschaulichen, wenn man von einem Bauern frisch geschlüpfte Küken mitbringen kann.

OSTERMONTAG

Die Gegenwart des Auferstandenen (Die Emmausjünger)

Liturgische Farbe: weiß

Wochenspruch: Christus spricht: Ich war tot, und siehe, ich bin lebendig von Ewigkeit zu Ewigkeit und habe die Schlüssel des Todes und der Hölle. (Offb 1,18)

Wochenpsalm: Psalm 118, 14–24

E:	Heut triumphieret Gottes Sohn	109
	Er ist erstanden, Halleluja	116
	Wir wollen alle fröhlich sein	100
	Jesus lebt, mit ihm auch ich	115
Ps:	Psalm 118	747
	Psalm 146	757
	Hymnus aus dem Römerbrief	762
Tl:	Christ lag in Todesbanden	101
	Erstanden ist der heilig Christ	105
I:	**Lk 24, 13– 35 (Ev.): Die Emmausjünger**	
	Gelobt sei Gott im höchsten Thron	103
	Er ist erstanden, Halleluja	116
	Bleib bei uns, wenn der Tag entweicht	542,1.3–5
	Herr, bleibe bei uns	483 (K)
	Ach bleib mit deiner Gnade	347
	Wir danken dir, Herr Jesu Christ, daß du unser Gast gewesen bist	462

II:	**1. Kor 15, 12–20 (Ep.): Auferstehung – Voraussetzung des Glaubens**	
	Der schöne Ostertag	117
	Mit Freuden zart zu dieser Fahrt	108
	(Wenn mein Stündlein vorhanden ist)	522,4.5
III:	**Lk 24, 36–45: Jesus erscheint den Jüngern**	
	Wir danken dir, Herr Jesu Christ	107
	Singen wir heut mit einem Mund	104
	Brich herein, süßer Schein	680
	(Herr Jesu, Gnadensonne)	404,4
IV:	**1. Kor 15, 50–58: Der Tod ist verschlungen in den Sieg**	
	O Tod, wo ist dein Stachel nun	113
	Es ist gewißlich an der Zeit	149
	Christ lag in Todesbanden	101
	Auferstehn, ja auferstehn wirst du	678
	Wach auf, wach auf, die Nacht ist hin	114,1.7–10
	Auf, auf, mein Herz, mit Freuden	112
V:	**Jes 25, 8.9 (AT) [W: Jes 25,6–9]: Das Festmahl auf Zion: Der Tod wird verschlungen**	
	Es wird sein in den letzten Tagen	426
	O Tod, wo ist dein Stachel nun	113
	Singen wir heut mit einem Mund	104
	Heut triumphieret Gottes Sohn	109
VI:	**Apg. 10, 34a. 36–43: Das Auferstehungszeugnis des Petrus**	
	Halt im Gedächtnis Jesus Christ	405
	Jesus lebt, mit ihm auch ich	115
	Wach auf, du Geist der ersten Zeugen	241
	Einer ist's, an dem wir hangen	256

W A:	**Mt 28, 16–20: Der Missions- und Taufbefehl**	
	Gehet hin in alle Welt	201
	Wach auf, du Geist der ersten Zeugen	241
	Gleichwie mich mein Vater gesandt hat	260 (K)
	Christus ist König, jubelt laut	269
	O daß doch bald dein Feuer brennte	255
	Siehe, ich bin bei euch alle Tage	419 (K)
W B:	**Joh 20, 19–31: Der Zweifel des Thomas**	
	Hevenu schalom alejchem – Wir wünschen Frieden euch allen	433
	Gleichwie mich mein Vater gesandt hat	260 (K)
	(Frühmorgens, da die Sonn aufgeht)	111,11–15
	Ich steh vor dir mit leeren Händen, Herr	382
	Wo einer dem andern neu vertraut	551
S:	Wir wollen alle fröhlich sein	100
	Christ ist erstanden	99
	Christus ist auferstanden	549,1.2
T:	Gehet hin in alle Welt	201
	Herr Christ, dein bin ich eigen	204
	Du hast mich, Herr, zu dir gerufen	210
A:	Jesus Christus, unser Heiland, der den Tod überwand	102
	(Christ lag in Todesbanden)	101,5–7
	(O Lebensbrünnlein tief und groß)	399,5–7

Vorschläge zur liturgischen Gestaltung

- Vgl. auch Ostersonntag.
- Der Ostermontag eignet sich gut zur Gestaltung ökumenischer Gottesdienste.
- Zur 1. Reihe das Bild von Karl Schmidt-Rottluff „Christus in Emmaus“ (S. 228).
- Zur 1. Reihe „Bleib mit deiner Gnade bei uns“ (787.8).

- „Laudate omnes gentes – Lobsingt, ihr Völker alle“ (181.6) zum Eingang anstelle des Orgelvorspiels.
- „Der Herr ist auferstanden“ (118 K) nach dem Stillen Gebet oder als Friedensgruß.
- Vgl. den Zwischentext S. 253.
- Wo ein Abendgottesdienst zum Thema „Emmausjünger“ gefeiert wird: „Der Mond ist aufgegangen“ (482) zusammen mit „Herr, bleibe bei uns“ (483 K). Zum Eingang „Herr, bleibe bei uns“ (781.1).

1. SONNTAG NACH OSTERN (QUASIMODOGENITI nach 1. Petr 2,2)

Die neue Geburt (Der Osterzweifel)

Liturgische Farbe: weiß

Wochenspruch: Gelobt sei Gott, der Vater unseres Herrn Jesus Christus, der uns nach seiner großen Barmherzigkeit wiedergeboren hat zu einer lebendigen Hoffnung durch die Auferstehung Jesu Christi von den Toten. (1.Petr 1,3)

Wochenpsalm: Psalm 116, 1–9

E:	Frühmorgens, da die Sonn aufgeht	111
	Er ist erstanden, Halleluja	116
	Der schöne Ostertag	117
	Das ist mir lieb, daß du mich hörst	292
Ps:	Psalm 92	737
	Psalm 116	746
	Hymnus aus dem Römerbrief	762
Wl:	Jesus Christus, unser Heiland, der den Tod überwand	102

I:	**Joh 20, 19–29 (Ev.) [W: Joh 20, 19–29.(30.31)]: Der Zweifel des Thomas**	
	(Frühmorgens, da die Sonn aufgeht)	111,11–15
	Ich steh vor dir mit leeren Händen, Herr	382
	Wo einer dem andern neu vertraut	551
	Hevenu schalom alejchem – Wir wünschen Frieden euch allen	433
	Gleichwie mich mein Vater gesandt hat	260 (K)

II: 1.Petr 1, 3–9 (Ep.) [W: 1. Petr. 1, 1–9]: Wiedergeboren zur lebendigen Hoffnung

Ich freu mich in dem Herren	349
Jesus lebt, mit ihm auch ich	115
Zieh ein zu deinen Toren	133,1

III: Joh 21, 1–14: Der Auferstandene am See Tiberias

Mit Freuden zart zu dieser Fahrt	108
Die Sonne geht auf: Christ ist erstanden	550
Er ist das Brot, er ist der Wein	228

IV: Kol 2, 12–15: Im Glauben mit Christus auferstanden

Wach auf, mein Herz, die Nacht ist hin	114
Jesus lebt, mit ihm auch ich	115
Heut triumphieret Gottes Sohn	109
Christus ist auferstanden	549

V: Mk 16, 9–14. (15–20): Erscheinungen Jesu, seine Himmelfahrt

Gehet hin in alle Welt	201
Christus ist auferstanden	549
Wach auf, du Geist der ersten Zeugen	241
Gleichwie mich mein Vater gesandt hat	260 (K)
Wir danken dir, Herr Jesu Christ, daß du vom Tod erstanden bist	107
(Christ, unser Herr, zum Jordan kam)	202,5
(Es ist das Heil uns kommen her)	342,5

V [W]: Mt 10, 16–20: Gesandt wie Schafe unter die Wölfe

Wenn wir in höchsten Nöten sein	366
Herr, wir bitten: Komm und segne uns	565
Warum sollt ich mich denn grämen	370
Daß Jesus siegt, bleibt ewig ausgemacht	375
Wo einer dem andern neu vertraut	551

VI:	**Jes 40, 26–31 (AT):** **Die auf den Herren harren, kriegen neue Kraft**	
	Die Sonne geht auf: Christ ist erstanden	550
	Die ganze Welt, Herr Jesu Christ	110
	Weicht, ihr Berge, fallt, ihr Hügel	615
	Ja, ich will euch tragen	380
	Nun lob, mein Seel, den Herren	289,1
	Du Gott stützt mich	630 (K)
W:	**Joh 17, 9–19: Jesu hohepriesterliches Gebet**	
	Gleichwie mich mein Vater gesandt hat	260 (K)
	Herr, laß mich deine Heiligung	634
	Du hast mich, Herr, zu dir gerufen	210
	Gottes Stimme laßt uns sein	553 (K)
	(Herz und Herz vereint zusammen)	251
S:	Wir wollen alle fröhlich sein	100
	Die ganze Welt, Herr Jesu Christ	110
	Jesus lebt, mit ihm auch ich	115
T:	Gehet hin in alle Welt	201
	Liebster Jesu, wir sind hier	206
	Du hast mich Herr, zu dir gerufen	210
	Ich freu mich in dem Herren	349
A:	Kommt mit Gaben und Lobgesang	229
	Jesus Christus, unser Heiland, der den Tod überwand	102
	Er ist das Brot, er ist der Wein	228

Vorschläge zur liturgischen Gestaltung

- Wie wäre es, an diesem Sonntag einen Osterspaziergang zu machen, wie es auch die Schwestern von Grandchamp zu tun pflegen? Man startet noch vor dem Morgengrauen bei der Kirche oder an einem anderen Ort, von dem aus man in den Wald oder freies Feld kommt. An verschiedenen Haltepunkten werden die biblischen Osterberichte vorgelesen. Man singt Osterlieder. Beim letzten Haltepunkt finden die Teilnehmerinnen und Teilnehmer ein Kohlenfeuer mit Fischen und Brot, die man zusammen ißt (vgl. Text III).
- Den Wochenpsalm 116 kann man singen mit „Das ist mir lieb, daß du mich hörst" (292).
- „Jesu, stärke deine Kinder" (164) als Segensstrophe.

2. SONNTAG NACH OSTERN (MISERIKORDIAS DOMINI – nach Ps 33, 5)

Der gute Hirte

Liturgische Farbe: weiß

Wochenspruch: Christus spricht: Ich bin der gute Hirte. Meine Schafe hören meine Stimme, und ich kenne sie, und sie folgen mir; und ich geben ihnen das ewige Leben. (Joh 10, 11.27.28)

Wochenpsalm: Psalm 23

E:	Nun jauchzt dem Herren, alle Welt	288
	Wir danken dir, Herr Jesu Christ, daß du vom Tod erstanden bist	107
	Du Lebensbrünnlein tief und groß	399
	Früh am Morgen Jesus gehet	664
Ps:	Psalm 23	711
	Psalm 63	729
	Geborgen ist mein Leben in Gott	767
Wl:	Der Herr ist mein getreuer Hirt	274
I:	**Joh 10, 11–16 (27–30) (Ev): Jesus, der gute Hirte**	
	Großer Hirte aller Herden	591
	Jesus nimmt die Sünder an	353
	Du bist der Weg und die Wahrheit und das Leben	619
	O Gottes Sohn, du Licht und Leben	633
	Es kennt der Herr die Seinen	358
	Weißt du, wieviel Sternlein stehen	511
	(Du Lebensbrünnlein tief und groß)	399,4

II: 1. Petr 2, 21b–25 (Ep.): Hirte und Bischof unserer Seelen

Jesus Christus, unser Heiland, der den Tod überwand	102
Ich habe nun den Grund gefunden	354
Es ist in keinem andern Heil	356
Holz auf Jesu Schulter	97
(Du großer Schmerzensmann)	87,6

III: Hes 34, 1.2.(3–9).10–16.31 (AT): Gott – der gute Hirte

Lob Gott getrost mit Singen	243
O Jesu Christe, wahres Licht	72
(Eins ist not! Ach Herr, dies Eine)	386,9.10
Nun preiset alle Gottes Barmherzigkeit	502,1–3
Der Herr ist mein Hirte	599 (K)
Aus tiefer Not schrei ich zu dir	299

IV: 1. Petr 5, 1–4 [W: 1. Petr 5, 1–5]: Die Ältesten – Hirten der Gemeinde

O Jesu Christe, wahres Licht	72
Preis, Lob und Dank sei Gott dem Herren	245,1.2
Wir wolln uns gerne wagen	254

V: Joh 21, 15–19: Weide meine Schafe

Wir danken dir, Herr Jesu Christ, daß du vom Tod erstanden bist	107
Ich will dich lieben, meine Stärke	400
Herzlich lieb hab ich dich, o Herr	397
Schönster Herr Jesu	403
Jesus nimmt die Sünder an	353
(Gott rufet noch)	392, 8

V [W]: 1. Mose 1, 1–25: Die Schöpfungsgeschichte

	Wenn ich, o Schöpfer, deine Macht	506
	Himmel, Erde, Luft und Meer	504
	Weißt du, wieviel Sternlein stehen	511
	Laudato si – Sei gepriesen	515
	Das ist köstlich, dir zu sagen Lob und Preis	284
	Das ist ein köstlich Ding	285
	Morgenlicht leuchtet	455
VI:	**Hebr 13, 20.21: Jesus – der große Hirte**	
	Großer Hirte aller Herden	591
	Laß mich, o Herr, in allen Dingen	414
	O Herr, mach mich zu einem Werkzeug deines Friedens	416
	Herr Jesu, Gnadensonne	404
	Herr, gib mir Mut zum Brückenbauen	649
W:	**Joh 10, 1–11: Jesus – die Tür zur Seligkeit**	
	Du bist der Weg und die Wahrheit und das Leben	619
	Christ ist der Weg, das Licht, die Pfort	612
	(Fröhlich soll mein Herze springen)	36,7
S:	(Warum sollt ich mich denn grämen)	370,11.12
	Jesu, geh voran	391
	Der schöne Ostertag	117
T:	Liebster Jesu, wir sind hier, deinem Worte nachzuleben	206
	Lieber Gott, ich danke dir	645
A:	Herr Jesu Christe, mein getreuer Hirte	217
	Das sollt ihr, Jesu Jünger, nie vergessen	221
	(Aus tiefer Not schrei ich zu dir)	299,5

Vorschläge zur liturgischen Gestaltung

- „Der Herr ist mein Hirte“ (599 K) als Leitvers zum Wochenpsalm 23 singen.
- Psalm 23 (783) singen.

3. SONNTAG NACH OSTERN (JUBILATE – nach Ps 66, 1)

Die neue Schöpfung

Liturgische Farbe: weiß

Wochenspruch: Ist jemand in Christus, so ist er eine neue Kreatur, das Alte ist vergangen, siehe, Neues ist geworden. (2. Kor 5,17)

Wochenpsalm: Psalm 66, 1–9 *oder* Psalm 118

E:	Die ganze Welt, Herr Jesu Christ	110
	Gottes Ruhetag	566
	Morgenlicht leuchtet	455
	Gottes Geschöpfe, kommt zuhauf	514
	Laudato si – Sei gepriesen	515
	Geh aus, mein Herz, und suche Freud	503
	Jauchzt, alle Lande, Gott zu Ehren	279
	Singt das Lied der Freude über Gott	305
	Gott hat das erste Wort	199
Ps:	Psalm 118	747
	Psalm 104	743
	Psalm 8	705
	Herr, unser Herrscher, wie herrlich ist dein Name	766
Wl:	Mit Freuden zart zu dieser Fahrt	108
I:	**Joh 15, 1–8 (Ev): Jesus – der wahre Weinstock**	
	Bei dir, Jesu, will ich bleiben	406
	Laß mich dein sein und bleiben	157
	Du bist der Weg und die Wahrheit und das Leben	619
	Stern, auf den ich schaue	407
	(Auf, auf, mein Herz, mit Freuden)	112,6

II:	**1. Joh 5, 1–4 (Ep.): Unser Glaube ist der Sieg, der die Welt überwunden hat.**	
	Ich steh in meines Herren Hand	374
	Ich bete an die Macht der Liebe	641
	Ich weiß, woran ich glaube	357
	(Wach auf, mein Herz, die Nacht ist hin)	114,9.10
III:	**Joh 16, 16.(17–19).20–23a: Trauer und Freude**	
	Frühmorgens, da die Sonn aufgeht	111
	Auf, auf, mein Herz, mit Freuden	112
	Die Sonne geht auf: Christ ist erstanden	550
	Warum sollt ich mich denn grämen	370
	Jesu, meine Freude	396
IV:	**2. Kor 4, 16–18: Trübsal und Herrlichkeit**	
	Nun aufwärts froh den Blick gewandt	394
	Jesu, meine Freude	396
	In dir ist Freude	398
V:	**1. Mose 1, 1–4a.26–31; 2, 1–4a (AT) [W: 1. Mose 1, (1–25). 26–31; (1. Mose 2, 1–4a)]: Die Schöpfungsgeschichte**	
	Wenn ich, o Schöpfer, deine Macht	506
	Himmels Au, licht und blau	507
	Die Erde ist des Herrn	659
	So viel Freude hast du, Gott	653
	Weißt du, wieviel Sternlein stehen	511
	Laudato si – Sei gepriesen	515
	Das ist köstlich, dir zu sagen Lob und Preis	284
	Das ist ein köstlich Ding	285
	Morgenlicht leuchtet	455
	Du schufst, Herr, unsre Erde gut	654
	Singt das Lied der Freude, der Freude über Gott	306
VI:	**Apg 17, 22–28a.(28b–34) [W: Apg 17, (16–21). 22–28a. (28b–34)]: Paulus auf dem Areopag**	
	Gott wohnt in einem Lichte	379
	Gott ist gegenwärtig	165
	(Herz und Herz vereint zusammen)	251,4

W:	**Spr 8, 22–36: Die Weisheit, Gottes Liebling, spricht**	
	Wenn ich, o Schöpfer, deine Macht	506
	Lob, Anbetung, Ruhm und Ehre	610
	Eins ist not! Ach Herr, dies Eine	386
	Schenk uns Weisheit, schenk uns Mut	635
S:	Himmel, Erde, Luft und Meer	504
	Vom Aufgang der Sonne	456 (K)
	(Geh aus, mein Herz, und suche Freud)	503,13–15
	Freuet euch der schönen Erde	510
	Ich will, solang ich lebe	276
T:	Gott, der du alles Leben schufst	211
	(Liebster Jesu, wir sind hier, deinem Worte nachzuleben)	206,4.5
	Herr, unser Herrscher, wie herrlich bist du	270
	Es ist in keinem andern Heil	356
A:	Danket, danket dem Herrn	336 (K)
	Daß du mich einstimmen läßt in deinen Jubel	609
	(Solang es Menschen gibt auf Erden)	427,4.5
	Du bist der Weg und die Wahrheit und das Leben	619,1.4

Vorschläge zur liturgischen Gestaltung

- An diesem Sonntag bietet sich an, verschiedene Lobkanons auszuprobieren, z.B. „Jubilate deo“ (181.7 K), „Ich will den Herrn loben allezeit“ (335 K), „Alte mit den Jungen sollen loben“ (338 K), „Mein Herz ist bereit“ (339 K) oder „Ich will dem Herrn singen mein Leben lang“ (340 K).
- „Jubilate deo“ (181.7 K) als Sonntagsmotto auch mehrfach.
- „Laudate omnes gentes“ (787.1) zur Eröffnung bewußt ohne Orgel, wobei der Chor oder Einzelne anfangen.
- Psalm 100 (786) gesungen.
- Das Psalmgebet kann auch nach der Form von Taizé (787.5) gestaltet werden: Zwischen jedem Psalmvers erklingt das Halleluja.
- „Lobt und preist die herrlichen Taten des Herrn“ (429) im Wechsel von Gemeinde und Chor/Vorsänger gestalten.

- „Großer Gott, wir loben dich" (331) anstelle des Glaubensbekenntnisses ganz im Wechsel von zwei Bankreihen, oder im Wechsel Männer/Frauen.
- Predigt über das Bild „Tanz der Mirjam" von Marc Chagall (S. 273) und dazu das Lied „Im Lande der Knechtschaft" (604).
- Vgl. den Zwischentext S. 239.
- Der Segen der Osterzeitandacht (775) könnte auch einmal im Hauptgottesdienst verwendet werden.
- Zwischentext S. 815 als Eingangsgebet.

4. SONNTAG NACH OSTERN (KANTATE – nach Ps 98, 1)

Die singende Gemeinde

Liturgische Farbe: weiß

Wochenspruch: Singet dem Herrn ein neues Lied, denn er tut Wunder. (Psalm 98,1)

Wochenpsalm: Psalm 98

E:	Dir, dir o Höchster, will ich singen	328
	O daß ich tausend Zungen hätte	330
	Singt, singt dem Herren neue Lieder	286
	Singet dem Herrn ein neues Lied	287
	Die beste Zeit im Jahr ist mein	319
	Du meine Seele, singe	302
	Singt das Lied der Freude über Gott	305
	Singt das Lied der Freude, der Freude über Gott	306
	Wir wollen fröhlich singen	167
Ps:	Psalm 98	739
	Psalm 96	738
	Psalm 150	758
Wl:	Lob Gott getrost mit Singen	243
	Nun freut euch, lieben Christen g'mein	341
I:	**Mt 11, 25–30 (Ev.): Der Heilandsruf**	
	Kommt her zu mir, spricht Gottes Sohn	363
	Stern, auf den ich schaue	407
	(Herr Jesu Christe, mein getreuer Hirte)	217,4
	(Jesus nimmt die Sünder an)	353,4

II: Kol 3, 12–17 (Ep.): Mit Herzen, Mund und Händen

Nun danket alle Gott	321
Ich glaube, daß die Heiligen	253
O Herr, mach mich zu einem Werkzeug deines Friedens	416
Laß die Wurzel unsers Handelns Liebe sein	417
Ins Wasser fällt ein Stein	637
Schenk uns Weisheit, schenk uns Mut	635
Du hast uns, Herr, in dir verbunden	240

III: Mt 21, 14–17 (18–22): Die Würde des Kinderliedes

Lieber Gott, ich danke dir	645
Jesus hat die Kinder lieb	644
Herr, unser Herrscher, wie herrlich bist du	270
Wie herrlich gibst du, Herr, dich zu erkennen	271
Tochter Zion, freue dich	13
Singet dem Herrn ein neues Lied	287
Singt das Lied der Freude, der Freude über Gott	306

IV: Apg 16, 23–34 [W: Apg 16,(23–24).25–34]: Gesang hinter Gittern

Ich lobe meinen Gott, der aus der Tiefe mich holt	611
Herr, deine Liebe ist wie Gras und Ufer	643
(Jesus ist kommen, Grund ewiger Freude)	66,2
(Lobe den Herren, o meine Seele)	303,5
Von guten Mächten treu und still umgeben	65/541

V: Jes 12, 1–6 (AT): Danklied der Erlösten

Nun lob, mein Seel, den Herren	289,1–3
Lobt froh den Herrn, ihr jugendlichen Chöre	332
Man lobt dich in der Stille	323
Danket, danket dem Herrn	336 (K)
Lobt Gott den Herrn, ihr Heiden all	293
Laudate omnes gentes (Lobsingt, ihr Völker alle)	181.6
Meine Hoffnung und meine Freude	
El Senyor és la meva força	576

V (W):	**1. Mose 2, 1–4a: Der siebte Schöpfungstag**	
	Gottes Ruhetag	566
	Gott Lob, der Sonntag kommt herbei	162
	Morgenlicht leuchtet	455
VI:	**Offb 15, 2–4: Das Lied der Standhaften**	
	Wunderbarer König	327
	Großer Gott, wir loben dich	331
	(Singt, singt dem Herren neue Lieder)	286,3.4
	Jesus Christus herrscht als König	123,1.10.11
	(Gloria)	180.3
	Agios o Theos – Heiliger Herre Gott	185.4
	Sanctus	185.5
W:	**1. Sam 16, 14–23: Musiktherapie**	
	Die beste Zeit im Jahr ist mein	319
	Meine Zeit steht in deinen Händen	628
	Jesu, hilf siegen, du Fürste des Lebens	373,1.5.6
	Danke, für diesen guten Morgen	334
S:	(Du meine Seele, singe)	302, 8
	(O daß ich tausend Zungen hätte)	330, 5–7
	Danket dem Herrn! Wir danken dem Herrn	333
	(Womit soll ich dich wohl loben)	606,6.7
	Ich will den Herrn loben allezeit	335 (K)
	Ich will dem Herrn singen mein Lebenlang	340 (K)
T:	Lobet und preiset, ihr Völker, den Herrn	337 (K)
	Alte mit den Jungen sollen loben	338 (K)
	Herr, dieses Kind, dir dargebracht	583
A:	Herr Jesu Christe, mein getreuer Hirte	217
	Mein Herz ist bereit	339 (K)
	Danket dem Herrn! Wir danken dem Herrn	333

Vorschläge zur liturgischen Gestaltung

- Der Gottesdienst am Sonntag Kantate findet in der Regel mit Beteiligung der Kantorei statt. Er eignet sich damit besonders gut für die Feier der Evangelischen Messe (689). Der Chor kann verschiedene liturgische Stücke alleine übernehmen, z.B. eine kleinere auskomponierte Messe von Mozart, Schubert o.a., bzw. die Gemeinde bei den vielleicht unbekannten Stücken (z.B. 178.4; 180.1 oder 185.1) unterstützen. Wo ein Pfarrer oder eine Pfarrerin die Liturgie auch ganz singen kann, könnte der Gottesdienst komplett außer der Predigt gesungen werden. Die Noten hierfür finden sich in den lutherischen Agenden, etwa im Gottesdienstbuch („Erneuerte Agende").
- Der Sonntag Kantate kann als vom Kantor oder der Kantorin in Zusammenarbeit mit dem Pfarrer oder der Pfarrerin vorbereiteter Singegottesdienst gestaltet werden. Der Chor und die Gemeinde könnten dann gemeinsam musizieren, z.B. mit Junktim-Sätzen oder mit den oben schon reichlich vorgeschlagenen Kanons.
- Einer der Lob-Kanons (335–340) kann als Gottesdienstmotto mehrfach gesungen werden: vor dem Psalmgebet, nach dem Stillen Gebet; während der Predigt, nach dem Segen.
- Wo es möglich ist, können gerade an diesem Sonntag die vierstimmigen Sätze von der Gemeinde mitgesungen werden.
- Auch das Psalmgebet könnte gesungen werden. Der Chor könnte dabei stützen und führen (vgl. dazu z.B. 781.2 oder 783–786).
- Man kann den Psalm aber auch wie in Taizé singen (Vgl. 787.4; 787.5).
- An diesem Sonntag bietet sich besonders an, das Vaterunser zu singen (vgl. 186, 187, 188 und 779.8). 188 im Wechsel zwischen Vorsängerin bzw. Vorsänger und Gemeinde.
- Das Te deum (191) oder „Großer Gott, wir loben dich" (331) im Wechsel von Kantor/in, Chor und Gemeinde als Glaubensbekenntnis.
- „Halleluja" (181.4) vor dem Evangelium.
- „Singet dem Herrn ein neues Lied" (287) im Wechsel von Chor und Gemeinde (Kehrvers) gestalten. Man kann dieses Lied auch mit „Ich singe dir mit Herz und Mund" (324) kombinieren.
- „Singt, singt dem Herren neue Lieder" (286) reimpaarweise zwischen den Bankseiten wechseln. Die letzte Strophe singen alle.

- „Sollt ich meinem Gott nicht singen“ (325) ist ein Kehrverslied, das man einmal auch als solches ausführen könnte.
- „Ich lobe meinen Gott von ganzem Herzen“ (272) auf französisch singen.
- „Erd und Himmel sollen singen“ (499) mit Unterstützung des Chores.
- Zu W vgl. den Zwischentext S. 628.
- In manchen Abendliedern finden sich als Kontrapunkt zu den triumphalen mehr besinnlich-bescheidene Lobstrophen, z.B. „Verschmähe nicht dies arme Lied“ (479,3).
- Die Einführung in den Liederteil (S. 50) als Meditationstext vorgetragen, eventuell mit musikalischer Untermalung von „Ich singe dir mit Herz und Mund“ (324).
- Der Segen der Osterzeitandacht (775) könnte auch einmal im Hauptgottesdienst verwendet werden.
- Zwischentext S. 608 als Eingangsgebet.
- Zwischentext S. 1109 als Sendungswort.

5. SONNTAG NACH OSTERN (ROGATE nach Mt 7, 7)

Die betende Kirche

Liturgische Farbe: weiß

Wochenspruch: Gelobt sei Gott, der mein Gebet nicht verwirft noch seine Güte von mir wendet. (Psalm 66,20)

Wochenpsalm: Psalm 95, 1–7b *oder* Psalm 118

E:	Tut mir auf die schöne Pforte	166
	Liebster Jesu, wir sind hier, dich und dein Wort anzuhören	161
	Wir danken dir, Herr Jesu Christ, daß du vom Tod erstanden bist	107
	Betgemeinde, heilge dich	614
Ps:	Psalm 118	747
	Psalm 18	707
	Psalm 121	749
Wl:	Zieh ein zu deinen Toren	133
	Vater unser im Himmelreich	344
I:	**Joh 16, 23b–28.(29–32).33 (Ev.): Gebete im Namen Jesu werden erhört**	
	Mache dich, mein Geist, bereit	387
	Wach auf, mein Herz, die Nacht ist hin	114
	Wenn die Last der Welt dir zu schaffen macht	618
	Dir, dir, o Höchster, will ich singen	328,1.3–6
	Welch ein Freund ist unser Jesus	642
	Ich ruf zu dir, Herr Jesu Christ	343

II:	**1. Tim 2, 1–6a (Ep.): Mahnung, für alle Menschen zu beten**	
	Herr, höre, Herr, erhöre	423
	Betgemeinde, heilge dich	614
	Nun laßt uns gehn und treten	58,1.7–14
	Komm in unsre stolze Welt	428
	(Jesu, der du bist alleine)	252,3–6
	(Die Ernt ist nun zu Ende)	505,5
III:	**Lk 11, 5–13: Der bittende Freund**	
	Wenn die Last der Welt dir zu schaffen macht Halleluja.	618
	Suchet zuerst Gottes Reich in dieser Welt	182,1–3
	Dir, dir, o Höchster will ich singen	328,1.5–7
	(Jauchzt, alle Lande, Gott zu Ehren)	279,7.8
IV:	**Kol 4, 2–4.(5.6): Mahnung zur Beharrlichkeit im Gebet**	
	Mache dich, mein Geist, bereit	387
	Betgemeinde, heilge dich	614
	(Laß mich, o Herr, in allen Dingen)	414,4
	(Jesu, hilf siegen, du Fürste des Lebens)	373,4
	(Gib dich zufrieden und sei stille)	371,10
V:	**Mt 6, (5.6).7–13.(14.15): Das Vaterunser**	
	Vater unser im Himmelreich	344
	(Es ist das Heil uns kommen her)	342,8.9
	Vater unser, Vater im Himmel	188
	(Die Nacht ist kommen)	471,5
VI:	**2. Mose 32, 7–14 (AT): Moses Fürbitte**	
	Ach Gott und Herr, wie, groß und schwer	233
	Meine Seele in der Höhle	588
	Aus tiefer Not schrei ich zu dir	299
	(Geist des Glaubens, Geist der Stärke)	137,4

W:	**2. Mose 17, 8–13:** **Der erhobene Stab Gottes erzwingt den Sieg**	
	Zieh an die Macht, du Arm des Herrn	377
	Jesu, hilf siegen, du Fürste des Lebens	373
	Daß Jesus siegt, bleibt ewig ausgemacht	375
	Wenn die Last der Welt dir zu schaffen macht	618
S:	(Wer nur den lieben Gott läßt walten)	369,7
	(Vater unser im Himmelreich)	344,9
	Halleluja. Suchet zuerst Gottes Reich in dieser Welt	182,1–6
T:	Du hast mich, Herr, zu dir gerufen	210
	(Gott ist getreu)	616,3.5.6
A:	Aus tiefer Not schrei ich zu dir	299
	Stark ist meines Jesu Hand	617
	Daß du mich einstimmen läßt in deinen Jubel	609

Vorschläge zur liturgischen Gestaltung

- „Bleibet hier und wachet mit mir" (787.2) als Gottesdienstmotto mehrfach singen.
- Im Eingangsteil das Pfingst-Kyrie (178.8) als Anrufung.
- Gebetsstrophen zum Sprechen suchen, z.B.: „Jesu, hilf siegen im Wachen und Beten" (373,4.5); „Sonderlich gedenke deren" (252,7).
- „Halleluja – Suchet zuerst Gottes Reich in dieser Welt" (182,1.3) nach der Lesung; 182,3 nach dem Eingangsgebet.
- Denkbar wäre im 5. Jahr auch eine Liedpredigt über das Wochenlied „Vater unser im Himmelreich" (344). Zwischen die einzelnen Teile der Predigt einzelne Strophen dieses Liedes singen, oder einen Orgelchoral spielen, während die Gemeinde mitliest.
- Das Vaterunser singen (vgl. die Anmerkung beim Sonntag Kantate und die Nummern 186, 187, 188 und 779.8).
- Zwischen die Fürbitten „Bleibet hier und wachet mit mir" (787.2) oder auch „Kyrie eleison" (787.7), bzw. „Bleib mit deiner Gnade bei uns" (787.8).

- Eine Kurzfassung von „Vater unser im Himmelreich“ (344) bietet Helmut Kornemann im Werkbuch zum EG (Lieferung 2, S. 12):
  1. Strophe wie EG.
  2. Geheiligt werd der Name dein, / dein Wort bei uns hilf halten rein. / Es komm dein Reich zu dieser Zeit / und dort hernach in Ewigkeit. / Dein Will gescheh, Herr Gott, zugleich / auf Erden wie im Himmelreich.
  3. Gib uns heut unser täglich Brot / und was man b'darf zur Leibesnot, / all unsre Schuld vergib uns, Herr, / daß sie uns nicht betrübe mehr, / wie wir auch unsern Schuldigern / ihr Schuld und Fehl vergeben gern.
  4. Führ uns, Herr, in Versuchung nicht, / wenn uns der böse Geist anficht. / Von allem Übel uns erlös, / es sind die Zeit und Tage bös. / Stärk unsern Glauben immerdar. / Amen, das ist, es werde wahr.
- Andere kurze Vaterunserstrophen sind „Sei Lob und Ehr mit hohem Preis“ (342,8.9) und „Vater, dein Name“ (471,5).
- Die einzelnen Bitten des Vaterunsers unterbrechen mit dem Zwischentext S. 395.
- Vielleicht könnte man an diesem Sonntag zusammen mit verschiedenen Gemeindegruppen (z.B. mit den Konfirmandinnen und Konfirmanden) Gebete vorbereiten, oder, wo es möglich ist, auch einmal ungewohnte Gebetsformen erproben: Längeres stilles, meditatives Gebet, evtl. untermalt mit einem Gesang aus Taizé, spontane Gebetsgemeinschaft, Fürbitten auf Zetteln oder etwas ähnliches. Auch könnte man aus einem Fürbittbuch lesen, wenn eines in der Kirche aufliegt.
- „Sing, bet und geh auf Gottes Wegen“ (369,7) als Segensstrophe.
- Der Segen der Osterzeitandacht (775), bzw. auch der Pfingstzeitandacht (776) könnte auch einmal im Hauptgottesdienst verwendet werden.
- Vgl. den Zwischentext S. 723.
- Das dritte Hauptstück: Das Vaterunser (S. 1488ff.) in Auszügen gemeinsam sprechen.

CHRISTI HIMMELFAHRT

Die Herrschaft Christi

Liturgische Farbe: weiß

Tagesspruch: Christus spricht: Wenn ich erhöht werde von der Erde, so will ich alle zu mir ziehen. (Joh 12,32)

Tagespsalm: Psalm 47, 2–10

E:	Christ fuhr gen Himmel	120
	Gen Himmel aufgefahren ist	119
	Jesus Christus herrscht als König	123
	Auf diesen Tag bedenken wir	552
Ps:	Psalm 47	726
	Psalm 96	738
	Hymnus aus dem Philipperbrief	764
Tl:	Wir danken dir, Herr Jesu Christ, daß du gen Himmel g'fahren bist	121
I:	**Lk 24, (44–49).50–53 (Ev.): Jesu Abschied**	
	Auf Christi Himmelfahrt allein	122
	Auf diesen Tag bedenken wir	552
	(Jesus Christus herrscht als König)	123,6
	Christus ist auferstanden	549

II: Apg 1, 3.4.(5–7).8–11 (Ep.) [W: Apg 1,1–11]: Christi Himmelfahrt

Gen Himmel aufgefahren ist	119
Auf Christi Himmelfahrt allein	122
Christus ist König, jubelt laut	269
Ihr werdet die Kraft des Heiligen Geistes empfangen	132 (Ssp; K)
Wunderbarer König	327

III: 1. Kön 8, 22–24.26–28 (AT): Gottes Ferne – Gottes Nähe

Gott ist gegenwärtig	165
Lobe den Herren, den mächtigen König der Ehren	316/317
Nun danket Gott, erhebt und preiset	290
(Jesus lebt, mit ihm auch ich)	115,2
Und suchst du meine Sünde	237

IV: Offb 1, 4–8: Christus – A und O.

Jesus Christus herrscht als König	123
Jesus ist kommen, Grund ewiger Freude	66
Gott hat das erste Wort	199
(Wie schön leuchtet der Morgenstern)	70,7
Jesus Christus gestern und heute	683 (K)
Ausgang und Eingang	175 (K)

IV [W]: Kol 3, 1–4: Trachtet nach dem, was droben ist

Lasset uns mit Jesus ziehen	384
Wach auf, mein Herz, die Nacht ist hin	114,1–3
Liebster Jesu, wir sind hier, dich und dein Wort anzuhören	161
Jesu, meine Freude	396

V: Joh 17, 20–26: Jesu hohepriesterliches Gebet

Herr, du hast darum gebetet	267
Jesus Christus herrscht als König	123
Jesu, der du bist alleine	252
(Jauchz, Erd, und Himmel, juble hell)	127,5

VI:	**Eph 1, 20b–23: Christus – eingesetzt zum Haupt über alles**	
	Gen Himmel aufgefahren ist	119
	Jesus Christus herrscht als König	123
	Wunderbarer König	327
W:	**Offb 4, 1–11: Vor dem Thron Gottes**	
	Großer Gott, wir loben dich	331
	Agios o Theos (Heiliger Herre Gott)	185.4
	Heilig, heilig, heilig – Holy, holy, holy	596
	(Jesus Christus herrscht als König)	123,2.3.10
	Danket dem Herrn! Wir danken dem Herrn	333
S:	Christ fuhr gen Himmel	120
	Christus ist König, jubelt laut	269
	(Nun freut euch, lieben Christen g'mein)	341,9
T:	Gott Vater, höre unsre Bitt	205
A:	(Jesus Christus herrscht als König)	123,6.7
	Du hast zu deinem Abendmahl	224

Vorschläge zur liturgischen Gestaltung

- An diesem Tag zum letzten Mal das Oster-Kyrie (178.7) singen.
- Nach der Verlesung des Evangeliums von der Himmelfahrt kann die Osterkerze feierlich gelöscht werden. Sie brennt dann nur noch bei Taufgottesdiensten.
- „Gottes Stimme laßt uns sein“ (553 K) kombiniert mit „Jesus Christus herrscht als König“ (123).
- Zur Predigt vgl. den Text von Karl Barth, S. 1378.
- „Gott Lob, der Weg ist nun gemacht“ (552,2–4) könnten als Gebetsstrophen zur Taufe eingesetzt werden.

6. SONNTAG NACH OSTERN (EXAUDI nach Ps 27,7)

Die wartende Gemeinde (Erwartung des Geistes)

Liturgische Farbe: weiß

Wochenspruch: Christus spricht: Wenn ich erhöht werde von der Erde, so will ich alle zu mir ziehen. (Joh. 12,32)

Wochenpsalm: Psalm 27, 1.7–14

E:	Jesus Christus herrscht als König	123
	Auf Christi Himmelfahrt allein	122
	Allein Gott in der Höh sei Ehr	179
	Lobe den Herren, den mächtigen König der Ehren	316/317
	Mit Freuden zart zu dieser Fahrt	108
	Wie lieblich ist der Maien	501,1–3
Ps:	Psalm 27	714
	Hymnus aus dem Kolosserbrief	765
Wl:	Heilger Geist, du Tröster mein	128
I:	**Joh 15, 26–16, 4 (Ev.): Der Geist der Wahrheit**	
	O komm, du Geist der Wahrheit	136
	Christ fuhr gen Himmel	120
	Komm, Gott Schöpfer, Heiliger Geist	126
	Brunn alles Heils, dich ehren wir	140
	Ihr werdet die Kraft des Heiligen Geistes empfangen	132 (Ssp; K)

II: Eph 3, 14–21 (Ep.): Fürbitte für die Gemeinde

O Heilger Geist, kehr bei uns ein	130
Komm, o komm, du Geist des Lebens	134
Herz und Herz vereint zusammen	251
Ein reines Herz, Herr, schaff in mir	389

III: Joh 7, 37–39: Wen dürstet, der komme zu mir

O Lebensbrünnlein tief und groß	399
Jesu, Jesu, Brunn des Lebens	562
(Jesus ist kommen, Grund ewiger Freude)	66,7
Ich singe dir mit Herz und Mund	324,1.2
(Warum sollt ich mich denn grämen)	370,11.12

IV: Jer 31, 31–34 (AT): Die Verheißung des neuen Bundes

Nun danket Gott, erhebt und preiset	290
O gläubig Herz, gebenedei	318
(Jauchz, Erd, und Himmel, juble hell)	127,6
(Aus tiefer Not laßt uns zu Gott)	144,7

V: Joh 14, 15–19: Die Verheißung des Trösters

O komm, du Geist der Wahrheit	136
Freut euch, ihr Christen alle	129
Jesus lebt, mit ihm auch ich	115

VI: Röm 8, 26–30: Der Geist hilft unsrer Schwachheit auf

Komm, o komm, du Geist des Lebens	134
(Ist Gott für mich, so trete)	351,7–13
Dir, dir, o Höchster, will ich singen	328
Zieh ein zu deinen Toren	133,1–8
(Sieh, dein König kommt zu dir)	537,5

W: 2. Mose 19, 3–6: Israel – Gottes Eigentum

Nun danket Gott, erhebt und preiset	290
Ja, ich will euch tragen	380
Lobe den Herren, den mächtigen König der Ehren	316/317
Hoch hebt den Herrn mein Herz	309

S:	Christ fuhr gen Himmel	120
	Christus ist König, jubelt laut	269
	Jesu, der du bist alleine	252
T:	Ich bin getauft auf deinen Namen	200
	Gott Vater, du hast deinen Namen	208
A:	Sieh, dein König kommt zu dir	537
	Christus ist König, jubelt laut	269

Vorschläge zur liturgischen Gestaltung

- Hallelujagesänge (181.1–181.5; 181.7; 181.8; 182; 34 (Kehrvers); 100 (Kehrvers); 99,3; 787.4; 787.5) an verschiedenen Stellen verwenden, z.B. nach der Lesung oder während der Predigt. Bei 181.1–5 und 181.8, sowie den Kehrversen von 34 und 100 muß ein tonartlich abgestimmter Vers ergänzt werden.
- „Ihr werdet die Kraft des Heiligen Geistes empfangen“ (132 Ssp; K) als Motto.

PFINGSTSONNTAG

Die Kirche des Geistes
(Die Kirche in der Kraft des Geistes)

Liturgische Farbe: rot

Wochenspruch: Es soll nicht durch Heer oder Kraft, sondern durch meinen Geist geschehen, spricht der Herr Zebaoth. (Sach 4,6)

Wochenpsalm: Psalm 118, 24–29

E:	Komm, Gott Schöpfer, Heiliger Geist	126
	Jauchz, Erd, und Himmel, juble hell	127
	Der Geist des Herrn erfüllt das All	554
	Komm, o komm, du Geist des Lebens	134
	O Heilger Geist, kehr bei uns ein	130
Ps:	Psalm 118	747
	Psalm 136	753
Wl:	Komm, Heiliger Geist, Herre Gott	125
I:	**Joh 14, 23–27 (Ev.): Verheißung des Trösters**	
	Schmückt das Fest mit Maien	135
	Komm, Gott Schöpfer, Heiliger Geist	126
	Gott Vater, Herr, wir danken dir	557
II:	**Apg 2, 1–18 (Ep.) [W: Apg 2,1–22.(23–36)]: Das Pfingstwunder**	
	Jauchz, Erd, und Himmel, juble hell	127
	Wach auf, du Geist der ersten Zeugen	241
	Der Geist von Gott weht wie der Wind	556

III: Joh 16, 5–15: Der Geist der Wahrheit

O komm, du Geist der Wahrheit	136
Freut euch, ihr Christen alle	129
(Jauchz, Erd, und Himmel, juble hell)	127,4

IV: 1. Kor 2, 12–16: Weisheit des Geistes

O Heilger Geist, kehr bei uns ein	130
Komm, o komm, du Geist des Lebens	134
(Eins ist not! Ach Herr, dies Eine)	386,5

V: 4. Mose 11, 11.12.14–17.24.25 (AT): Begabung der Siebzig mit dem Heiligen Geist

Geist des Glaubens, Geist der Stärke	137,1.2.4.9
Ich glaube, daß die Heiligen	253
O komm, du Geist der Wahrheit	136
(Aus tiefer Not schrei ich zu dir)	299,4

V (W): Hes 36, 22–28: Neuer Geist, neues Herz

Zieh ein zu deinen Toren	133,1.5–8
Ein reines Herz, Herr, schaff in mir	389
Erneure mich, o ewigs Licht	390
(O gläubig Herz, gebenedei)	318,5

VI: Röm 8, 1.2.(3–9).10.11 [W: Röm 8,1–11]: Lebendig durch Gottes Geist

(Komm, o komm, du Geist des Lebens)	134,6.7
Die ganze Welt hast du uns überlassen	360
Jesus ist kommen, Grund ewiger Freude	66,1.2.4.8

W: Hes 37, 1–14: Auferstehung Israels

Der Geist des Herrn erfüllt das All	554,1.2
Herr, mach uns stark im Mut, der dich bekennt	154,1–5
(O Gott, du frommer Gott)	495,8
(Wenn mein Stündlein vorhanden ist)	522,3–5

S:

Heilger Geist, du Tröster mein	128
Gott Vater, dir sei Dank gesagt und Ehre	160
(Lobt und preist die herrlichen Taten des Herrn)	429,5.6

T:	Ein Licht geht uns auf in der Dunkelheit	555
	Heilger Geist, du Tröster mein	128
A:	Die Kirche steht gegründet	264,1.2
	Dank sei dir, Vater, für das ewge Leben	227,1.4–6

Vorschläge zur liturgischen Gestaltung

- Als roter Faden bietet sich „Ihr werdet die Kraft des Heiligen Geistes empfangen“ (132 Ssp; K), evtl. kombiniert mit „O Heiliger Geist, o heiliger Gott“ (131) an.
- „Öffne meine Ohren, Heiliger Geist“ (577) oder „Komm, Heiliger Geist, erfüll die Herzen deiner Gläubigen“ (156) kann zu Beginn vom Chor einstimmig gesungen werden. Für letzteres legt sich auch eine Verwendung als Leitvers zum Psalmgebet nahe. In diesem Fall wäre das „Ehr sei dem Vater“ zu sprechen.
- „Nun saget Dank und lobt den Herren“ (294) mit Psalm 118 (747) kombinieren.
- Als Gloria-Patri nach dem Psalm die Strophe „Gott Vater sei Lob und dem Sohn“ (126,7)
- Für den Gebetsteil sei auf das Pfingst-Kyrie (178.8) hingewiesen.
- Als Eingangsgebet kann man sprechen: „Komm, Heiliger Geist, Herre Gott“ (125), „Du Heilger Geist, bereite“ (136,7) oder „Geist des Glaubens, Geist der Stärke“ (137,9).
- „Halleluja – Ihr seid das Volk, das der Herr sich ausersehn“ (182,5.9) oder das Halleluja aus Simbabwe (181.5) nach der Lesung.
- „Großer Gott, wir loben dich“ (331) als gesungenes Glaubensbekenntnis. Evtl. kann auch das Nicänum statt des Apostolicums gesprochen werden.
- „Gott Vater, Herr, wir danken dir“ (557) kann ebenso als Glaubensbekenntnis vom Chor (vierstimmig) übernommen werden.
- Zum Nachempfinden des pfingstlichen Sprachenwunders kann „Lobet den Herren, den mächtigen König der Ehren“ (316) simultan in den abgedruckten Sprachen gesungen werden. Auch das Evangelium kann in verschiedenen Sprachen (nacheinander) erklingen.

- „Nun bitten wir den heiligen Geist“ (124) entweder im Kanon à 5, Einsätze im Abstand von zwei Halben (auch von einer Halben möglich); oder: vielstimmiger Kanon aus 1. Strophe, jede/r setzt nach Belieben auf demselben Anfangston ein, singt in beliebigem Tempo, wiederholt Worte oder Textteile nach Belieben; frei auslaufen lassen, bzw. sich im Kyrieleis wieder treffen.
- „Es segne und behüte uns“ (174 K) als von der Gemeinde gesungener trinitarischer Segen. Oder den Segen von S. 376 verwenden.
- Mögliche Segensstrophen sind: „Bewahre uns, Gott“ (171,4) „Jesu, stärke deine Kinder“ (164) oder „Du Heilger Geist, bereite“ (136,7).
- Luthers Erklärung zum dritten Glaubensartikel (S. 1487) gemeinsam sprechen.

PFINGSTMONTAG

Die Gaben des Heiligen Geistes

Liturgische Farbe: rot

Tagesspruch: Es soll nicht durch Heer oder Kraft, sondern durch meinen Geist geschehen, spricht der Herr Zebaoth. (Sach 4,6)

Wochenpsalm: Psalm 100

E:	O komm, du Geist der Wahrheit	136
	O Heiliger Geist, o heiliger Gott	131
	Schmückt das Fest mit Maien	135
	Komm, Gott Schöpfer, Heiliger Geist	126
Ps:	Psalm 100	740
Wl:	Komm, Heiliger Geist, Herre Gott	125
Tl:	Freut euch, ihr Christen alle	129
I:	**Mt 16, 13–19 (Ev.): Du bist Christus – Du bist Petrus**	
	Geist des Glaubens, Geist der Stärke	137, 1.7.9
	O komm, du Geist der Wahrheit	136,1–4
	Ich weiß, woran ich glaube	357
II:	**1. Kor 12, 4–11 (Ep.): Viele Gaben – ein Geist**	
	Strahlen brechen viele aus einem Licht	268
	Schmückt das Fest mit Maien	135,1–5
	Ich glaube, daß die Heiligen	253

III:	**1. Mos 11, 1–9 (AT): Turmbau zu Babel**	
	Jauchz, Erd, und Himmel, juble hell	127
	Die ganze Welt hast du uns überlassen	360
	Lobt und preist die herrlichen Taten des Herrn	429
	Ich weiß, mein Gott, daß all mein Tun	497
IV:	**Eph 4, 11–15.(16) [W: Eph 4, 11–16]: Kirche – der Leib Christi**	
	Strahlen brechen viele aus einem Licht	268
	Halleluja.	
	Suchet zuerst Gottes Reich in dieser Welt	182,1.5.9
	Jesu, der du bist alleine	252
	(Auf, auf, mein Herz, mit Freuden)	112,6–8
	(Herz und Herz vereint zusammen)	251,5–7
V:	**Joh 4, 19–26: Anbetung in Geist und Wahrheit**	
	O komm, du Geist der Wahrheit	136
	Gott ist gegenwärtig	165
	Dir, dir, o Höchster, will ich singen	328
	Lob, Anbetung, Ruhm und Ehre	610
VI:	**Apg 2, 22.23.32.33.36–39 [W: Apg 2,(1–21).22–23.32–33.36–39]: Die Pfingstpredigt des Petrus**	
	O daß doch bald dein Feuer brennte	255
	O Gott, du höchster Gnadenhort	194
	Nun bitten wir den Heiligen Geist	124
W:	**Joel 3, 1–5: Ausgießung des Geistes als Vorzeichen des Gerichts**	
	Es wird sein in den letzten Tagen	426
	Jesu, stärke deine Kinder	164
S:	Sonne der Gerechtigkeit	262/263,1.5–7
	(O Heilger Geist, kehr bei uns ein)	130,5–7
	(O daß doch bald dein Feuer brennte)	255,7–9
T:	Ein Licht geht uns auf in der Dunkelheit	555

A: Herr, du wollest uns bereiten 220

Vorschläge zur liturgischen Gestaltung

- Vergleiche auch die Vorschläge zum Pfingstsonntag.
- Zur Eröffnung kann man „Komm, göttliches Licht“ (575) singen.
- Ps 100 (786) gesungen.
- Das Gebet aus der Pfingstzeit-Andacht (776) könnte als Eingangsgebet verwendet werden.
- „Die ganze Welt hast du uns überlassen“ (360) kann an verschiedenen Stellen in beiden Melodiefassungen vorkommen, um die musikalische „Mehrsprachigkeit“ der Kirche zu verdeutlichen.
- „O komm, du Geist der Wahrheit“ (136) in zwei Gruppen: Zeile 1 und 2 einer jeden Strophe: Gruppe 1; Zeile 3 und 4: Gruppe 2; Zeilen 5–8: alle.
- Den Kanon „Gott, weil er groß ist“ (411 K) einfügen.
- Segensstrophen können sein „Die Gnade unsers Herrn Jesu Christi“ (570) oder „Komm, Herr, segne uns“ (170,1); bzw. die Kanons „Sende dein Licht und deine Wahrheit“ (172 K), „Der Herr behüte deinen Ausgang“ (173 K) und „Ausgang und Eingang“ (175 K).

TRINITATIS (DREIEINIGKEITSFEST)

Der dreieinige Gott

Liturgische Farbe: weiß

Wochenspruch: Heilig, heilig, heilig ist der Herr Zebaoth, alle Lande sind seiner Ehre voll. (Jes 6,3)

Wochenpsalm: Psalm 145, 1–13

E:	Gott der Vater steh uns bei	138
	Gott ist gegenwärtig	165
	Gott Vater, Herr, wir danken dir	557
	Herr Jesu Christ, dich zu uns wend	155
Ps:	Psalm 145	756
	Psalm 67	730/768
	Hymnus aus dem Kolosserbrief	765
Wl:	Komm, Gott Schöpfer, Heiliger Geist	126
	Gelobet sei der Herr	139
I:	**Joh 3,1–8.(9–15) (Ev.): Jesus und Nikodemus**	
	Herr Jesu, Gnadensonne	404
	O lieber Herre Jesu Christ	68
	Zieh ein zu deinen Toren	133,1
	Der Geist von Gott weht wie der Wind	556

II: Röm 11, (32).33–36 (Ep.) [W: Röm 11, 33–36]: Lobpreis der wunderbaren Wege Gottes

Allein Gott in der Höh sei Ehr	179
Großer Gott, wir loben dich	331
Wunderbarer König	327
Nun danket Gott, erhebt und preiset	290,1.2.5
Womit soll ich dich wohl loben	606

III: Jes 6, 1–13 (AT): Jesajas Berufungsvision

Te deum (Herr Gott, dich loben wir)	191
Heilig, heilig, heilig – Sanctus	185.1–3.5
Heilig, heilig, heilig – Holy, holy, holy	596
Heut singt die liebe Christenheit	143,1–3

IV: Eph 1, 3–14: Lobpreis Gottes für die Erlösung durch Christus

Lobt Gott den Herrn, ihr Heiden all	293
Jesus Christus herrscht als König	123
Liebe, die du mich zum Bilde	401
(Ich steh an deiner Krippen hier)	37,2

V: 4. Mos 6, 22–27: Der aaronitische Segen

Brunn alles Heils, dich ehren wir	140
Der Herr segne dich und behüte dich	563
Segne uns, o Herr	564

VI: 2. Kor 13, 11.(12).13: Der apostolische Segen

Die Gnade unsers Herrn Jesu Christi	570
Zieht in Frieden eure Pfade	258
Ach bleib mit deiner Gnade	347
Es segne und behüte uns	174 (K)

W: Off 1, 4–8: Christus – A und O

Jesus ist kommen, Grund ewiger Freude	66
(Wie schön leuchtet der Morgenstern)	70,7
Christe, du Schöpfer aller Welt	92
Ausgang und Eingang	175 (K)

S:	Brunn alles Heils, dich ehren wir	140
	(Nun lob, mein Seel, den Herren)	289,5
	Heilig, heilig, heilig – Holy, holy, holy	596
	Ach bleib mit deiner Gnade	347
	O Heiliger Geist, o heiliger Gott	131
	Es wolle Gott uns gnädig sein	280
T:	Zieh ein zu deinen Toren	133,1–3
	Liebster Jesu, wir sind hier, deinem Worte nach zu leben	206
A:	Kommt mit Gaben und Lobgesang	229
	(Zieh ein zu deinen Toren)	133,2

Vorschläge zur liturgischen Gestaltung

- „Öffne meine Augen“ (176 Ssp; K) als Eröffnung.
- Unter den liturgischen Gesängen finden sich als Gloria-Gesänge 179; 180.1–4 und als Sanctus-Varianten 185.1–3 und 5 viele Möglichkeiten.
- Das Stille Gebet kann man mit „Gott Vater, Sohn und Heilger Geist“ (140,5) abschließen.
- Den Kanon „Gott, weil er groß ist“ (411) einbauen, z.B. nach dem Stillen Gebet.
- Als Glaubensbekenntnis das Nicänum (687) sprechen.
- Auch als Glaubensbekenntnis möglich ist „Heilig, heilig, heilig“ (596), mancherorts vielleicht sogar auf englisch gesungen.
- Eine Predigt zum Bild „Jesus und Nikodemus“ von Karl Schmidt-Rottluff, dazu evtl. die Strophen „O lieber Herre Jesu Christ“ (68,1–4) oder „Zieh ein zu deinen Toren“ (133,1).
- Zwischen die einzelnen Fürbitten das „O. Adoramus te, Domine“ (787.3) singen.
- 174 als gesungener trinitarischer Segen.
- Den Singspruch „Gott verspricht: Ich will dich segnen“ (348 Ssp) kann man im Sendungsteil verwenden.
- „Der du bist drei in Einigkeit“ (470) im Abendgottesdienst.

1. SONNTAG NACH TRINITATIS

Apostel und Propheten

Liturgische Farbe: grün

Wochenspruch: Christus spricht zu seinen Jüngern: Wer euch hört, der hört mich; und wer euch verachtet, der verachtet mich. (Lk 10,16)

Wochenpsalm: Psalm 34, 2–11

E:	Gott des Himmels und der Erde	445
	Ich will, solang ich lebe	276
	Fröhlich wir nun all fangen an	159
	Der Geist des Herrn erfüllt das All	554
Ps:	Psalm 34	718
	Psalm 71	732
	Psalm 134	752
Wl:	Nun bitten wir den Heiligen Geist	124
I:	**Lk 16, 19–31 (Ev.): Reicher Mann und armer Lazarus**	
	Herzlich lieb hab ich dich, o Herr	397,1.3
	Komm in unsre stolze Welt	428
	Nun lob, mein Seel, den Herren	289,1
	Gott liebt diese Welt	409
	Ubi caritas et amor – Wo die Liebe wohnt und Güte	571.1/571.2

II:	**1. Joh 4, 16b–21 (Ep.): Gott ist Liebe**	
	So jemand spricht: Ich liebe Gott	412
	Liebe, die du mich zum Bilde	401
	Ein wahrer Glaube Gotts Zorn stillt	413
	Liebe ist nicht nur ein Wort	650
	Ich bete an die Macht der Liebe	641
	Ins Wasser fällt ein Stein	637
	Ich glaube fest, daß alles anders wird	661
III:	**Joh 5, 39–47: Mose und Jesus**	
	Allein auf Gottes Wort will ich	195
	Christus, das Licht der Welt	410
	Halt im Gedächtnis Jesus Christ	405,1.6
IV:	**Jer 23, 16–29: Gegen falsche Propheten**	
	Ach Gott, vom Himmel sieh darein	273
	Wach auf, wach auf, du deutsches Land	145,1.5–7
	Komm in unsre stolze Welt	428
V:	**Mt 9, 35–38 [W: Mt 9, 35–38; 10,1.(2–4).5–7]: Berufung und Aussendung der Apostel**	
	Wach auf, du Geist der ersten Zeugen	241,1–4
	Walte, walte nah und fern	578,1.5–7
	(Einer ist's, an dem wir hangen)	256, 3.4
	Gleichwie mich mein Vater gesandt hat	260 (K)
VI:	**5. Mos 6, 4–9 (AT): Israels Bekenntnis**	
	Sei Lob und Ehr dem höchsten Gut	326,1.5.7.8
	Wohl denen, die da wandeln	295
	Öffne meine Ohren, Heiliger Geist	577
W:	**2. Tim 3, 14 17: Die Bedeutung der Heiligen Schrift**	
	Herr, für dein Wort sei hochgepreist	196
	Herr, dein Wort, die edle Gabe	198
	Allein auf Gottes Wort will ich	195
	Wohl denen, die da wandeln	295

S:	Herr, wir bitten: Komm und segne uns	565
	Gleichwie mich mein Vater gesandt hat	260 (K)
	Ihr werdet die Kraft des Heiligen Geistes empfangen	132 (Ssp; K)
T:	Gelobet sei der Herr	139
	Vertraut den neuen Wegen	395
A:	Ach bleib bei uns, Herr Jesu Christ	246
	(Die Kirche steht gegründet)	264,2.3

Vorschläge zur liturgischen Gestaltung

- Mit dem Kehrvers von „Gleichwie mich mein Vater gesandt hat" (260 K) einen roten Faden durch den Gottesdienst gestalten.
- Von Ps 34 (718) gibt es zwei Fassungen zum Singen, und zwar unter 781.2 und 787.5. Reizvoll die Kombination der Psalmverse mit Strophen des Liedes „Ich will, solang ich lebe" (276).
- Zur Perikope VI kann das jüdische Grundbekenntnis im hebräischen Wortlaut und eventuell einfachen Singformen der Gemeinde bekanntgemacht werden.
- „Gib den Boten Kraft und Mut" (262/263,5) als Kyrie zum Eingangsgebet.
- „Bewahre uns, Gott" (171,4) als Segensstrophe.

2. SONNTAG NACH TRINITATIS

Die Einladung
(Die Einladung der Völker)

Liturgische Farbe: grün

Wochenspruch: Christus spricht: Kommt her zu mir alle, die ihr mühselig und beladen seid. (Mt 11,28)

Wochenpsalm: Psalm 36, 6–11

E:	Tut mir auf die schöne Pforte	166
	Du hast uns, Herr, gerufen	168
	Der Gottesdienst soll fröhlich sein	169
	Zieh ein zu deinen Toren	133
Ps:	Psalm 36	719
	Psalm 136	753
Wl:	Ich lobe dich von ganzer Seelen	250
	Kommt her zu mir, spricht Gottes Sohn	363
I:	**Lk 14, (15).16–24 (Ev.): Das große Abendmahl**	
	Kommt her, ihr seid geladen	213
	Gott gibt ein Fest	586
	Komm, sag es allen weiter	225
	(Einer ist's, an dem wir hangen)	256,3
	(Der du in Todesnächten)	257,3.4

II:	**Eph 2, 17–22 (Ep.): Aus Fremden werden Gottes Hausgenossen**	
	Damit aus Fremden Freunde werden	657
	Preis, Lob und Dank sei Gott dem Herren	245,1–3
III:	**Mt 22, 1–14: Die königliche Hochzeit**	
	Der du in Todesnächten	257
	Einer ist's, an dem wir hangen	256,1–3
	Komm, sag es allen weiter	225
IV:	**1. Kor 14, 1–3.20–25: Glaube und Verstehen**	
	O komm, du Geist der Wahrheit	136
	Komm, Gott Schöpfer, Heiliger Geist	126
	O Gott, du höchster Gnadenhort	194
V:	**Jes 55, 1–3b.(3c–5)(AT) [W: Jes 55,1–5]: Einladung zum ewigen Bund**	
	Nun preiset alle Gottes Barmherzigkeit	502
	Deine Hände, großer Gott	424
	(Fröhlich soll mein Herze springen)	36,6–9
VI:	**1. Kor 9, 16–23: Um des Evangeliums willen: Allen alles werden**	
	Wach auf, du Geist der ersten Zeugen	241
	Eine freudige Nachricht breitet sich aus	580
	Sonne der Gerechtigkeit	262/263
	Licht, das in die Welt gekommen	592
	O daß doch bald dein Feuer brennte	255
W:	**1. Joh 3, 13–18: Liebe in Wort und Tat**	
	So jemand spricht: Ich liebe Gott	412
	Ein wahrer Glaube Gotts Zorn stillt	413
	O Herr, mach mich zu einem Werkzeug deines Friedens	416
	Liebe ist nicht nur ein Wort	650,1

S:	Laß die Wurzel unsers Handelns Liebe sein	417
	Brich dem Hungrigen dein Brot	418
T:	Herr, dieses Kind, dir dargebracht	583
	Du hast mich, Herr, zu dir gerufen	210
	Weicht ihr Berge, fallt, ihr Hügel	615
A:	O Lebensbrünnlein tief und groß	399,1.2.6
	Kommt her, ihr seid geladen	213
	Im Frieden dein, o Herre mein	222
	Herr, du wollest uns bereiten	220
	Komm, sag es allen weiter	225
	Unser Leben sei ein Fest	636

Vorschläge zur liturgischen Gestaltung

- Psalm 36 (719) kann auch als Singpsalm (780.3) oder (in Kombination) mit Strophen und Kehrvers des Liedes „Herr, deine Güte reicht, so weit der Himmel ist“ (277) gestaltet werden.
- „Eine freudige Nachricht breitet sich aus“ (580) mit gesprochenen Nachrichten. Kombinieren mit „Ich bin das Brot, lade euch ein“ (587), in F-Dur.
- Das Leitbild „Die Einladung“ reizt dazu, zur Einladung für den Gottesdienst auch einmal an „die Hecken und Zäune“ unserer Gemeinde zu gehen, und ungewohnte Werbe- und Ansprechformen zu wählen.
- Ebenso legt das Leitbild nahe, den Gottesdienst an diesem Sonntag mit Abendmahl zu feiern. Im Anschluß ein Gemeinde-Essen vorsehen.

3. SONNTAG NACH TRINITATIS

Das Wort von der Versöhnung (Umkehr und Versöhnung)

Liturgische Farbe: grün

Wochenspruch: Der Menschensohn ist gekommen, zu suchen und selig zu machen, was verloren ist. (Lk 19,10)

Wochenpsalm: Psalm 103, 1–5.8–13

E:	Nun lob, mein Seel, den Herren	289, 1–3
	Herr Jesu Christ, dich zu uns wend	155
	Es kennt der Herr die Seinen	358
	Schönster Herr Jesu	403
	Der Herr ist gut, in dessen Dienst wir stehn	631
Ps:	Psalm 103	742
	Psalm 32	717
	Psalm 25	713
	Seligpreisungen	760
Wl:	Allein zu dir, Herr Jesu Christ	232
	Jesus nimmt die Sünder an	353
I:	**Lk 15, 1–7.(8–10)(Ev.): Das verlorene Schaf (und der verlorene Groschen)**	
	Jesus nimmt die Sünder an	353,1–4
	O Jesu Christe, wahres Licht	72
	(Sonne der Gerechtigkeit)	262/263,3.5–7

II: 1. Tim 1, 12–17 (Ep.): Mir ist Erbarmung widerfahren

Mir ist Erbarmung widerfahren	355
Ich freu mich in dem Herren	349
So wahr ich lebe, spricht dein Gott	234,1.2

III: Lk 15, (1–3).11b–32: Die verlorenen Söhne

Ich will zu meinem Vater gehn	315
Die ganze Welt hast du uns überlassen	360
(Erhebet er sich, unser Gott)	281,2
(Werde munter, mein Gemüte)	475,5

IV: 1. Joh 1, 5–2, 6: Kinder des Lichts

Gott wohnt in einem Lichte	379
Du Morgenstern, du Licht vom Licht	74
(Dies ist die Nacht, da mir erschienen)	40,3.4

V: Lk 19, 1–10: Zachäus

Such, wer da will, ein ander Ziel	346
Ich habe nun den Grund gefunden	354
Komm in unsre stolze Welt	428

VI: Hes 18, 1–4.21–24.30–32 (AT): Kehrt um!

So wahr ich lebe, spricht dein Gott	234
Meine engen Grenzen	589
Aus tiefer Not laßt uns zu Gott	144,1–4
Ach komm, füll unsre Seelen ganz	648

W: Joh 6, 37–40: Auf ewig nicht verloren

Bei dir, Jesu, will ich bleiben	406
Jesus lebt, mit ihm auch ich	115
Nun aufwärts froh den Blick gewandt	394

S:

(Nun lob, mein Seel, den Herren)	289, 4.5
(Eins ist not! Ach Herr, dies Eine)	386,9.10

T:

Ich bin getauft auf deinen Namen	200,1.4
Ich freu mich in dem Herren	349
Viele kleine Leute	662 (K)

A: Seht, das Brot, das wir hier teilen 226
Du bist der Weg und die Wahrheit und das Leben 619

Vorschläge zur liturgischen Gestaltung

- „Ich will zu meinem Vater gehn“ (315) kann mit verteilten Rollen als Nacherzählung der Geschichte von den verlorenen Söhnen (3. Reihe) gesungen werden.
- Die Seligpreisungen vierstimmig singen (307 oder 651), z.B. anstelle des Psalmgebets.
- „Schaffe in mir, Gott, ein reines Herze“ (230) kann als Singspruch verwendet werden, z.B. nach dem Stillen Gebet oder in der Abendmahlsliturgie als Sündenbekenntnis.
- „Halleluja – Suchet zuerst Gottes Reich in dieser Welt“ (182,1.4) nach der Lesung.
- „Jesus nimmt die Sünder an“ (353) als Kehrverslied wahrnehmen und mit verschiedenen Gruppen ausführen.
- Dem Leitbild des Sonntags folgend kann Versöhnung auch unter Menschen thematisiert werden: mit dem Versöhnungsgebet aus Coventry, mit Informationen zu „Aktion Sühnezeichen“ oder zum „Internationalen Versöhnungsbund“.
- „Bewahre uns, Gott“ (171,4) als Segensstrophe.

4. SONNTAG NACH TRINITATIS

Gemeinde der Sünder
(Einer trage des andern Last)

Liturgische Farbe: grün

Wochenspruch: Einer trage des andern Last, so werdet ihr das Gesetz Christi erfüllen. (Gal 6,2)

Wochenpsalm: Psalm 42, 2–12

E:	Lobt Gott den Herrn, ihr Heiden all	293
	Die güldne Sonne voll Freud und Wonne	449
	Wie der Hirsch nach frischer Quelle	600
	Wenn wir in höchsten Nöten sein	366
Ps:	Psalm 42	723
	Psalm 43	724
	Psalm 19	708
	Psalm 38	721
	Geborgen ist mein Leben in Gott	767
Wl:	Komm in unsre stolze Welt	428
	O Gott, du frommer Gott	495
I:	**Lk 6, 36–42 (Ev.): Barmherzig und ehrlich**	
	So jemand spricht: Ich liebe Gott	412
	Liebe, du ans Kreuz für uns erhöhte	415
	Selig seid ihr	651

II:	**Röm 14, 10–13 (Ep.): Vor Gott verantwortlich**	
	Ach komm, füll unsre Seelen ganz	648
	O Herr, mach mich zu einem Werkzeug deines Friedens	416
	Es ist gewißlich an der Zeit	149
	(Halt im Gedächtnis Jesus Christ)	405,5.6
III:	**1. Mos 50, 15–21 (AT): Josefs Großmut**	
	(Du schöner Lebensbaum des Paradieses)	96,3–6
	Ich ruf zu dir, Herr Jesu Christ	343,1–3
	Du, hast uns, Herr, in dir verbunden	240
IV: 1.	**Petr 3, 8–15a.(15b–17): Ermahnungen an die Gemeinde**	
	Herr, deine Liebe ist wie Gras und Ufer	643
	Herr, gib mir Mut zum Brückenbauen	649
	Die Erde ist des Herrn	659
	Laß die Wurzel unsers Handelns Liebe sein	417
V:	**Joh 8, 3–11: Jesus und die Ehebrecherin**	
	Wo ein Mensch Vertrauen gibt	638
	Ich steh vor dir mit leeren Händen, Herr	382
	Jesus nimmt die Sünder an	353
	Und suchst du meine Sünde	237
VI:	**Röm 12, 17–21: Böses mit Gutem überwinden**	
	Selig seid ihr	651
	Ach komm, füll unsre Seelen ganz	648
	Gib Frieden, Herr, gib Frieden	430
	Brich dem Hungrigen dein Brot	418
	(O Gott, du frommer Gott)	495,4.5
W:	**Jak 3, 1–12: Die Macht der Zunge**	
	O Gott, du frommer Gott	495,1–3
	O daß ich tausend Zungen hätte	330
	(Herzlich lieb hab ich dich, o Herr)	397,2

S:	Hilf, Herr meines Lebens	419
	Brich mit den Hungrigen dein Brot	420
	Du hast uns, Herr, in dir verbunden	240
T:	Segne dieses Kind	581
	Laß mich dein sein und bleiben	157
A:	Das sollt ihr, Jesu Jünger, nie vergessen	221
	(Brich dem Hungrigen dein Brot)	418,3–5

Vorschläge zur liturgischen Gestaltung

- Der Wochenspruch ist auch in „Selig seid ihr" (651), in „So trägt ein Glied des andern Last" (253, 4) und in „Sollt wo ein Schwacher fallen" (393,8) aufgenommen.
- Der Wochenpsalm 42 läßt sich auch (in Kombination) mit „Wie der Hirsch lechzt nach frischem Wasser" (278) oder „Wie der Hirsch nach frischer Quelle" (600) gestalten.
- Anstelle der Schriftlesung oder des Psalmgebets kann „Selig sind, die da geistlich arm sind" (307) oder „Selig seid ihr" (651) gemeinsam oder mit einer Gruppe gesungen werden.
- „Ein wahrer Glaube Gotts Zorn stillt" (413) mit „Brich mit dem Hungrigen dein Brot" (420) im strophenweisen Wechsel kombinieren.

24. JUNI, TAG DER GEBURT JOHANNES DES TÄUFERS

Der Vorläufer des Herrn

Liturgische Farbe: weiß

Tagesspruch: Er muß wachsen, ich aber muß abnehmen. (Joh. 3, 30)

Tagespsalm: Psalm 92, 2–11

Fällt der Gedenktag der Geburt Johannes des Täufers auf einen Wochentag, empfiehlt sich ein Gottesdienst am Abend. Sonst kann Johannis auch am darauffolgenden Sonntag gefeiert werden. Wenn Johannis auf einen Sonntag fällt, wird das normale Sonntagsproprium, auch das der CA-Übergabe, durch das Johannis-Proprium ersetzt.

E:	Kam einst zum Ufer	312
	Geh aus, mein Herz, und suche Freud	503
	Wenn ich, o Schöpfer, deine Macht	506
	Gottes Geschöpfe, kommt zuhauf	514
	Die Sonn hoch an dem Himmel steht	459
	Lobt Gott in allen Landen	500
Ps:	Psalm 92	737
	Lobgesang des Zacharias	779.6
Tl:	Wir wollen singn ein' Lobgesang	141

I:	**Lk 1, 57–67. (68–75).76–80 (Ev.): Die Geburt des Täufers und der Lobgesang des Zacharias**	
	Du höchstes Licht, du ewger Schein	441
	Morgenglanz der Ewigkeit	450
	Gott sei Dank durch alle Welt	12
	Komm in unsre stolze Welt	428
II:	**Apg 19, 1–7 (Ep.): Die Taufe des Johannes und die Taufe Christi**	
	Christ, unser Herr, zum Jordan kam	202
	Ich bin getauft auf deinen Namen	200
	Herr Christ, dein bin ich eigen	204
	Du hast mich, Herr, zu dir gerufen	210
	Komm, o komm, du Geist des Lebens	134
III:	**Joh. 3, 22–30: Das Zeugnis des Täufers**	
	Kam einst zum Ufer	312
	O daß doch bald dein Feuer brennte	255
	Wie schön leuchtet der Morgenstern	70
	Kommt, Kinder, laßt uns gehen	393
IV:	**1. Petr 1, 8–12: Das Forschen der Propheten**	
	Jerusalem, du hochgebaute Stadt	150
	Freu dich sehr, o meine Seele	524
	(Die güldne Sonne voll Freud und Wonne)	449,8–12
	Herzlich lieb hab ich dich, o Herr	397
V:	**Mt 11, 11–15: Das Zeugnis Jesu über den Täufer**	
	Kam einst zum Ufer	312
	Geist des Glaubens, Geist der Stärke	137
VI:	**Jes 40, 1–8 (AT): Tröstet, tröstet mein Volk!**	
	Tröstet, tröstet, spricht der Herr	15
	(Mit Ernst, o Menschenkinder)	10, 2–4
	Erhebet er sich, unser Gott	281
	(Jauchz, Erd, und Himmel, juble hell)	127,6

S:	Schönster Herr Jesu	403
	(Geh aus, mein Herz, und suche Freud)	503,13–15
	Herr, mach uns stark im Mut, der dich bekennt	154
T:	Christ, unser Herr, zum Jordan kam	202
	Ich bin getauft auf deinen Namen	200
	Gott Vater, du hast deinen Namen	208
A:	Kommt mit Gaben und Lobgesang	229
	Das Wort geht von dem Vater aus	223

Vorschläge zur liturgischen Gestaltung

- Der Lobgesang des Zacharias kann anstelle des Psalmgebets gesungen (779.6) oder auch gesprochen werden.
- „Wir glauben Gott im höchsten Thron“ (184) als Glaubensbekenntnis nach der Melodie von „Wir wollen singn ein' Lobgesang“ (141).
- Beim Tageslied „Wir wollen singn ein' Lobgesang“ (141) kann die wörtliche Rede des Täufers von einem Vorsänger übernommen werden.
- Wenn ein ortsansässiger Verein ein „Sonnwend-Feuer“ veranstaltet, kann man dazu rechtzeitig eine kurze Johannis-Feier dazu anbieten.
- Wer „Wir wollen singn ein Lobgesang“ (141) singen möchte, kann es auch mit der Melodie „Die helle Sonn leucht jetzt herfür“ (437) oder „O Jesu Christe, wahres Licht“ (72) tun.
- Für eine Ansprache kann man sich der Predigthilfen Wilhelm Stählins Bd. 4, S. 183 ff. bedienen.

25. JUNI, GEDENKTAG DER ÜBERGABE DES AUGSBURGER BEKENNTNISSES

(Reformatorisches Bekennen)

Liturgische Farbe: rot

Tagespsalm: Psalm 46

Der Gedenktag der Übergabe des Augsburger Bekenntnisses kann, wenn er auf einen Sonntag fällt, das normale Sonntagsproprium ersetzen. Fällt er auf einen Wochentag kann ein Abendgottesdienst gefeiert werden, besonders bei runden Gedenkjahren.

E:	Die Kirche steht gegründet	264
	Nun bitten wir den Heiligen Geist	124
	Sonne der Gerechtigkeit	262/263
	Allein auf Gottes Wort will ich	195
Ps:	Psalm 46	725
	Psalm 1	702
	Psalm 119	748
Tl:	Es ist das Heil uns kommen her	342
I:	**Mt 10, 26–33 (Ev.): Mut zum Bekenntnis**	
	Was mein Gott will, gescheh allzeit	364
	Gott wohnt in einem Lichte	379
	Herr, mach uns stark im Mut, der dich bekennt	154

II:	**1. Tim 6, 11–16 (Ep.): Der gute Kampf des Glaubens**	
	Laß mich, o Herr, in allen Dingen	414
	Zieh ein zu deinen Toren	133,1.11–13
	(Sei Lob und Ehr dem höchsten Gut)	326,7–9
	(O komm, du Geist der Wahrheit)	136,1–4
	Gott wohnt in einem Lichte	379
	Herr, wir stehen Hand in Hand	594
III:	**Neh 7, 72b; 8,1.2.5.6.9–12 (AT): Das Amen zum Gesetz**	
	Öffne meine Augen	176
	Erhalt uns, Herr, bei deinem Wort	193
	Wohl denen, die da wandeln	295
S:	Herr, mach uns stark im Mut, der dich bekennt	154
	Komm, Herr, segne uns	170
	Der Tag, mein Gott, ist nun vergangen	266
	Mein schönste Zier und Kleinod bist	473
	Der Tag ist um, die Nacht kehrt wieder	490
	(Sei Lob und Ehr dem höchsten Gut)	326,7–9
T:	Du hast mich, Herr, zu dir gerufen	210
	Christi Blut und Gerechtigkeit	350
A:	Jesus Christus, unser Heiland, der von uns den Gotteszorn wandt	215,1.2.4.7
	Kommt mit Gaben und Lobgesang	229

Vorschläge zur liturgischen Gestaltung

- Das Augsburger Bekenntnis steht zum Teil bei EG 835. Statt der angegebenen Bibeltexte kann auch über einzelne zentrale Artikel gepredigt werden.

5. SONNTAG NACH TRINITATIS

Der rettende Ruf

Liturgische Farbe: grün

Wochenspruch: Aus Gnade seid ihr selig geworden durch den Glauben, und das nicht aus euch: Gottes Gabe ist es. (Eph. 2,8)

Wochenpsalm: Psalm 73, 14.23–26.28

E:	Treuer Heiland, wir sind hier	561
	Lob Gott getrost mit Singen	243
	Morgenglanz der Ewigkeit	450
	O daß ich tausend Zungen hätte	330
	Lobt froh den Herrn, ihr jugendlichen Chöre	332
Ps:	Psalm 73	733
	Psalm 63	729
	Gott behütet mich	769
Wl:	Preis, Lob und Dank sei Gott dem Herren	245
	Wach auf, du Geist der ersten Zeugen	241
I:	**Lk 5, 1 – 11 (Ev.): Der Fischzug des Petrus**	
	O daß doch bald dein Feuer brennte	255
	Ein Schiff, das sich Gemeinde nennt	595
	Fürchte dich nicht	629
	(In Gottes Namen fang ich an)	494,2
	(Das walte Gott, der helfen kann)	675,3.4

II: 1. Kor 1, 18–25 (Ep.): Die Torheit des Evangeliums

(Herr, stärke mich, dein Leiden zu bedenken)	91,4–10
Allein auf Gottes Wort will ich	195
Eins ist not! Ach Herr, dies Eine	386
Wo Gott der Herr nicht bei uns hält	297,5.6

III: Joh 1, 35–42: Kommt und seht!

Such, wer da will, ein ander Ziel	346
Mir nach, spricht Christus, unser Held	385
Lasset uns mit Jesus ziehen	384
Jesu, geh voran	391
Vertraut den neuen Wegen	395
Kommt, atmet auf, ihr sollt leben	639

IV: 1. Mose 12, 1–4 (AT): Der Auszug Abrams

Abraham, Abraham, verlaß dein Land	311
Gott spricht, ich will dich segnen	348 (K)
Der Tag ist seiner Höhe nah	457
Nun danket Gott, erhebt und preiset	290
Vertraut den neuen Wegen	395

V: Lk 14, 25–33: Der Preis der Nachfolge

Ein feste Burg ist unser Gott	362
Mir nach, spricht Christus, unser Held	385
Für Christus leben, sterben für ihn	640
Nun aufwärts froh den Blick gewandt	394

VI: 2. Thess 3, 1–5: Der Herr stärkt und bewahrt vor dem Bösen

Herr, nun selbst den Wagen halt	242
Bewahre uns, Gott	171
Der Herr ist gut, in dessen Dienst wir stehn	631
(Sieh nicht an, was du selber bist)	539,3

W: Gal 1, 11–24: Berufung des Paulus

Einer ist's, an dem wir hangen	256
Gott rufet noch	392
Herr, deine Güte reicht, so weit der Himmel ist	277

S:	Zieht in Frieden eure Pfade	258
	Herr, wir stehen Hand in Hand	594
	Herr, wohin sollen wir gehen	261 (K)
T:	Du hast mich, Herr, zu dir gerufen	210
	(Ein ist not! Ach Herr, dies Eine)	386,5–7
A:	Herr Jesu Christe, mein getreuer Hirte	217
	Du hast zu deinem Abendmahl	224
	Einer ist's, an dem wir hangen	256,3

Vorschläge zur liturgischen Gestaltung

- Bei „Eine freudige Nachricht breitet sich aus" (580) kann zwischen Strophen und Kehrvers jeweils, gesungen oder gesprochen, ein „rettender Ruf" erschallen.
- Zum Predigttext der 1. Reihe kann das Bild „Fischzug Petri" von Karl Schmidt-Rottluff (S. 336) verwendet werden.
- Zum Predigttext der 4. Reihe kann das Bild „Abraham und der Engel" von Rembrandt (S. 1106) verwendet werden.

29. JUNI,
TAG DER APOSTEL PETRUS UND PAULUS

(Petrus und Paulus)

Liturgische Farbe: rot

Tagesspruch: Wie lieblich sind auf den Bergen die Füße der Freudenboten, die da Frieden verkündigen, Gutes predigen, Heil verkündigen, die da sagen zu Zion: Dein Gott ist König! (Jes 52,7)

Tagespsalm: Psalm 89, 2.6–8 *oder* Psalm 22 II

Eine gottesdienstliche Feier dieses Gedenktages empfiehlt sich vor allem dann, wenn der 29. Juni auf einen Sonntag fällt. In diesem Fall kann das normale Sonntagsproprium entfallen.

E:	Geist des Glaubens, Geist der Stärke	137
	Wach auf, du Geist der ersten Zeugen	241
Ps:	Psalm 22 II	710
Tl:	Herr, mach uns stark im Mut, der dich bekennt	154
	Ich lobe dich von ganzer Seelen	250
I:	**Mt 16, 13–19 (Ev.):** **Du bist Christus – Du bist Petrus**	
	O komm, du Geist der Wahrheit	136,1–4
	Geist des Glaubens, Geist der Stärke	137,1.7.9
	Ich weiß, woran ich glaube	357

II:	**Eph 2, 19–22 (Ep.): Aus Fremden werden Gottes Hausgenossen**	
	Damit aus Fremden Freunde werden	657
	Preis, Lob und Dank sei Gott dem Herren	245,1–3
	Ich glaube fest, daß alles anders wird	661
III:	**Jer 16, 16–21 (AT): Götzendämmerung**	
	Wach auf, wach auf, du deutsches Land	145
	Erhalt uns, Herr, bei deinem Wort	193
	Sei Lob und Ehr dem höchsten Gut	326
S:	Sonne der Gerechtigkeit	262/263
	Großer Gott, wir loben dich	331,1–5
	Die Gnade unsers Herrn Jesu Christi	570

Vorschläge zur liturgischen Gestaltung

- „Die Gnade unsers Herrn Jesu Christi" (570) als vierstimmiger Satz am Schluß.
- Paulinische Texte sind wiederholt in Liedern verwendet, z.B. 1. Kor 13 in „Ein wahrer Glaube Gotts Zorn stillt" (413) und „Es kennt der Herr die Seinen" (358) oder Röm 3 in „Es ist das Heil uns kommen her" (342). Ein Kernsatz aus der Rede des Petrus vor dem Hohen Rat (Apg 4,8–12) kehrt wieder in „Es ist in keinem andern Heil" (356).

2. JULI,
TAG DER HEIMSUCHUNG MARIÄ

(Maria bei Elisabeth)

Liturgische Farbe: weiß

Tagesspruch: Als die Zeit erfüllt war, sandte Gott seinen Sohn, geboren von einer Frau und unter das Gesetz getan. (Gal 4,4)

Tagespsalm: Psalm 45, 2a.3.(5.7).8.18 *oder* Psalm 98

Dieser Tag kann, wenn er auf einen Sonntag fällt, im Gottesdienst erwähnt und berücksichtigt werden. Ansonsten wird man dieses Tages am ehesten in einer Morgen- oder Abendandacht gedenken, z.B. im Kirchengemeinderat oder auch in anderen Gruppen und Kreisen der Gemeinde.

E:	Singt, singt dem Herren neue Lieder	286
	Singet dem Herrn ein neues Lied	287
Ps:	Psalm 98	739
	Lobgesang der Maria	761
Tl:	Mein Seel, o Herre, muß loben dich	308
	Hoch hebt den Herrn mein Herz	309
I:	**Luk 1, 39–47.(48–55).56 (Ev.): Der Lobgesang Marias**	
	Mein Seel, o Herr, muß loben dich	308
	Hoch erhebt den Herrn mein Herz	309
	Dein König kommt in niedern Hüllen	14
	(Vom Himmel hoch, da komm ich her)	24, 12–14

II:	**1. Tim. 3, 16 (Ep.): Geheimnis des Glaubens**	
	Jauchzet, ihr Himmel	41
	Wunderbarer Gnadenthron	38
III:	**Jes 11, 1–5 (AT): Der Frieden des Messias**	
	Wie schön leuchtet der Morgenstern	70, 1.2
	(Komm, Gott Schöpfer, Heiliger Geist)	126, 3–7
S:	Geh unter der Gnade	543
	(Ich steh an deiner Krippen hier)	37,2

Vorschläge zur liturgischen Gestaltung

- „Meine Seele erhebt den Herren“ (310 K) oder „Magnificat“ (573 I+II K) nach dem Stillen Gebet.
- Der „Lobgesang der Maria“ (781.6) oder der „Lobgesang des Zacharias“ (779.6) als gesungenes Psalmgebet.
- Bildmeditation zum Holzschnitt von Käthe Kollwitz „Begegnung“ (S. 610).

6. SONNTAG NACH TRINITATIS

Leben aus der Taufe

Liturgische Farbe: grün

Wochenspruch: So spricht der Herr, der dich geschaffen hat: Fürchte dich nicht, denn ich habe dich erlöst; ich habe dich bei deinem Namen gerufen; du bist mein! (Jes 43,1)

Wochenpsalm: Psalm 139, 1–16.23.34

E:	Du höchstes Licht, du ewger Schein	441
	Steht auf, ihr lieben Kinderlein	442
	Die güldne Sonne voll Freud und Wonne	449
	Gottes Geschöpfe, kommt zuhauf	514
	Herr Christ, dein bin ich eigen	204
Ps:	Psalm 139	754
	Psalm 8	705
	Hymnus aus dem Römerbrief	762
	Von allen Seiten umgibst du mich	770
Wl:	Ich bin getauft auf deinen Namen	200
I:	**Mt 28, 16–20: Der Missions- und Taufbefehl**	
	Gehet hin in alle Welt	201
	Wach auf, du Geist der ersten Zeugen	241
	Licht, das in die Welt gekommen	592
	Gleichwie mich mein Vater gesandt hat	260 (K)
	Christus ist König, jubelt laut	269
	O daß doch bald dein Feuer brennte	255
	Siehe, ich bin bei euch alle Tage	419 (K)
	Sonne der Gerechtigkeit	262/263

II: Röm 6, 3–8.(9–11) (Ep.) [W: Röm 6, 3–11]: Sterben und leben mit Christus

Du hast mich, Herr, zu dir gerufen	210
Ich freu mich in dem Herren	349
Für Christus leben, sterben für ihn	640
Jesus lebt, mit ihm auch ich	115
(Herr Christ, der einig Gotts Sohn)	67,5
(O Durchbrecher aller Bande)	388,6.7

III: 5. Mose 7, 6–12 (AT): Gottes geliebtes Volk

Nun danket Gott, erhebt und preiset	290
Lobt Gott den Herrn, ihr Heiden all	293
Nun jauchzt dem Herren, alle Welt	288
Wohl denen, die da wandeln	295
(Großer Gott, wir loben dich)	331,9
(Erhebet er sich, unser Gott)	281,4.5

III [W]: Mk 10, 13–16: Die Kindersegnung

Jesus hat die Kinder lieb	644
Ach lieber Herre Jesu Christ, der du ein Kindlein worden bist	203
Weißt du, wieviel Sternlein stehen	511
(Du Wort des Vaters, rede du)	632,2.3
(Nun lob, mein Seel, den Herren)	289,3
(Großer Gott, wir loben dich)	331,7
(Ja, ich will euch tragen)	380,2
(Der Mond ist aufgegangen)	482,5

IV: Apg 8, 26–39: Philippus und der Kämmerer aus Äthiopien

Wach auf, du Geist der ersten Zeugen	241
Walte, walte nah und fern	578
Ich will dich lieben, meine Stärke	400
Ich lobe meinen Gott von ganzem Herzen	272
Meine Hoffnung und meine Freude - El Senyor és la meva força	576
Licht, das in die Welt gekommen	592
Lobt froh den Herrn, ihr jugendlichen Chöre	332

V:	**Jes 43, 1–7: Du bist mein!**	
	Herr Christ, dein bin ich eigen	204
	Fürchte dich nicht	629
	(Jauchzt, alle Lande, Gott zu Ehren)	279,5
	Laß mich dein sein und bleiben	157
VI:	**1. Petr 2, 1–10: Gottes heiliges Volk**	
	Ich lobe dich von ganzer Seelen	250
	Nun danket Gott, erhebt und preiset	290
	Nun saget Dank und lobt den Herren Halleluja.	294
	Suchet zuerst Gottes Reich in dieser Welt	182,1.5
	Herr, du hast darum gebetet	267
	(Einer ist's, an dem wir hangen)	256,2
W:	**1. Kor 10, 1–13: Gott ist treu**	
	Gott ist getreu	616
	Nun danket Gott, erhebt und preiset	290,1.4–6
	(Ich weiß, woran ich glaube)	357,4
	(Gib dich zufrieden und sei stille)	371,4–6
S:	Nun laßt uns Gott, dem Herren	320
	Zieht in Frieden eure Pfade	258
	Voller Freude über dieses Wunder	212
T:	Gott, der du alles Leben schufst	211
	Du hast mich, Herr, zu dir gerufen	210
	Ich freu mich in dem Herren	349
	Ach lieber Herre Jesu Christ, der du ein Kindlein worden bist	203
	Segne dieses Kind	581
	Kind, du bist uns anvertraut	582
	Herr, dieses Kind, dir dargebracht	583
	Ist Gott für mich, so trete	351
	Der Herr behüte deinen Ausgang	173 (K)
A:	Der du in Todesnächten	257
	Gott gibt ein Fest	586
	Komm, mein Herz, in Jesu Leiden	584

Vorschläge zur liturgischen Gestaltung

- An diesem Sonntag sollte auf jeden Fall die Möglichkeit bestehen, daß Kinder oder Erwachsene getauft werden.
- Tauferinnerung mit liturgischen Vorschlägen der ACK.
- Psalm 67 (785) als gesungenes Psalmgebet.
- Den Taufbefehl singen: „Gehet hin in alle Welt" (201).
- Als Segensstrophe entweder „Du, der du selbst das Leben" (207,3) oder „Erhalte uns bei deinem Namen" (208,3).
- Lesung aus dem Katechismus nach Luther/Brenz S. 1486 und/ oder aus dem Augsburger Bekenntnis S. 1497, auch gemeinsam gesprochen.

7. SONNTAG NACH TRINITATIS

Am Tisch des Herrn (Tischgemeinschaft)

Liturgische Farbe: grün

Wochenspruch: So seid ihr nun nicht mehr Gäste und Fremdlinge, sondern Mitbürger der Heiligen und Gottes Hausgenossen. (Eph. 2,19)

Wochenpsalm: Psalm 107, 1–9 *oder* Psalm 139

E:	Nun saget Dank und lobt den Herren	294
	Nun danket Gott, erhebt und preiset	290
	Heilig, heilig, heilig – Holy, holy, holy	596
	In Christus gilt nicht Ost noch West	597
	Kommt mit Gaben und Lobgesang	229
	Ich will, solang ich lebe	276
Ps:	Psalm 139	754
	Psalm 34	718
	Psalm 103	742
	Psalm 111	744
	Von allen Seiten umgibst du mich	770
Wl:	Das sollt ihr, Jesu Jünger, nie vergessen	221
	Sei Lob und Ehr dem höchsten Gut	326

I: Joh 6, 1–15 (Ev.): Die Speisung der Fünftausend

Seht das Brot, das wir hier teilen	226
Aus Gottes guten Händen	646
Aller Augen warten auf dich, Herre	461
Das ist köstlich, dir zu sagen Lob und Preis	284
Bescher uns, Herr, das täglich Brot	666
Wir danken dir, Herr Jesu Christ, daß du unser Gast gewesen bist	462
Die ihr bei Jesus bleibet	667

II: Apg 2, 41a.42–47 (Ep.) [W: Apg 2, 41–47]: Das gemeinsame Leben der Urgemeinde

Dank sei dir, Vater, für das ewge Leben	227
Herz und Herz vereint zusammen	251
Ich glaube, daß die Heiligen	253
Seht, das Brot, das wir hier teilen	226
Brich mit den Hungrigen dein Brot	420
Herr, gib uns unser täglich Brot	464

III: Joh 6, 30–35: Christus – das Brot des Lebens

Er ist das Brot, er ist der Wein	228
Herr Jesu Christe, mein getreuer Hirte	217
Das Weizenkorn muß sterben	585
Ich bin das Brot, lade euch ein	587
Du bist der Weg und die Wahrheit und das Leben	619
(Wie schön leuchtet der Morgenstern)	70,2
(Ein Lämmlein geht und trägt die Schuld)	83,6
Brich dem Hungrigen dein Brot	418

IV: Phil 2, 1–4: Eines Sinnes

Herz und Herz vereint zusammen	251
Laß die Wurzel unsers Handelns Liebe sein	417
O Herr, mach mich zu einem Werkzeug deines Friedens	416
Brich mit den Hungrigen dein Brot	420

V:	**Lk 9, 10–17: Die Speisung der Fünftausend**	
	Seht das Brot, das wir hier teilen	226
	Brich dem Hungrigen dein Brot	418
	Aus Gottes guten Händen	646
	Aller Augen warten auf dich, Herre	461
	Geh aus, mein Herz, und suche Freud	503,1–8
	Das ist ein köstlich Ding	285
	(Gib dich zufrieden und sei stille)	371,7.8
	Die ihr bei Jesus bleibet	667
VI:	**2. Mose 16, 2–3.11–18: Wachteln und Manna**	
	Ich singe dir mit Herz und Mund	324
	Danket dem Herrn! Wir danken dem Herrn	333
	Ich steh in meines Herren Hand	374
	Im Lande der Knechtschaft	604
	(Wie schön leuchtet der Morgenstern)	70,2
	Nun danket Gott, erhebt und preiset	290,1.4–6
W:	**Offb 19, 6–9: Das Hochzeitsmahl des Lammes**	
	Wachet auf, ruft uns die Stimme	147
	Jesu, meine Freude	396
	Lob, Anbetung, Ruhm und Ehre	610
	Der du in Todesnächten	257
	(Herzlich tut mich erfreuen)	148,5–9
	Ermunter euch, ihr Frommen	151,1.5–8
	(Mach's mit mir, Gott, nach deiner Güt)	525,5
S:	Du hast uns Leib und Seel gespeist	216
	Bewahre uns, Gott	171
	Im Frieden dein, o Herre mein	222
	(Sei Lob und Ehr dem höchsten Gut)	326,7–9
	Komm, sag es allen weiter	225
	Stern, auf den ich schaue	407
T:	Gott, der du alles Leben schufst	211
	Jesus hat die Kinder lieb	644
	(Nun laßt uns Gott dem Herren)	320,4–8

A:	Kommt her, ich seid geladen	213
	Jesus Christus, unser Heiland, der von uns den Gotteszorn wandt	215
	Schmücke dich, o liebe Seele	218
	Du hast zu deinem Abendmahl	224
	Lobet den Herren und dankt ihm seine Gaben	460

Vorschläge zur liturgischen Gestaltung

- An diesem Sonntag empfiehlt es sich vom Leitbild her, den Gottesdienst mit Abendmahl, bzw. in der Form der Messe zu feiern.
- Dazu passen speziell an diesem Sonntag die Tischlieder „Wir danken Gott für seine Gaben" (458), „Lobet den Herrn und dankt ihm seine Gaben" (460) oder die Tischkanons „Komm, Herr Jesu, sei du unser Gast" (465 K), „Segne, Herr, was deine Hand" (466 K) und „Du gabst der Welt das Leben" (668 K). Natürlich auch der Singspruch „Alle guten Gaben" (463 Ssp) oder das vierstimmige „Aller Augen warten auf dich, Herre (461). Letzteres kann vom Chor zum Abendmahlsempfang gesungen werden. An gleicher Stelle, ebenfalls besser vom Chor gesungen: „Du gabst der Welt das Leben" (668 K).
- Psalm 34 (781.2) als gesungenes Psalmgebet.

8. SONNTAG NACH TRINITATIS

Früchte des Geistes

Liturgische Farbe: grün

Wochenspruch: Lebt als Kinder des Lichts, die Frucht des Lichts ist lauter Güte und Gerechtigkeit und Wahrheit. (Eph 5,8.9)

Wochenpsalm: Psalm 48, 2.3a.9–11 *oder* Psalm 139

E:	Fröhlich wir nun all fangen an	159
	Gott Lob, der Sonntag kommt herbei	162
	Liebster Jesu, wir sind hier, dich und dein Wort anzuhören	161
	Jesu, Jesu, Brunn des Lebens	562
	Du hast uns, Herr, gerufen	168,1–3
	Gottes Ruhetag	566
	O Christe, Morgensterne	158
	Die güldne Sonne bringt Leben und Wonne	444,1–4
Ps:	Psalm 139	754
	Von allen Seiten umgibst du mich	770
	Psalm 119	748
Wl:	O gläubig Herz, gebenedei	318
I:	**Mt 5, 13–16 (Ev.): Salz der Erde – Licht der Welt**	
	Herr, mach uns stark im Mut, der dich bekennt	154
	Erneure mich, o ewigs Licht	390
	Herz und Herz vereint zusammen	251
	(Gelobet seist du, Jesu Christ)	23,4
	Halleluja! Suchet zuerst Gottes Reich in dieser Welt	182
	(Jesu, Jesu, Brunn des Lebens)	562,9.10

II:	**Eph 5, 8b–14 (Ep.): Kinder des Lichts**	
	Du höchstes Licht, du ewger Schein	441
	Strahlen brechen viele aus einem Licht	268
	Morgenglanz der Ewigkeit	450
	(Steht auf, ihr lieben Kinderlein)	442,4–9
III:	**Jes 2, 1–5 (AT): Völkerwallfahrt zum Zion**	
	Es wird sein in den letzten Tagen	426
	O König aller Ehren	71
	Der du in Todesnächten	257
	(Wie der Hirsch lechzt nach frischem Wasser)	278,7–9
IV:	**1. Kor 6, 9–14.(18–20) [W: 1. Kor. 6,9–14.(15–17).18–20]: Der Leib – ein Tempel des heiligen Geistes**	
	Ein reines Herz, Herr, schaff in mir	389
	Schaffe in mir, Gott, ein reines Herze	230
	O Heilger Geist, kehr bei uns ein	130
	(Tut mir auf die schöne Pforte)	166, 2+3
	(Gott ist gegenwärtig)	165, 8
	(Ich steh an deiner Krippen hier)	37, 9
V:	**Joh 9, 1–7: Die Heilung des Blindgeborenen**	
	Du höchstes Licht, du ewger Schein	441
	Gott gab uns Atem, damit wir leben	432
	Ohren gabst du mir	236
	Öffne meine Ohren, Heiliger Geist	577
	Wir haben Gottes Spuren festgestellt	656
	(Du meine Seele, singe)	302,6
	(Lobe den Herren, o meine Seele)	303,6
V [W]:	**Mt 5, 17–20: Erfüllung des Gesetzes**	
	Wohl denen, die da wandeln	295
	Laß uns den Weg der Gerechtigkeit gehn	658
	Es ist das Heil uns kommen her	342
	Öffne meine Augen	176 (Ssp; K)

VI:	**Röm 6, 19–23: Gerechtigkeit – Heiligung – Ewiges Leben**	
	O Durchbrecher aller Bande	388
	Laß mich, o Herr, in allen Dingen	414
	Herr, laß mich deine Heiligung	634
	So wahr ich lebe, spricht dein Gott	234
	Jesu, hilf siegen, du Fürste des Lebens	373
	(Eins ist not! Ach Herr, dies Eine)	386,6.7
W:	**Jak 2, 14–24: Glaube ohne Werke ist tot**	
	In Gottes Namen fang ich an	494
	O Gott, du frommer Gott	495
	Ich weiß, mein Gott, daß all mein Tun	497
	O Gott, du höchster Gnadenhort	194
	Es ist das Heil uns kommen her	342
S:	(Du hast uns, Herr, gerufen)	168,4–6
	Hilf, Herr meines Lebens	419
T:	Segne dieses Kind	581
	Du hast mich, Herr, zu dir gerufen	210
A:	Herr, du wollest uns bereiten	220
	Das sollt ihr, Jesu Jünger, nie vergessen	221

Vorschläge zur liturgischen Gestaltung

- „Komm, göttliches Licht“ (575) kann vor und nach dem Orgelvorspiel (eventuell von einem Frauenchor) als Eingangsmusik gesungen werden. Genauso: „Öffne meine Ohren, Heiliger Geist“ (577).
- „Öffne meine Augen“ (176 Ssp; K) nach dem Stillen Gebet singen.
- „Halleluja! Suchet zuerst Gottes Reich in dieser Welt“ (182, 1.2.4.5.9) nach der Lesung.
- Im Abendmahlsgottesdienst „Ohren gabst du mir“ (236) als Sündenbekenntnis.

9. SONNTAG NACH TRINITATIS

Anvertraute Gaben (Begabung und Verantwortung)

Liturgische Farbe: grün

Wochenspruch: Wem viel gegeben ist, bei dem wird man viel suchen; und wem viel anvertraut ist, von dem wird man um so mehr fordern. (Lk 12,48)

Wochenpsalm: Psalm 40, 9–12 *oder* Psalm 139

E:	Wach auf, mein Herz, und singe	446
	Die güldne Sonne voll Freud und Wonne	449
	Auf, Seele, Gott zu loben	602
	Gott liebt diese Welt	409
	Lobt Gott in allen Landen	500
Ps:	Psalm 139	754
	Von allen Seiten umgibst du mich	770
	Psalm 36	719
	Seligpreisungen	760
Wl:	Ich weiß, mein Gott, daß all mein Tun	497
I:	**Mt 25, 14–30 (Ev.): Gleichnis von den anvertrauten Pfunden**	
	Es ist gewißlich an der Zeit	149
	Soviel Freude hast du, Gott	653
	Die ganze Welt hast du uns überlassen	360
	(Nimm von uns, Herr, du treuer Gott)	146,2–5
	(Mein erst Gefühl sei Preis und Dank)	451,7–10
	(Das Feld ist weiß)	513,4–7
	Gott, weil er groß ist	411 (K)

II: Phil 3, 7–11.(12–14) (Ep.) [W: Phil 3, (4b–6).7–14]: Lebenswende durch Christus

Es ist das Heil uns kommen her	342
Lasset uns mit Jesus ziehen	384
Es ist in keinem andern Heil	356
Jesu, meine Freude	396
(Auf, auf, mein Herz, mit Freuden)	112,6–8
(Wach auf, mein Herz, die Nacht ist hin)	114,3
(Eins ist not! Ach Herr, dies Eine)	386,10

III: Mt 7, 24–27 [W: Mt 7, 21–27]: Auf Fels gebaut

Wer nur den lieben Gott läßt walten	369
Ich weiß, woran ich glaube	357
Christ ist der Weg, das Licht, die Pfort	612
(Ich weiß, mein Gott, daß all mein Tun)	497,3
Herr, für dein Wort sei hochgepreist	196
Christen erwarten in allerlei Fällen	621

IV: Jer 1, 4–10 (AT): Die Berufung Jeremias

Fürchte dich nicht	629
Sonne der Gerechtigkeit	262/263
Kommt her, des Königs Aufgebot	259
Wir wolln uns gerne wagen	254
(Einer ist's, an dem wir hangen)	256,2–5
(Ich steh an deiner Krippen hier)	37,2
(O Gott, du frommer Gott)	495,2–4
Du Gott stützt mich	630 (K)
Gleichwie mich mein Vater gesandt hat	260 (K)

V: Mt 13, 44–46: Das verborgene Himmelreich finden

Herr, dein Wort, die edle Gabe	198
Allein auf Gottes Wort will ich	195
(Du meine Seele, singe)	302
(Wie schön leuchtet der Morgenstern)	70,2.3
Mein schönste Zier und Kleinod bist	473,1–3
(Die güldne Sonne voll Freud und Wonne)	449,10
(Ich singe dir mit Herz und Mund)	324,12–14

VI:	**1. Petr 4, 7–11: Haushalter der Gnade Gottes**	
	O Gott, du frommer Gott	495
	Nun bitten wir den Heiligen Geist	124
	Laß die Wurzel unsers Handelns Liebe sein	417
	Strahlen brechen viele aus einem Licht	268
	(Wenn meine Sünd' mich kränken)	82,7
	Gott, weil er groß ist	411 (K)
W:	**2. Thess 3, 6–16: Zurechtweisung in der Gemeinde**	
	Wir wolln uns gerne wagen	254
	O Gott, du frommer Gott	495
	In Gottes Namen fang ich an	494
	Wer wohlauf ist und gesund	674
	(Mein erst Gefühl sei Preis und Dank)	451,7–10
S:	Die ganze Welt hast du uns überlassen	360
	Nun laßt uns Gott dem Herren	320
	Herr, deine Güte reicht, so weit der Himmel ist	277
	Laß dich, Herr Jesu Christ, durch mein Gebet bewegen	496
	(Wach auf, mein Herz, und singe)	446,8.9
T:	Herr, dieses Kind, dir dargebracht	583
	Gott, der du alles Leben schufst	211
	Gott Vater, du hast deinen Namen	208
	Lieber Gott, ich danke dir	645
A:	Lobet den Herrn und dankt ihm seine Gaben	460
	Kommt mit Gaben und Lobgesang	229
	Du hast zu deinem Abendmahl	224

Vorschläge zur liturgischen Gestaltung

- „Wir pflügen, und wir streuen" (508) kann im Familiengottesdienst vorkommen.
- „Meine Hoffnung und meine Freude – El Senyor és la meva força" (576) paßt zur 4. Reihe.
- „Alle guten Gaben" 463 (Ssp) paßt zur 6. Reihe.
- „Herr, höre, Herr, erhöre" (423) anstelle des Fürbittengebets.

10. SONNTAG NACH TRINITATIS

Der Herr und sein Volk

Liturgische Farbe: grün

Wochenspruch: Wohl dem Volk, dessen Gott der Herr ist, dem Volk, das er zum Erbe erwählt hat. (Ps 33,12)

Wochenpsalm: Psalm 74, 1–3.8–11.20.21 *oder* Psalm 139

E:	Wie lieblich schön, Herr Zebaoth	282
	Herr, der du vormals hast dein Land	283
	Wo Gott der Herr nicht bei uns hält	297
	Aus tiefer Not laßt uns zu Gott	144
	Kommt herbei, singt dem Herrn	601
	Danket Gott, denn er ist gut	301
Ps:	Psalm 139	754
	Psalm 84	734
	Psalm 134	752
	Psalm 119	748
	Von allen Seiten umgibst du mich	770
Wl:	Gott der Vater steh uns bei	138
	Nun danket Gott, erhebt und preiset	290
I:	**Lk 19, 41–48 (Ev.): Jesus und Jerusalem**	
	Ein reines Herz, Herr, schaff in mir	389
	Herr, unser Gott, laß nicht zuschanden werden	247
	Wach auf, wach auf, du deutsches Land	145
	Aus tiefer Not laßt uns zu Gott	144
	Nimm von uns, Herr, du treuer Gott	146

II:	**Röm 11, 25–32 (Ep.): Verstockung und Gnade**	
	Lobt Gott den Herrn, ihr Heiden all	293
	Mir ist Erbarmung widerfahren	355
	Nun lob, mein Seel, den Herren	289
	(Wach auf, du Geist der ersten Zeugen)	241,5
	Es wird sein in den letzten Tagen	426
III:	**Joh 2, 13–22: Die Tempelreinigung**	
	Ein reines Herz, Herr, schaff in mir	389
	Lobt Gott, den Herrn der Herrlichkeit	300
	Erhebet er sich, unser Gott	281
	Ach Gott, vom Himmel sieh darein	273
IV:	**Röm 9, 1–5.31–10, 1–4 [W: Röm 9, 1–5; 10, 1–4]: Christus und Israel**	
	Wohl denen, die da wandeln	295
	Es ist das Heil uns kommen her	342
	(Wach auf, du Geist der ersten Zeugen)	241, 5
	Öffne meine Augen	176 (Ssp; K)
V:	**Jer 7, 1–11.(12–15): Die Tempelrede Jeremias**	
	Sei Lob und Ehr dem höchsten Gut	326
	Kommt herbei, singt dem Herrn	601,2–6
	Geist des Glaubens, Geist der Stärke	137,1.6
	Zieh ein zu deinen Toren	133,1–3
	Aus tiefer Not laßt uns zu Gott	144
	O Herr, nimm unsre Schuld	235
VI:	**2. Kön 25, 8–12 (AT): Die Zerstörung Jerusalems unter Nebukadnezar**	
	Gib Frieden, Herr, gib Frieden	430
	Gott, unser Ursprung, Herr des Raums	431
	Freunde, daß der Mandelzweig	655
	Gott gab uns Atem, damit wir leben	432

VI [W]: Dan 9, 15–19: Gebet für Jerusalem

	Aus tiefer Not laßt uns zu Gott	144
	Nimm von uns, Herr, du treuer Gott	146
	O Herr, nimm unsre Schuld	235
	Nun danket Gott, erhebt und preiset	290
W:	**Jes 44, 1–5: Segen über Israel**	
	Nun preiset alle Gottes Barmherzigkeit	502
	(Schmückt das Fest mit Maien)	135, 4
	Jerusalem, du hochgebaute Stadt	150
	(Jesu, der du bist alleine)	252,2–4
	(Du meine Seele, singe)	302,2
	(Jauchz, Erd, und Himmel, juble hell)	127,7
	Gott verspricht: Ich will dich segnen	348 (Ssp)
S:	Nun preiset alle Gottes Barmherzigkeit	502
	Gib uns Frieden jeden Tag	425
	Brunn alles Heils, dich ehren wir	140
	(Ich heb mein Augen sehnlich auf)	296,4
	Hevenu schalom alejchem – Wir wünschen Frieden euch allen	433
T:	Kind, du bist uns anvertraut	582
	Gott Vater, höre unsre Bitt	205
A:	Und suchst du meine Sünde	237
	Meine engen Grenzen	589
	Herr Jesu Christe, mein getreuer Hirte	217
	Ich bin das Brot, lade euch ein	587

Vorschläge zur liturgischen Gestaltung

- Für den Israelsonntag stehen meist fertige Gottesdienstabläufe von verschiedenen Organisationen zur Verfügung.
- Als Besinnung auf die jüdischen Wurzeln des christlichen Gottesdienstes kann man am Israel-Sonntag auf das „Ehr sei dem Vater ...“ (177.1) nach dem Psalmgebet einmal verzichten.

- „Hevenu schalom alejchem – Wir wünschen Frieden euch allen" (433) nach dem Stillen Gebet oder auch nach den Abkündigungen singen.
- „O komm, o Herr" (19,3) als Abschluß des Stillen Gebets.
- „Schalom chaverim – Der Friede des Herrn geleite euch" (434 K) ist kombinierbar mit Strophen aus „Befiehl du deine Wege" (361).
- „Herr, gib uns deinen Frieden" (436 K) oder „Dona nobis pacem" (435 K) nach den Abkündigungen.
- Als Segensstrophe bietet sich „Verleih uns Frieden gnädiglich" (421) oder „Der treue Hüter Israel'" (296,4) an.
- „Gehe ein in deinen Frieden" (489) mit einer Melodie aus Israel kann in einem Abendgottesdienst gesungen werden.
- Es bieten sich jüdische Autoren bei den Zwischentexten an, z. B.: Buber (S. 526, 569, 809), Schalom Ben-Chorin (S. 804), aus dem Chassidismus (S. 472).

11. SONNTAG NACH TRINITATIS

Pharisäer und Zöllner

Liturgische Farbe: grün

Wochenspruch: Gott widersteht den Hochmütigen, aber den Demütigen gibt er Gnade (1. Petr 5,5)

Wochenpsalm: Psalm 113, 1–8

E:	Nun jauchzt dem Herren, alle Welt	288
	Gott ist gegenwärtig	165
	Hoch hebt den Herrn mein Herz	309
	Tut mir auf die schöne Pforte	166
	O heilger Geist, kehr bei uns ein	130
Ps:	Psalm 113	745
	Lobgesang der Maria	761
	Seligpreisungen	760
Wl:	Aus tiefer Not schrei ich zu dir	299
I:	**Lk 18, 9–14 (Ev.): Pharisäer und Zöllner**	
	Allein zu dir, Herr Jesu Christ	232
	Jesus nimmt die Sünder an	353
	Mir ist Erbarmung widerfahren	355
	(Mit Ernst, o Menschenkinder)	10,3
	(Wer nur den lieben Gott läßt walten)	369,6.7
	(Du hast zu deinem Abendmahl)	224,2

II:	**Eph 2, 4–10 (Ep.) [W: Eph 2, (1–3).4–10]: Aus Gnade selig**	
	Lobt Gott den Herrn, ihr Heiden all	293
	Mir ist Erbarmung widerfahren	355
	Es ist das Heil uns kommen her	342
	O lieber Herre Jesu Christ	68
	Allein Gott in der Höh sei Ehr	179,1
	(Ich ruf zu dir, Herr Jesu Christ)	343,4
III:	**Mt 21, 28–32: Das Gleichnis von den ungleichen Söhnen**	
	Ein reines Herz, Herr, schaff in mir	389
	Erneure mich, o ewigs Licht	390
	Herr, laß mich deine Heiligung	634
	(O Gott, du frommer Gott)	495,2
	(Jauchz, Erd, und Himmel, juble hell)	127,4
IV:	**Gal 2, 16–21: Christus lebt in mir**	
	Nun freut euch, lieben Christen g'mein	341
	Für Christus leben, sterben für ihn	640
	Weicht, ihr Berge, fallt, ihr Hügel	615
	Lasset uns mit Jesus ziehen	384
	Christi Blut und Gerechtigkeit	350
	(Du Wort des Vaters, rede du)	632,10
	(Ich lobe dich von ganzer Seelen)	250,4
V:	**Lk 7, 36–50: Das Salböl der Sünderin**	
	Ich will dich lieben, meine Stärke	400
	Jesus nimmt die Sünder an	353
	Allein zu dir, Herr Jesu Christ	232
VI:	**2. Sam 12, 1–10.13–15a (AT): David und Nathan**	
	Ach Gott und Herr, wie groß und schwer	233
	So wahr ich lebe, spricht dein Gott	234
	Und suchst du meine Sünde	237
	O Herr, nimm unsre Schuld	235
	Meine Seele in der Höhle	588
	(Geist des Glaubens, Geist der Stärke)	137,5

W:	**Mt 23, 1–12: Ein Meister – ein Vater – ein Lehrer**	
	Komm, Heiliger Geist, Herre Gott	125
	Herz und Herz vereint zusammen	251
	Komm, Gott Schöpfer, Heiliger Geist	126
	(Gott rufet noch)	392,7
S:	Jesu, stärke deine Kinder	164
	Herr, wir bitten: Komm und segne uns	565
	Ich lobe meinen Gott, der aus der Tiefe mich holt	611
T:	Herr, dieses Kind, dir dargebracht	583
	Ich möcht', daß einer mit mir geht	209
	Herr Christ, dein bin ich eigen	204
A:	Du hast zu deinem Abendmahl	224
	Komm, sag es allen weiter	225
	Herr Jesu Christe, mein getreuer Hirte	217
	Im Frieden dein, o Herre mein	222

Vorschläge zur liturgischen Gestaltung

- „Vom Aufgang der Sonne" (456 K) ist Teil des Wochenpsalms 113.
- Kyrie-Rufe nach dem Stillen Gebet oder nach der Evangeliumslesung schaffen Bezug zum Zöllnerruf: „Herr, erbarme dich" (178.5; 178.10; 178.11) oder als erweitertes Kyrie „Meine engen Grenzen" (589).
- „Aus tiefer Not schrei ich zu dir" (299): strophenweiser Wechsel von erster und zweiter Melodie.
- „Mir ist Erbarmung widerfahren" (355) nach Melodie „O daß ich tausend Zungen hätte" (330).
- Zwischen die Fürbitten das „Herr, erbarme dich" (178.10).
- Die Litanei (192) kann anstelle des Fürbittengebetes stehen.
- „Nichts soll dich ängsten – Nada te turbe" (574) vor dem Segen oder nach der Schriftlesung.

12. SONNTAG NACH TRINITATIS

Die große Krankenheilung (Heilsame Umkehr)

Liturgische Farbe: grün

Wochenspruch: Das geknickte Rohr wird er nicht zerbrechen, und den glimmenden Docht wird er nicht auslöschen. (Jes 42,3)

Wochenpsalm: Psalm 147, 3–6.11–14a *oder* Psalm 113

E:	Lobet den Herren, denn er ist sehr freundlich	304
	Wie der Hirsch lechzt nach frischem Wasser	278
	Ich will dich lieben, meine Stärke	400
Ps:	Psalm 113	745
	Psalm 30	715
	Psalm 69	731
	Psalm 143	755
Wl:	Nun lob, mein Seel, den Herren	289
I:	**Mk 7, 31–37 (Ev.): Heilung eines Taubstummen**	
	Ohren gabst du mir	236
	Was Gott tut, das ist wohlgetan	372
	Wir haben Gottes Spuren festgestellt	656
	Ich lobe meinen Gott von ganzem Herzen	272
	Herr, deine Güte reicht, so weit der Himmel ist	277
	Gott rufet noch	392

II: Apg 9,1–9.(10–20) (Ep.) [W: Apg 9,1–20]: Die Berufung des Paulus

O Jesu Christe, wahres Licht	72
Mir ist Erbarmung widerfahren	355
Gott wohnt in einem Lichte	379
Herr, unser Gott, laß nicht zuschanden werden	247
Wach auf, wach auf, 's ist hohe Zeit	244
(Ich will dich lieben, meine Stärke)	400,4–6
Komm, göttliches Licht	575

III: Jes 29,17–24 (AT): Messianische Zeitansage

Es wolle Gott uns gnädig sein	280
Lobt und preist die herrlichen Taten des Herrn	429
Wir haben Gottes Spuren festgestellt	656
Herr, der du vormals hast dein Land	283

IV: Apg 3,1–10.(11.12) [W: Apg 3,1–21]: Heilung durch die Apostel

Ich lobe meinen Gott, der aus der Tiefe mich holt	611
Ohren gabst du mir	236
Mir ist Erbarmung widerfahren	355
Komm, o komm, du Geist des Lebens	134
Geist des Glaubens, Geist der Stärke	137,1.2.7

V: MK 8, 22–26: Heilung eines Blinden

Du meine Seele, singe	302
Öffne meine Augen	176 (Ssp; K)
Öffne meine Ohren, Heiliger Geist	577
Ohren gabst du mir	236
(Die güldne Sonne voll Freud und Wonne)	449,2–6
(Lobe den Herren, o meine Seele)	303,6

V [W]: Joh 9, 1–7: Die Heilung des Blindgeborenen

Du höchstes Licht, du ewger Schein	441
Gott gab uns Atem, damit wir leben	432
Ohren gabst du mir	236
Öffne meine Ohren, Heiliger Geist	577
Wir haben Gottes Spuren festgestellt	656
(Du meine Seele, singe)	302,6
(Lobe den Herren, o meine Seele)	303,6
Die Sonn hoch an dem Himmel steht	459

VI: 1. Kor 3, 9–15: Gottes Mitarbeiter

Die Kirche steht gegründet	264
Ich habe nun den Grund gefunden	354
Wir wolln uns gerne wagen	254
(Ist Gott für mich, so trete)	351,3–7
Ich weiß, woran ich glaube	357
Es ist in keinem andern Heil	356
Der Herr ist gut, in dessen Dienst wir stehn	631
Mit Freuden will ich singen	663

W: Jes 57, 15–19: Gott richtet auf

Alles ist an Gottes Segen	352
Du Gott stützt mich	630
Selig seid ihr	651
Gleichwie mich mein Vater gesandt hat	260 (K)
(Du meine Seele, singe)	302,6

S:

Komm, Herr, segne uns	170
Nun laßt uns Gott dem Herren	320
Wer wohlauf ist und gesund	674
(Nun lob, mein Seel, den Herren)	289,4.5

T:

Christ, unser Herr, zum Jordan kam	202
Gott Vater, du hast deinen Namen	208
Gott, der du alles Leben schufst	211
Viele kleine Leute	662

A:	Nun laßt uns Gott dem Herren	320,1–5
	Dank sei dir, Vater, für das ewge Leben	227
	Die Kirche steht gegründet	264
	Im Frieden dein, o Herre mein	222

Vorschläge zur liturgischen Gestaltung

- „Komm, göttliches Licht" (575) zu Beginn oder nach dem Stillen Gebet.
- Zwischentext S. 807 als Eingangsgebet.
- Bei „Wie der Hirsch lechzt nach frischen Wasser" (278) kann der Chor eventuell die Strophen übernehmen.

13. SONNTAG NACH TRINITATIS

Der barmherzige Samariter

Liturgische Farbe: grün

Wochenspruch: Christus spricht: Was ihr getan habt einem von diesen meinen geringsten Brüdern, das habt ihr mir getan. (Mt 25,40)

Wochenpsalm: Psalm 112, 5–9 *oder* Psalm 113

E:	Komm, Heiliger Geist, Herre Gott	125
	Liebe, die du mich zum Bilde	401
	Gott liebt diese Welt	409
	Du hast uns, Herr, gerufen	168, 1–3
Ps:	Psalm 113	745
	Seligpreisungen	760
	Geborgen ist mein Leben in Gott	767
Wl:	Ich ruf zu dir, Herr Jesu Christ	343
I:	**Lk 10, 25–37 (Ev.): Der barmherzige Samariter**	
	Ein wahrer Glaube Gotts Zorn stillt	413
	So jemand spricht: Ich liebe Gott	412
	Herz und Herz vereint zusammen	251
	Mir ist Erbarmung widerfahren	355
	O Herr, mach mich zu einem Werkzeug deines Friedens	416
	(Wenn meine Sünd' mich kränken)	82, 7

II:	**1. Joh 4,7–12 (Ep.) [W: 1. Joh 4,7–12. (13–16)]: Gott ist die Liebe**	
	Liebe, die du mich zum Bilde	401
	Liebe, du ans Kreuz für uns erhöhte	415
	Laß die Wurzel unsers Handelns Liebe sein	417
	Ein wahrer Glaube Gotts Zorn stillt	413
	Liebe ist nicht nur ein Wort	650
	Ich glaube fest, daß alles anders wird	661
III:	**Mk 3, 31–35: Jesu wahre Verwandte**	
	Das sollt ihr, Jesu Jünger, nie vergessen	221
	Herz und Herz vereint zusammen	251
	Nun singe Lob, du Christenheit	265
	Christus ist König, jubelt laut	269
IV:	**1. Mose 4, 1–16a (AT): Kain und Abel**	
	Allein zu dir, Herr Jesu Christ	232
	Ach Gott und Herr, wie groß und schwer	233
	O Herr, nimm unsere Schuld	235
	Und suchst du meine Sünde	237
	Meine Seele in der Höhle	588
	Meine engen Grenzen	589
	Aus tiefer Not schrei ich zu dir	299
V:	**Mt 6, 1–4: Spenden statt Sponsern**	
	O Herr, mach mich zu einem Werkzeug deines Friedens	416
	Hilf, Herr meines Lebens	419
	Selig seid ihr	651
	Ein wahrer Glaube Gotts Zorn stillt	413
VI:	**Apg 6, 1–7: Die Wahl der Diakone**	
	Wach auf, du Geist der ersten Zeugen	241
	Wir wolln uns gerne wagen	254
	Ein Schiff, das sich Gemeinde nennt	595
	Ein wahrer Glaube Gotts Zorn stillt	413
	Preis, Lob und Dank sei Gott dem Herren	245
	Ich glaube, daß die Heiligen	253

W:	**Am 5, 4–7.10–15: Suchet mich, so werdet ihr leben**	
	Such, wer da will, ein ander Ziel	346
	(Ich will dich lieben, meine Stärke)	400,4.5
	(Nun danket Gott, erhebt und preiset)	290,2
	Halleluja!	
	Suchet zuerst Gottes Reich in dieser Welt	182,1–5
	Öffne meine Augen	176 (Ssp; K)
	Sei Lob und Ehr dem höchsten Gut	326
	Ach Gott, vom Himmel sieh darein	273
S:	Hilf, Herr meines Lebens	419
	O Herr, mach mich zu einem Werkzeug deines Friedens	416
	Brich mit den Hungrigen dein Brot	420
	Herr, gib mir Mut zum Brückenbauen	649
	Christus ist König, jubelt laut	269
	(Du hast uns, Herr, gerufen)	168,4–6
T:	Meinem Gott gehört die Welt	408
	Christus, das Licht der Welt	410
A:	Das sollt ihr, Jesu Jünger, nie vergessen	221
	Dank sei dir, Vater, für das ewge Leben	227
	Bei dir, Jesu, will ich bleiben	406
	(Herr Jesu Christ, du höchstes Gut)	219,3

Vorschläge zur liturgischen Gestaltung

- „Dein Wort ist unsers Herzens Trutz" (246,7) als Segensstrophe zur Württembergischen Reihe.
- Vgl. den Zwischentext S. 509 zur Reihe IV.

14. SONNTAG NACH TRINITATIS

Die dankbare Samariter

Liturgische Farbe: grün

Wochenspruch: Lobe den Herrn, meine Seele, und vergiß nicht, was er dir Gutes getan hat (Psalm 103,2)

Wochenpsalm: Psalm 146

E:	Du meine Seele, singe	302
	Lobe den Herren, o meine Seele	303
	Nun lob, mein Seel, den Herren	289
	Die beste Zeit im Jahr ist mein	319
	Danke für diesen guten Morgen	334
	Herr, öffne mir die Herzenstür	197
	Der Gottesdienst soll fröhlich sein	169
	Erd und Himmel sollen singen	499
Ps:	Psalm 146	757
	Psalm 103	742
	Psalm 136	753
Wl:	Von Gott will ich nicht lassen	365
I:	**Lk 17, 11–19 (Ev.): Der dankbare Samariter**	
	Nun lob, mein Seel, den Herren	289
	Nun laßt uns Gott dem Herren	320
	Nun danket alle Gott	321
	Nun danket all und bringet Ehr	322
	Lobe den Herren, den mächtigen König der Ehren	316/317
	Das ist ein köstlich Ding	285
	Vergiß nicht zu danken dem ewigen Herrn	608

II:	**Röm 8, (12.13).14–17 (Ep.) [W: Röm 8, 12–17]: Gottes Kinder – Miterben Christi**	
	Komm, o komm, du Geist des Lebens	134
	(Ist Gott für mich, so trete)	351,7–10
	(Nun sich der Tag geendet, mein Herz zu dir sich wendet)	481,3–5
	(Dir, dir, o Höchster, will ich singen)	328,4–7
	Der Herr ist gut, in dessen Dienst wir stehn	631
	(Fröhlich wir nun all fangen an)	159,2
	Ich bin getauft auf deinen Namen	200,1.2
III:	**Mk 1, 40–45: Heilung eines Aussätzigen**	
	Von Gott will ich nicht lassen	365
	Wer wohlauf ist und gesund	674
	Sei Lob und Ehr dem höchsten Gut	326
	(Such, wer da will, ein ander Ziel)	346,2
	(Fröhlich soll mein Herze springen)	36,11
IV:	**1. Thess 1, 2–10: Vorbildlicher Glaube**	
	Ich lobe dich von ganzer Seelen	250
	Womit soll ich dich wohl loben	606
	Gott lebet! Sein Name gibt Leben und Stärke	613
	Walte, walte, nah und fern	578
	Wir warten dein, o Gottes Sohn	152
V:	**1. Mose 28, 10–19a (AT) (W: 1. Mose 28, 10–22): Die Jakobsleiter**	
	Gott ist gegenwärtig	165
	Tut mir auf die schöne Pforte	166
	Ich heb mein Augen sehnlich auf	296
	In allen meinen Taten	368
	Heut singt die liebe Christenheit	143,1.5–8
	(Nun ruhen alle Wälder)	477,8
VI:	**1. Thess 5, 14–24: Mahnung zur Dankbarkeit**	
	Betgemeinde, heilge dich	614
	Laß mich, o Herr, in allen Dingen	414
	Hilf, Herr meines Lebens	419
	Ich glaube, daß die Heiligen	253
	Selig seid ihr	651

W:	**Gal 5, 16–25: Werke des Fleisches – Früchte des Geistes**	
	Herr Jesu, Gnadensonne	404
	Mir nach, spricht Christus, unser Held	385
	Ein reines Herz, Herr, schaff in mir	389
	Herr Christ, der einig Gotts Sohn	67
	(Der Tag bricht an und zeiget sich)	438,3.4
	(O Heilger Geist, kehr bei uns ein)	130,5–7
	(Herzliebster Jesu, was hast du verbrochen)	81,9–11
S:	Nun laßt uns Gott dem Herren	320
	Nun danket alle Gott	321
	Nun danket all und bringet Ehr	322
	Danket dem Herrn! Wir danken dem Herrn	333
	Vergiß nicht zu danken dem ewigen Herrn	608
	Wie groß ist des Allmächt'gen Güte	607
	Daß Jesus siegt, bleibt ewig ausgemacht	375
T:	Voller Freude über dieses Wunder	212
	Nun laßt uns Gott dem Herren	320,1–5
A:	Daß du mich einstimmen läßt in deinen Jubel	609
	Dank sei dir, Vater, für das ewge Leben	227
	Lobet den Herrn und dankt ihm seine Gaben	460
	Ich lobe meinen Gott, der aus der Tiefe mich holt	611

Vorschläge zur liturgischen Gestaltung

- Das Te Deum (191) oder „Großer Gott, wir loben dich" (331) als Glaubensbekenntnis oder nach der Predigt.
- „ Danket, danket dem Herrn" (336 K) oder „Danket dem Herrn! Wir danken dem Herrn" (333) nach dem Stillen Gebet.
- Als Segensstrophe bietet sich „Hilf, daß wir auch nach deinem Wort" (249,5) besonders zur Württembergischen Reihe an.

15. SONNTAG NACH TRINITATIS

Irdische Güter
(Irdischer und himmlischer Besitz)

Liturgische Farbe: grün

Wochenspruch: Alle eure Sorge werft auf ihn; denn er sorgt für euch. (1. Petr 5,7)

Wochenpsalm: Psalm 127, 1.2 *oder* Psalm 146

E:	Die güldne Sonne voll Freud und Wonne	449
	Auf und macht die Herzen weit	454
	Lobet den Herren, alle die ihn ehren	447,1–6
	Danke für diesen guten Morgen	334
	Treuer Heiland, wir sind hier	561
	Womit soll ich dich wohl loben	606
	Wie groß ist des Allmächtgen Güte	607
Ps:	146	757
	1	702
	23	711
	73	733
	Lobgesang der Maria	761
Wl:	Auf meinen lieben Gott	345
	Wer nur den lieben Gott läßt walten	369

I:	**Mt 6, 25–34 (Ev.): Sorget nicht!**	
	O gläubig Herz, gebenedei	318
	Alles ist an Gottes Segen	352
	Befiehl du deine Wege	361
	Wer nur den lieben Gott läßt walten	369
	Christen erwarten in allerlei Fällen	621
	Die ihr bei Jesus bleibet	667
	(Freuet euch im Herren allewege)	239,3
	(Auf, auf, ihr Christen alle)	536,4
	(Gib dich zufrieden und sei stille)	371, 7–10
II:	**1. Petr 5, 5c–11 (Ep.): Alle eure Sorge werft auf ihn!**	
	Gib dich zufrieden und sei stille	371
	Solang es Menschen gibt auf Erden	427
	Weiß ich den Weg auch nicht	624
	(Mit Ernst, o Menschenkinder)	10,3
	(Auf, auf, mein Herz, mit Freuden)	112,8
	(Wach auf, mein Herz, die Nacht ist hin)	114,4
III:	**Lk 18, 28–30: Der Lohn der Nachfolge**	
	Lasset uns mit Jesus ziehen	384
	(Der Tag bricht an und zeiget sich)	438,3–6
	In Gottes Namen fang ich an	494
	Kommt, Kinder, laßt uns gehen	393
	Gott lebet! Sein Name gibt Leben und Stärke	613
	Von dir, o Vater, nimmt mein Herz	622
IV:	**Gal 5, 25.26; 6, 1–3.7–10 [W: Gal 5, 25–26; 6, 1–10]: Die Erfüllung des Gesetzes**	
	Ich glaube, daß die Heiligen	253
	Es ist das Heil uns kommen her	342
	Ein wahrer Glaube Gotts Zorn stillt	413
	(Du hast uns, Herr, in dir verbunden)	240,2.3
	Brich dem Hungrigen dein Brot	418

V:	**Lk 17, 5.6: Unglaubliche Kraft des Glaubens**	
	Ist Gott für mich, so trete	351
	Jesu, der du bist alleine	252
	Ich steh vor dir mir leeren Händen, Herr	382
	Gott der Vater steh uns bei	138
	(Kommt her, des Königs Aufgebot)	259,3
	(Einer ist's, an dem wir hangen)	256,5
VI:	**1. Mose 2, 4b–9.(10–14).15 (AT): Der Mensch im Garten Eden**	
	Gott gab uns Atem, damit wir leben	432
	Die Erde ist des Herrn	659
	Soviel Freude hast du, Gott	653
	Du schufst, Herr, unsre Erde gut	654
	Lobe den Herren, den mächtigen König der Ehren	317
	O daß ich tausend Zungen hätte	330
	Gott, unser Ursprung, Herr des Raums	431
	(Ich steh vor dir mit leeren Händen, Herr)	382,3
	(Lobt und preist die herrlichen Taten des Herrn)	429,4–6
	(Herr, die Erde ist gesegnet)	512,6
W:	**1. Mose 6, 5–22: Der Bau der Arche Noah**	
	So wahr ich lebe, spricht dein Gott	234
	O Herr, nimm unsre Schuld	235
	Vertraut den neuen Wegen	395
	Preis, Lob und Dank sei Gott dem Herren	245
	Gott gab uns Atem, damit wir leben	432
	(Herr, die Erde ist gesegnet)	512,3
S:	Gott Vater, dir sei Dank gesagt und Ehre	160
	(Die güldne Sonne voll Freud und Wonne)	449,5–8
	(Warum sollt ich mich denn grämen)	370,10–12
	(Ich lobe dich von ganzer Seelen)	250,4.5
T:	Gott lebet! Sein Name gibt Leben und Stärke	613
	Gott gab uns Atem, damit wir leben	432
	Segne dieses Kind	581

A:	Dank sei dir Vater für das ewge Leben	227
	Gott gibt ein Fest	586

Vorschläge zur liturgischen Gestaltung

- Das Evangelium steht als Zwischentext (S. 939).
- Aus der Epistel ist der Eingang des Nachtgebetes (782.1) genommen.
- Das Leitbild des Sonntags kann mit dem Lied „Halleluja. Suchet zuerst Gottes Reich in dieser Welt“ (182) mehrfach als Gottesdienstmotto erklingen.

16. SONNTAG NACH TRINITATIS

Der starke Trost
(Auferstehung vor dem Tod)

Liturgische Farbe: grün

Wochenspruch: Christus Jesus hat dem Tode die Macht genommen und das Leben und ein unvergängliches Wesen ans Licht gebracht durch das Evangelium. (2. Tim 1,10)

Wochenpsalm: Psalm 68, 4–7a.20.21 *oder* Psalm 146

E:	Wir danken dir, Herr Jesu Christ, daß du vom Tod erstanden bist	107
	Jesus lebt, mit ihm auch ich	115
	Wach auf, mein Herz und singe	446
	Erhebet er sich, unser Gott	281
	Wieder kommen wir zusammen	567
Ps:	Psalm 146	757
	Psalm 118	747
	Lobgesang der Maria	761
	Hymnus aus dem Kolosserbrief	765
Wl:	O Tod, wo ist dein Stachel nun	113
	Was mein Gott will, gescheh allzeit	364

I: Joh 11, 1.(2).3.17–27.41–45 (Ev.)
[W: Joh 11, 1–4.17–27.40–45]: Das Bekenntnis der Marta

Holz auf Jesu Schulter	97
Ich freu mich in dem Herren	349
Du bist der Weg und die Wahrheit und das Leben	619
Mitten wir im Leben sind	518
Wir sind mitten im Leben zum Sterben bestimmt	682
Auferstehn, ja auferstehn wirst du	678

II: 2. Tim 1, 7–10 (Ep.):
Überwindung des Todes durch das Evangelium

Wir danken dir, Herr Jesu Christ, daß du vom Tod erstanden bist	107
Zieh ein zu deinen Toren	133, 1–7
Herr Christ, der einig Gotts Sohn	67
Christ lag in Todesbanden	101, 1–4
Sollt ich meinem Gott nicht singen	325

III: Klgl 3, 22–26.31.32 (AT): Gottes Güte – alle Morgen neu

All Morgen ist ganz frisch und neu	440
Gelobt sei deine Treu	665
Bis hierher hat mich Gott gebracht	329
Harre meine Seele	623
(Wunderbarer Gnadenthron)	38, 2.3

IV: Apg 12, 1–11: Tod des Jakobus – Befreiung des Petrus

O Durchbrecher aller Bande	388
Jesus ist kommen, Grund ewiger Freude	66
Befiehl du deine Wege	361
In Gottes Namen fahren wir	498
Die ganze Welt hast du uns überlassen	360
Herr, deine Liebe ist wie Gras und Ufer	643

V:	**Lk 7, 11–16: Der Jüngling zu Nain**	
	Daß Jesus siegt, bleibt ewig ausgemacht	375
	Du Morgenstern, du Licht vom Licht	74
	Frühmorgens, da die Sonn aufgeht	111
	Jesus lebt, mit ihm auch ich	115
	Brich herein, süßer Schein	680
	(O Gott, du frommer Gott)	495, 8
VI:	**Hebr 10, 35. 36. (37. 38). 39 [W: Hebr 10, 35–39]: Beharrliches Vertrauen**	
	Bei dir, Jesu, will ich bleiben	406
	Nun bitten wir den heiligen Geist	124
	Harre meine Seele	623
	Allein zu dir, Herr Jesu Christ	232
	Auf meinen lieben Gott	345
	Ich werfe meine Fragen hinüber	627
W:	**Jes 38, 9–20: Das Danklied des Hiskia**	
	Herr, du hast mich angerührt	383
	Wer wohlauf ist und gesund	674
	Meinen Jesus laß ich nicht	402
	(Gib dich zufrieden und sei stille)	371, 9–15
	(Befiehl du deine Wege)	361, 9–11
	(Komm, o komm, du Geist des Lebens)	134, 5
S:	In dir ist Freude	398
	(Warum sollt ich mich denn grämen)	370, 8–12
T:	Ich freu mich in dem Herren	349
	Zieh ein zu deinen Toren	133, 1–4
	Nun schreib ins Buch des Lebens	207
A:	(Christ lag in Todesbanden)	101, 5–7
	Ohren gabst du mir	236

Vorschläge zur liturgischen Gestaltung

- Ein Kernsatz des Predigttextes der 1. Reihe steht in der Spartenüberschrift zu Ostern (S. 229).
- Bei einer Abendmahlsfeier kann man nach den Einsetzungsworten das „Geheimnis des Glaubens“ (189) singen.

17. SONNTAG NACH TRINITATIS

Sieghafter Glaube
(Standhafter Glaube)

Liturgische Farbe: grün

Wochenspruch: Unser Glaube ist der Sieg, der die Welt überwunden hat. (1. Joh 5,4b)

Wochenpsalm: Psalm 25, 8–15.

E:	O Heilger Geist, kehr bei uns ein	130
	Mit Freuden will ich singen	663
	Die güldne Sonne voll Freud und Wonne	449
	Morgenlicht leuchtet	455
	Auf und macht die Herzen weit	454
	Lobet den Herren, denn er ist sehr freundlich	304
Ps:	Psalm 25	713
	Psalm 47	726
	Psalm 67	730
Wl:	Such, wer da will, ein ander Ziel	346
I:	**Mt 15, 21–28 (Ev.): Die kanaanäische Frau**	
	Ich ruf zu dir, Herr Jesu Christ	343
	Aus tiefer Not schrei ich zu dir	299
	Wer nur den lieben Gott läßt walten	369
	Lobt Gott, den Herrn, ihr Heiden all	293
	Nun laßt uns Gott, dem Herren	320

II: Röm 10, 9–17.(18) (Ep.): Hören und Bekennen

O komm du Geist der Wahrheit	136
Sonne der Gerechtigkeit	263/262
Jesus Christus herrscht als König	123
(Mein schönste Zier und Kleinod bist)	473,2.3
(Von Gott will ich nicht lassen)	365,5

III: Mk 9, 17–27 [W: Mk 9, 17–29]:
Die Heilung des epileptischen Knaben

Daß Jesus siegt, bleibt ewig ausgemacht	375
O Durchbrecher aller Bande	388
In dich hab ich gehoffet, Herr	275
Wir haben Gottes Spuren festgestellt	656
Herr, weil mich festhält deine starke Hand	625
Christen erwarten in allerlei Fällen	621
Herr, du hast mich angerührt	383
Ein feste Burg ist unser Gott	362
Wenn die Last der Welt dir zu schaffen macht	618

IV: Jes 49, 1–6 (AT): Retter Israels – Licht der Völker

Licht, das in die Welt gekommen	592
Es wird sein in den letzten Tagen	426
Walte, walte, nah und fern	578
Christus, das Licht der Welt	410
Du höchstes Licht, du ewger Schein	441
O komm, o komm, du Morgenstern	19
(Mit Fried und Freud ich fahr dahin)	519,4

V: Joh 9, 35–41: Jesu Ankunft zum Gericht

Meine engen Grenzen	589
Ohren gabst du mir	236
Erneure mich, o ewigs Licht	390
Es ist gewißlich an der Zeit	149
Allein auf Gottes Wort will ich	195
(Dies ist die Nacht, da mir erschienen)	40,2–4

V [W]: 1. Mose 32, 23– 32: Jakobs Kampf am Jabbok

Meinen Jesus laß ich nicht	402
Von Gott will ich nicht lassen	365
Noch kann ich es nicht fassen	531
(Gib dich zufrieden und sei stille)	371,13
Ich werfe meine Fragen hinüber	627

VI: Eph 4, 1–6: Einigkeit durch das Band des Friedens

Strahlen brechen viele	268
Herr, du hast darum gebetet	267
Die Kirche steht gegründet	264
In Christus gilt nicht Ost noch West	597
Nun singe Lob, du Christenheit	265
(Jauchz, Erd und Himmel, juble hell)	127,5.6
(Zieh ein zu deinen Toren)	133,7.8

W: 2. Kor 6, 14–18: Die kritische Kraft des ersten Gebotes

Herr, nun selbst den Wagen halt	242
Sei Lob und Ehr dem höchsten Gut	326
Mache dich, mein Geist, bereit	387
Christus ist König, jubelt laut	269
Mir nach, spricht Christus, unser Held	385

S:

Jesu, stärke deine Kinder	164
Komm, Herr, segne uns	170
Herr, unser Gott, laß nicht zuschanden werden	247
(Wach auf, mein Herz, die Nacht ist hin)	114,7–10

T:

Gott, der du alles Leben schufst	211
Gib dich zufrieden und sei stille	371

A:

Jesus Christus, unser Heiland, der von uns den Gotteszorn wandt	215
Gott sei gelobet und gebenedeiet	214

Vorschläge zur liturgischen Gestaltung

- „Gott, mein Gott, warum hast du mich verlassen“ (381) anstelle des Psalmgebets.
- „O Gott, nimm an zu Lob und Preis“ (318,9) als Abschluß des Eingangsgebets.
- Der in manchen Predigttexten auftauchende Hilferuf legt bei den Fürbitten die Form der Ektenie nahe, mit Kyrie-Rufen der Gemeinde (178.1–178.12).
- Statt der Fürbitten kann man im Wechsel mit dem Chor die Litanei (192) singen.

18. SONNTAG NACH TRINITATIS

Das vornehmste Gebot
(Das wichtigste Gebot)

Liturgische Farbe: grün

Wochenspruch: Dies Gebot haben wir von ihm, daß, wer Gott liebt, daß der auch seinen Bruder liebe. (1. Joh 4,21)

Wochenpsalm: Psalm 1

E:	Kommt herbei, singt dem Herrn	601
	Wohl denen, die da wandeln	295
	Früh am Morgen Jesus gehet	664
	Sollt ich meinem Gott nicht singen	325
Ps:	Psalm 1	702
	Psalm 119	748
	Psalm 19	708
Wl:	Herzlich lieb hab ich dich, o Herr	397
	In Gottes Namen fang ich an	494
I:	**Mk 12, 28–34 (Ev.): Das Doppelgebot der Liebe**	
	So jemand spricht: Ich liebe Gott	412
	Ein wahrer Glaube Gotts Zorn stillt	413
	O Herr, mach mich zu einem Werkzeug deines Friedens	416
	Laß die Wurzel unsers Handelns Liebe sein	417
	Ich will dich lieben, meine Stärke	400
	Ich glaube fest, daß alles anders wird	661

II: Röm 14, 17–19 (Ep.): Gerechtigkeit, Friede, Freude

Herz und Herz vereint zusammen	251
Zieh ein zu deinen Toren	133
Laß uns den Weg der Gerechtigkeit gehen	658
Wie ein Fest nach langer Trauer	660
(O Tod, wo ist dein Stachel nun)	113,7
Dona nobis pacem	435 (K)

III: Mk 10, 17–27: Der reiche Jüngling

Alles ist an Gottes Segen	352
Eins ist not! Ach Herr, dies eine	386
Laß mich, o Herr, in allen Dingen	414
Selig seid ihr	651

IV: Jak 2, 1–13: Kein Ansehen der Person

Aus tiefer Not schrei ich zu dir	299
Mein Seel, o Herr, muß loben dich	308
Hoch hebt den Herrn mein Herz	309
Herr, gib mit Mut zum Brückenbauen	649

V: 2. Mose 20, 1–17 (AT): Die zehn Gebote

Dies sind die heilgen zehn Gebot	231
Wohl denen, die da wandeln	295
Manchmal kennen wir Gottes Willen	626
Weiß ich den Weg auch nicht	624
Und suchst du meine Sünde	237

VI: Eph 5, 15–21: Geisterfüllt!

O Heilger Geist, kehr bei uns ein	130
Dir, dir, o Höchster, will ich singen	328
Daß du mich einstimmen läßt in deinen Jubel	609
Das ist ein köstlich Ding	285
Lobet den Herren, denn er ist sehr freundlich	304
Freut euch, ihr lieben Christen all	60,1–3

W:	**Mk 3, 1–6: Heilung am Sabbat**	
	Wir haben Gottes Spuren festgestellt	656
	Gottes Ruhetag	566
S:	Viele kleine Leute	662 (K)
	(Wenn meine Sünd mich kränken)	82,7
	Hilf, Herr meines Lebens	419
T:	Lob Gott getrost mit Singen	243
	Ach bleib mit deiner Gnade	347
A:	Ach bleib bei uns, Herr Jesu Christ	246
	Das Wort geht von dem Vater aus	223

Vorschläge zur liturgischen Gestaltung

- „Selig sind, die da geistlich arm sind“ (307) oder „Selig seid ihr“ (651) kann man anstelle des Psalmgebets vierstimmig singen.

29. SEPTEMBER, TAG DES ERZENGELS MICHAEL UND ALLER ENGEL

Die Engel Gottes

Liturgische Farbe: weiß

Tagesspruch: Der Engel des Herr lagert sich um die her, die ihn fürchten. (Ps 34,8)

Tagespsalm: Psalm 103, 19–22 *oder* Psalm 148

Fällt der 29. September auf einen Sonntag, so ersetzt er das entsprechende Proprium. Fällt er auf einen Werktag, kann Michaelis am letzten Sonntag im September gefeiert werden. Auch ein Abendgottesdienst unter der Woche ist denkbar.

E:	Gott, aller Schöpfung heilger Herr	142
	Die helle Sonn leucht jetzt herfür	437,1–3
	Lobet den Herren, alle die ihn ehren	447
Ps:	Psalm 103	742
	Psalm 91	736
	Psalm 34	718
Tl:	Heut singt die liebe Christenheit	143
I:	**Lk 10, 17 –20 (Ev.): Unsre Namen – im Himmel geschrieben**	
	Ein feste Burg ist unser Gott	362
	Nun schreib ins Buch des Lebens	207
	(Gott des Himmels und der Erden)	445,5–7

II:	**Offb 12, 7–12a. (12b) (Ep.) [W: Offb 12,7–12]: Michael besiegt den Drachen**	
	Jesu, meine Freude	396
	(Heut triuphieret Gottes Sohn)	109,2–4
	Von guten Mächten treu und still umgeben	65/541
III:	**Jos 5, 13–15 (AT): Gottes Engel erscheint Josua**	
	Gott ist gegenwärtig	165
	Heilig, heilig, heilig	596
	Kommt her, des Königs Aufgebot	259
	Zieh an die Macht, du Arm des Herrn	377
IV:	**Apg 5, 17–21. (22–27a).27b–29 [W: Apg 5,17–20.(21–33)]: Gottes Engel befreit die Apostel**	
	Ich lobe meinen Gott, der aus der Tiefe mich holt	611
	Herr, deine Liebe, ist wie Gras und Ufer	643
	(Wo Gott, der Herr, nicht bei uns hält)	297,4
	(Jesus ist kommen, Grund ewiger Freude)	66,2
	Lobe den Herren, o meine Seele	303,5
V:	**Mt 18, (1–6).10: Engelskinder**	
	Jesus hat die Kinder lieb	644
	(Nun ruhen alle Wälder)	477,8.9
	Weißt du, wieviel Sternlein stehen	511
	(Du Wort des Vaters, rede du)	632,2.3
VI:	**Hebr 1, 7.13.14: Engel – dienstbare Geister**	
	Gott, aller Schöpfung heilger Herr	142
	Von guten Mächten treu und still umgeben	65/541
	(Ich weiß, woran ich glaube)	357,3
	(Nun lob, mein Seel, den Herren)	289,4
	(Gott ist gegenwärtig)	165,2
W:	**Offb 14, 6.7: Der Engel des ewigen Evangeliums**	
	Großer Gott, wir loben dich	331
	Lob, Anbetung, Ruhm und Ehre	610
	Wachet auf, ruft uns die Stimme	147,3/535
	Lobet und preiset, ihr Völker, den Herrn	337 (K)

S:	(Wachet auf, ruft uns die Stimme)	147,3/535
	(Herzlich lieb hab ich dich, o Herr)	397,3
	Christe, du bist der helle Tag	469
	(Gott des Himmels und der Erden)	445,5–7
	Die Nacht ist kommen	471
	Mit meinem Gott geh ich zur Ruh	474
	Gelobet sei der Herr	139
	Segne uns, o Herr	564
	(Aus meines Herzens Grunde)	443,5–7
T:	Ach lieber Herre Jesu Christ, der du ein Kindlein worden bist	203
	Ach lieber Herre Jesu Christ, weil du ein Kind gewesen bist	468
	(Nun ruhen alle Wälder)	477,8
A:	Von guten Mächten treu und still umgeben	65/541
	Großer Gott, wir loben dich	331

Vorschläge zur liturgischen Gestaltung

- In vielen Abendliedern finden sich Engelsstrophen, z.B. „Dein Engel uns zur Wach bestell“ (467,4), „Vergönne, daß der lieben Engel Scharen“ (476,5), „Breit aus die Flügel beide“ (477,8) u. ö.
- Psalm 34 (781.2) und Psalm 91 (782.4) als gesungenes Psalmgebet.
- In der Messe sind Gloria (180.1–180.4) und Sanctus (185.1–185.3; 185.5) Engelsgesänge. Zum Eingang kann man an diesem Tag „Allein Gott in der Höh sei Ehr“ (179) singen. Während der Abendmahlsbereitung kann einer der Sanctus-Gesänge vom Chor oder der Gemeinde intoniert werden, ebenso vom Chor dreistimmig das „Agios o Theos – Heiliger Herre Gott“ (185.4).
- Einige Zwischentexte beziehen sich auf die Engel (vgl. S. 309; S. 311; S. 899).

ERNTEDANKFEST

Segen und Dank
(Segen Gottes – Erfolg des Menschen)

Liturgische Farbe: grün

Tagesspruch: Aller Augen warten auf dich, und du gibst ihnen ihre Speise zur rechten Zeit. (Ps 145,15)

Tagespsalm: Psalm 104,10–15.27–30

Das Erntedankfest ersetzt den Sonntag, der bei den Sonntagen nach Trinitatis an der Reihe wäre.

E:	Jauchzt, alle Lande, Gott zu Ehren	279
	Nun danket all und bringet Ehr	322
	Kein Tierlein ist auf Erden	509
	Herr, die Erde ist gesegnet	512
	Gottes Geschöpfe kommet zuhauf	514
	Auf Seele, Gott zu loben	602
	Himmel, Erde, Luft und Meer	504
Ps:	Psalm 104	743
	Psalm 23	711
	Psalm 145	756
	Gott, du bist freundlich zu uns	768
Tl:	Ich singe dir mit Herz und Mund	324
	Nun preiset alle Gottes Barmherzigkeit	502

I:	**Lk 12, (13.14).15–21 (Ev.) [W: Lk 12, 13–21]: Der reiche Kornbauer**	
	Wir pflügen und wir streuen	508
	Die ganze Welt hast du uns überlassen	360
	Die Herrlichkeit der Erden	527
	Komm in unsre stolze Welt	428
	(Der du die Zeit in Händen hast)	64,2–4
	(Kommt her zu mir, spricht Gottes Sohn)	363,4
II:	**2. Kor 9, 6–15 (Ep.): Sammlung für die Gemeinde in Jerusalem**	
	So jemand spricht: Ich liebe Gott	412
	Laß die Wurzel unsers Handelns Liebe sein	417
	Herr, du hast darum gebetet	267
	(Ich singe dir mit Herz und Mund)	324,12–18
III:	**Jes 58, 7–12 (AT): Brich dem Hungrigen dein Brot**	
	So jemand spricht: Ich liebe Gott	412
	Brich dem Hungrigen dein Brot	418
	Hilf, Herr, meines Lebens	419
	Brich mit den Hungrigen dein Brot	420
	Ein wahrer Glaube Gotts Zorn stillt	413
III (W):	**5. Mose 26, 1–11: Darbringung der Erstlingsfrüchte**	
	Jauchzt, alle Lande, Gott zu Ehren	279
	Nun danket Gott, erhebt und preiset	290
	Die Ernt ist nun zu Ende	505
	Himmels Au, Licht und blau	507
	Wir pflügen und wir streuen	508
	Freuet euch der schönen Erde	510
	Das Feld ist weiß	513
	Die Ernt ist da, es winkt der Halm	677

IV:	**1. Tim 4, 4.5 [W: 1. Tim 4, 1–5]: Alles Geschaffene ist gut**	
	Nun saget Dank und lobt den Herren	294
	Nun laßt uns Gott dem Herren	320
	Solang es Menschen gibt auf Erden	427
	Gott gab uns Atem, damit wir leben	432
	Alle guten Gaben	463
	Soviel Freude hast du, Gott	653
	(Herr, die Erde ist gesegnet)	512,6
V:	**Mt 6, 19–23 [W: Mt 6, 19–24]: Vom Schätzesammeln**	
	Herr, dein Wort, die edle Gabe	198
	Komm in unsre stolze Welt	428
	(Wie schön leuchtet der Morgenstern)	70,5–7
	(Jesu, meine Freude)	396,4
	(Ach wie flüchtig, ach wie nichtig)	528,6–8
	(O gläubig Herz, gebenedei)	318,5
VI:	**Hebr 13, 15.16: Aus Lob wird Opfer**	
	Nun danket alle Gott	321
	Das ist köstlich, dir zu sagen Lob und Preis	284
	Das ist ein köstlich Ding	285
	Liebe ist nicht nur ein Wort	650
	(In Gottes Namen fang ich an)	494,2.3
	(Herr, die Erde ist gesegnet)	512,6
W:	**1. Kön 17, 7–16: Elia bei der Witwe von Zarpat**	
	Der Herr ist mein getreuer Hirt	274
	Deine Hände, großer Gott	424
	Nun preiset alle Gottes Barmherzigkeit	501
	(Wie lieblich schön, Herr Zebaoth)	282,6
	(Du, meine Seele, singe)	302,5–8
	Lobet den Herren, denn er ist sehr freundlich	304
S:	Nun danket alle Gott	321
	Himmels Au, Licht und blau	507
	Laudato si – Sei gepriesen	515
	Unsern Ausgang segne Gott	163
	Ausgang und Eingang	175 (K)

T:	Gott, der du alles Leben schufst	211
	Segne dieses Kind	581
A:	Kommt mit Gaben und Lobgesang	229
	Dank sei dir, Vater, für das ewge Leben	227
	Solang es Menschen gibt auf Erden	427
	Aller Augen warten auf dich, Herre	461

Vorschläge zur liturgischen Gestaltung

- Bei einem Familiengottesdienst oder mit den Kindern des Kindergartens beim Einzug der Kinder „Wir wollen fröhlich singen" (167) oder „Der Gottesdienst soll fröhlich sein" (169).
- Zu Beginn des Gottesdienstes kann man mit „Komm, Herr Jesu, sei du unser Gast" (465) oder „Segne, Herr, was deine Hand" (466) den Erntedankaltar „segnen".
- Zwischen den Fürbitten „Alle guten Gaben" (463).
- Die Tischlieder der Mittagssparte.
- „Danket, danket dem Herrn" (336 K).
- Eine Abendmahlsfeier gerade beim Erntedankfest führt zum zentralen Grundgedanken der Eucharistie, zum Dank für die erhaltenen Gaben, in, mit und unter denen Gott gegenwärtig sein will. Zu Zeiten der Alten Kirche wurden bei der „Gabenbereitung" von allen Gemeindegliedern Gaben auf den Abendmahlstisch gelegt. Was davon nicht bei der Abendmahlsfeier gebraucht wurde, wurde nach dem Gottesdienst an die Bedürftigen verteilt. So kann man Brot und Wein in fröhlichem Zug zum Altar bringen und z.B. „Kommt mit Gaben und Lobgesang" (229) singen.
- Darstellung der vier Jahreszeiten in Liedern.
- „Gottes Geschöpfe, kommt zuhauf" (514) auf Vorsänger (Chor) und Gemeinde verteilt.
- Vor der Lesung als „Halleluja" „Laudato si – Sei gepriesen" (515).
- Die Strophen von „Deine Hände, großer Gott" (424) zwischen den Teilen des Fürbittengebets.

19. SONNTAG NACH TRINITATIS

Heilung an Leib und Seele

Liturgische Farbe: grün

Wochenspruch: Heile du mich, Herr, so werde ich heil; hilf du mir, so ist mir geholfen. (Jer 17,14)

Wochenpsalm: Psalm 32,1–5.10.11

E:	Gott Lob, der Sonntag kommt herbei	162
	Jesu, Seelenfreund der Deinen	560
	Das ist mir lieb, daß du mich hörst	292
	Herr Jesu Christ, dich zu uns wend	155
	Was Got tut, das ist wohlgetan	372
	Er weckt mich alle Morgen	452
Ps:	Psalm 32	717
	Psalm 116	746
	Psalm 6	704
	Psalm 30	715
Wl:	Nun laßt uns Gott dem Herren	320
I:	**Mk 2, 1–12 (Ev.): Die Heilung des Gelähmten**	
	Lobe den Herren, den mächtigen König der Ehren	316/317
	O gläubig Herz, gebenedei	318
	Wir haben Gottes Spuren festgestellt	656
	Ohren gabst du mir	236
	Herr, du hast mich angerührt	383
	Ich freu mich in dem Herren	349
	Ich lobe meinen Gott, der aus der Tiefe mich holt	611

II: Eph 4, 22–32 (Ep.): Der heile Mensch

Herr Jesu, Gnadensonne	404
Herr, laß mich deine Heiligung	634
Schon bricht des Tages Glanz hervor	453
Erneure mich, o ewigs Licht	390
(O heilger Geist, kehr bei uns ein)	130,5–7
(Jauchz, Erd, und Himmel, juble hell)	127,3–6

III: Mk 1, 32–39: Jesus und der Erfolg

Menschen gehen zu Gott in ihrer Not	547
In dich hab ich gehoffet, Herr	275
Gleichwie mich mein Vater gesandt hat	260 (K)
Such, wer da will, ein ander Ziel	346
Harre, meine Seele	623
Wie lange willst du mein vergessen	598

IV: Jak 5, 13–16: Gebet und Salbung

Betgemeinde, heilge dich	614
Herr, öffne mir die Herzenstür	197
Das ist mir lieb, daß du mich hörst	292
Ich werfe meine Fragen hinüber	627
Du Gott stützt mich	630 (K)

V: Joh 5, 1–16: Die Heilung am Teich Betesda

Auf meinen lieben Gott	345
Mir ist Erbarmung widerfahren	355
Ist Gott für mich, so trete	351
Herr, du hast mich angerührt	383
Du Gott stützt mich	630 (K)
(Ich will dich lieben, meine Stärke)	400,5

VI: 2. Mose 34, 4–10 (AT): Die neuen Gesetzestafeln

Nun danket Gott, erhebt und preiset	290
Gott ist getreu	616
Herr, laß mich deine Heiligung	634
(Nun lob, mein Seel, den Herren)	289,4

W:	**1. Mose 15, 1–6: Das Wunder der Nachkommenschaft**	
	Meinem Gott gehört die Welt	408
	Weißt du, wieviel Sternlein stehen	511
	Himmels Au, licht und blau	507
	Geist des Glaubens, Geist der Stärke	137
	(Gott sei Dank durch alle Welt)	12,3
S:	Gott will's machen	620
	Ich will, solang ich lebe	276
	Wer wohlauf ist und gesund	674
	(Was Gott tut, das ist wohlgetan)	372,3–6
T:	Liebster Jesu, wir sind hier, deinem Worte nachzuleben	206
A:	Das Wort geht von dem Vater aus	223
	Herr Jesu Christe, mein getreuer Hirte	217

Vorschläge zur liturgischen Gestaltung

- Wenn in einer Gemeinde Menschen da sind, die Erfahrung mit dem Segnen haben, kann man diesen Sonntag mit einem Gottesdienst in Form der Thomasmesse begehen. Dabei wird in die gewohnten Grundschritte eines Abendmahlsgottesdienstes vor der Feier des Abendmahles ein freier Teil eingefügt, in dem die Teilnehmenden u.a. an einer bestimmten Stelle der Kirche sich segnen lassen können. Man muß für eine solche Form wenigstens anderthalb Stunden ansetzen.
- Zwischentext S. 807 als Eingangsgebet.
- „Daß Erde und Himmel dir blühen" (569 K).

20. SONNTAG NACH TRINITATIS

Die Ordnungen Gottes (Gottes gutes Gebot)

Liturgische Farbe: grün

Wochenspruch: Es ist dir gesagt, Mensch, was gut ist, und was der Herr von dir fordert, nämlich Gottes Wort halten und Liebe üben und demütig sein vor deinem Gott. (Mi 6,8)

Wochenpsalm: Psalm 119,101–108

Die Texte dieses Sonntages sind mit denen des 23. Sonntags nach Trinitatis austauschbar.

E:	Lobt Gott, den Herrn der Herrlichkeit	300
	Gott des Himmels und der Erden	445
	Mein erst Gefühl sei Preis und Dank	451
	Wir wollen fröhlich singen	167
	Wie lieblich schön, Herr Zebaoth	282
Ps:	Psalm 119	748
	Psalm 1	702
	Psalm 19	708
	Psalm 37	720
Wl:	Wohl denen, die da wandeln	295

I:	**Mk 10, 2–9.(10–16) (Ev.) [W: Mk 10, 2–12]: Über die Ehescheidung**	
	Erneure mich, o ewigs Licht	390
	Öffne meine Augen	176 (Ssp; K)
	Du hast uns, Herr, in dir verbunden	240
	Gott, wir preisen deine Wunder	590
	Wo ein Mensch Vertrauen gibt	638

II: **1. Thess 4, 1–8 (Ep.): Berufen zur Heiligung**

Herr, laß mich deine Heiligung	634
Ein reines Herz, Herr, schaff in mir	389
Laß mich, o Herr, in allen Dingen	414
(Tut mir auf die schöne Pforte)	166,3

III: **1. Mose 8, 18–22 (AT) [W: 1. Mose 8, 15–22]: Gottes Bund mit Noah**

Nun preiset alle Gottes Barmherzigkeit	502
Sei Lob und Ehr dem höchsten Gut	326
Vertraut den neuen Wegen	395
Herr, die Erde ist gesegnet	512

IV: **1. Kor 7, 29–31: Haben, als hätten wir nicht**

Ach wie flüchtig, ach wie nichtig	528
Die Herrlichkeit der Erden	527
Komm in unsre stolze Welt	428
(Der du die Zeit in Händen hast)	64,2–6
(Jesu, meine Freude)	396,4.5

V: **Mk 2, 23–28: Herr über den Sabbat**

Gottes Ruhetag	566
Gott Lob, der Sonntag kommt herbei	162
Öffne meine Augen	176 (Ssp; K)

VI: **2. Kor 3, 2–9: Das Amt zur Gerechtigkeit**

Einer ist's, an dem wir hangen	256
Ich glaube, daß die Heiligen	253
(O Lebensbrünnlein tief und groß)	399,5
Ein Licht geht uns auf in der Dunkelheit	555

W: **Eph 5, 25–32: Das Gesetz des Leibes Christi**

Preis, Lob und Dank sei Gott, dem Herren	245
Ich lobe dich von ganzer Seelen	250
Du hast uns, Herr, in dir verbunden	240
Freuet euch im Herren allewege	239
(Nun bitten wir den Heiligen Geist)	124,3

S:	Der Herr segne dich und behüte dich	563
	Vertraut den neuen Wegen	395
	Laß uns den Weg der Gerechtigkeit gehen	658
	Hilf, Herr meines Lebens	419
	We shall overcome	652
T:	Voller Freude über dieses Wunder	212
	Herr, dieses Kind dir dargebracht	583
	Freunde, daß der Mandelzweig	655
A:	Damit aus Fremden Freunde werden	657
	(O Lebensbrünnlein tief und groß)	399,6

Vorschläge zur liturgischen Gestaltung

- „Öffne meine Augen" (176 Ssp; K) kann in einem Gottesdienst zum Thema: „Gottes gutes Gebot" an mehreren Stellen Verwendung finden, auch kombiniert mit „Wohl denen, die da wandeln" (295) in A-Dur.

21. SONNTAG NACH TRINITATIS

Die geistliche Waffenrüstung (Kampf und Geist)

Liturgische Farbe: grün

Wochenspruch: Laß dich nicht vom Bösen überwinden, sondern überwinde das Böse mit Gutem. (Röm 12,21)

Wochenpsalm: Psalm 19,10–15

E:	Komm, Heiliger Geist, Herre Gott	125
	O komm, du Geist der Wahrheit	136
	Wir wollen fröhlich singen	167
	Gott Lob, der Sonntag kommt herbei	162
	Jesu, Jesu, Brunn des Lebens	562
	Wie groß ist des Allmächt'gen Güte	607
Ps:	Psalm 19	708
	Psalm 113	745
	Lobgesang der Maria	761
	Hymnus aus dem Römerbrief	762
Wl:	Ach Gott vom Himmel, sieh darein	273
	Zieh an die Macht, du Arm des Herrn	377

I: Mt 5, 38–48 (Ev.): Gewaltlosigkeit und Feindesliebe

O Herr, mach mich zu einem Werkzeug deines Friedens	416
Ein wahrer Glaube Gotts Zorn stillt	413
Liebe, du ans Kreuz für uns erhöhte	415
Liebe, die du mich zum Bilde	401
Auf, und macht die Herzen weit	454
(O Welt, sieh hier dein Leben)	84,10.11
(Danke für diesen guten Morgen)	334,2
(Ich ruf zu dir, Herr Jesu Christ)	343,3
(Wie groß ist des Allmächt'gen Güte)	607,5.6
Ubi caritas et amor – Wo die Liebe wohnt und Güte	571.1.2

II: Eph 6, 10–17 (Ep.): Die Waffen des Geistes

Kommt her, des Königs Aufgebot	259
O gläubig Herz, gebenedei	318
Zieh an die Macht, du Arm des Herrn	377
Herr, wir stehen Hand in Hand	594
We shall overcome	652
Herr, gib mir Mut zum Brückenbauen	649
(Du großer Schmerzensmann)	87,3.4
(Wach auf, mein Herz, die Nacht ist hin)	114,7–10

III: Mt 10, 34–39: Streit um Jesus

Mir nach, spricht Christus, unser Held	385
Es mag sein, daß alles fällt	378
Such, wer da will, ein ander Ziel	346
Sonne der Gerechtigkeit	262/263

IV: Jer 29, 1.4–7.10–14 (AT): Jeremias Brief an die Exulanten

Herr, der du vormals hast dein Land	283
Wenn der Herr einst die Gefangnen	298
Gib dich zufrieden und sei stille	371
Komm in unsre stolze Welt	428
(Nimm von uns, Herr, du treuer Gott)	146,5
(Befiehl du deine Wege)	361,8–11

V:	**Joh 15, 9–12.(13–17): Das einzige Gebot**	
	Herz und Herz vereint zusammen	251
	Nun singe Lob, du Christenheit	265
	Liebe, die du mich zum Bilde	401
	So jemand spricht: Ich liebe Gott	412
	Ein wahrer Glaube Gotts Zorn stillt	413
	O Herr, mach mich zu einem Werkzeug deines Friedens	416
	Laß die Wurzel unsers Handelns Liebe sein	417
	(Einer ist's, an dem wir hangen)	256,2
VI:	**1. Kor 12, 12–14.26.27. [W: 1. Kor 12, 12–14.(15–25).26.27]: Viele Glieder – ein Leib**	
	Herz und Herz, vereint zusammen	251
	Jesu, der du bist alleine	252
	Herr, du hast darum gebetet	267
	Strahlen brechen viele	268
	(Auf, auf, mein Herz, mit Freuden)	112,6–8
W:	**3. Mose 19, 1.2.(3.4.11.12).13–18: Gott und den Nächsten heiligen**	
	Wohl denen, die da wandeln	295
	Ich glaube, daß die Heiligen	253
	Damit aus Fremden Freunde werden	657
	Brich mit den Hungrigen dein Brot	420
	Dies sind die heilgen zehn Gebot	231
S:	O gläubig Herz, gebenedei	318
	Deine Hände, großer Gott	424
T:	Herr, dieses Kind dir dargebracht	583
	Freunde, daß der Mandelzweig	655
	(Zieh ein zu deinen Toren)	133,2–4
A:	Kommt mit Gaben und Lobgesang	229
	Gott sei gelobet und gebenedeiet	214

Vorschläge zur liturgischen Gestaltung

- Predigttext der 6. Reihe als Zwischentext S. 505.
- Zum „Kampf der Christen" gehört das Gebet. Deshalb kann man an diesem Sonntag die Litanei (192) singen im Wechsel zwischen Vorsänger/in oder Chor und Gemeinde.

KIRCHWEIHFEST

Das Haus Gottes

Liturgische Farbe: rot

Tagesspruch: Wie lieb sind mir deine Wohnungen, Herr Zebaoth! Meine Seele verlangt und sehnt sich nach den Vorhöfen des Herrn; mein Leib und Seele freuen sich in dem lebendigen Gott. (Ps 84,2.3)

Tagesspsalm: Psalm 84,2–13.

Das Kirchweihfest wird entweder am Gedenktag des Kirchenpatrons, nach dem eine Kirche genannt wird, oder bei der Wiederkehr des Tages der Einweihung begangen. Häufig wird es auch am 3. Sonntag im Oktober gefeiert.

E:	Tut mir auf die schöne Pforte	166
	Wie lieblich schön, Herr Zebaoth	282
	Nun jauchzt dem Herren, alle Welt	288
	Die Kirche steht gegründet	264
Ps:	Psalm 84	734
	Psalm 23	711
	Psalm 27	714
	Psalm 43	724
	Psalm 150	758
Tl:	Ich lobe dich von ganzer Seelen	250
	Die Kirche steht gegründet	246

I:	**Lk 19, 1–10 (Ev.): Zachäus**	
	Jesus nimmt die Sünder an	353
	Mir ist Erbarmung widerfahren	355
	Komm, Herr Jesu, sei du unser Gast	465 (K)
	(Gib dich zufrieden und sei stille)	371,5
	Komm in unsre stolze Welt	428
I [W]:	**Lk 2, 41–52: Der zwölfjährige Jesus im Tempel**	
	Nun jauchzt dem Herren alle Welt	288
	(Jesu Kreuz, Leiden und Pein)	78,2
II:	**Offb 21, 1–5a (Ep.): Das neue Jerusalem**	
	Die Kirche steht gegründet	264
	Nun gib uns Pilgern aus der Quelle	579
	Lobt und preist die herrlichen Taten des Herrn	429
	Jerusalem, du hochgebaute Stadt	150
	Der Himmel, der ist, ist nicht der Himmel, der kommt	153
	Ermuntert euch, ihr Frommen	151
II [W]:	**1. Petr 2, 4.5: Das Haus der lebendigen Steine**	
	Preis, Lob und Dank sei Gott dem Herren	245
	Wir wolln uns gerne wagen	254,1–4
	Ein Schiff, das sich Gemeinde nennt	595
	Strahlen brechen viele	268
III:	**Mk 4, 30–32: Das Gleichnis vom Senfkorn**	
	(Einer ist's, an dem wir hangen)	256,5
	Eine freudige Nachricht breitet sich aus	580
	Ins Wasser fällt ein Stein	637
	Viele kleine Leute	662 (K)
	Lob Gott getrost mit Singen	243

IV: **Jos 24, 14–16 [W: Jos 24, 1.2a.(2b–12).13–18]: Ich und mein Haus wollen dem Herrn dienen**

Ich will, solang ich lebe	276
Wach auf, du Geist der ersten Zeugen	241
Herr, nun selbst den Wagen halt	242
Ach bleib bei uns, Herr Jesu Christ	246
Laß dich, Herr Jesu Christ, durch mein Gebet bewegen	496

V: **Jes 66, 1.2 (AT): Gottes Größe und unser Gotteshaus**

Freuet euch der schönen Erde	510
Komm in unsre stolze Welt	428
Es mag sein, daß alles fällt	378
Jauchzt alle Lande, Gott zu Ehren	279
(Lob Gott getrost mit Singen)	243,5

VI: **Hebr 8, 1–6: Der himmlische Hohepriester**

Ich lobe dich von ganzer Seelen	250
Einer ist's, an dem wir hangen	256
Es ist das Heil uns kommen her	342

W: **Hebr 3, 1.6b–14: Die Gemeinde – Jesu Haus**

Schmückt das Fest mit Maien	135
Sonne der Gerechtigkeit	262/263
Kommt her, des Königs Aufgebot	259
Herz und Herz vereint zusammen	251
Strahlen brechen viele aus einem Licht	268

S:

Christus ist König, jubelt laut	269
Gleichwie mich mein Vater gesandt hat	260 (K)
Licht, das in die Welt gekommen	592

T:

Gott Vater, höre unsre Bitt	205
Nun schreib ins Buch des Lebens	207
Voller Freude über dieses Wunder	212

A:

Schmücke dich, o liebe Seele	218
Kommt her, ihr seid geladen	213
Kommt, sagt es allen weiter	225

Vorschläge zur liturgischen Gestaltung

- Als Glaubensbekenntnis „Wir glauben all an einen Gott“ (183).
- „Mir ist Erbarmung widerfahren“ (355) bekommt mit der Melodie „O daß ich tausend Zungen hätte“ (330) einen helleren Ton.
- Aus Kartons, die verschiedene Aufschriften mit „Charismen“, in der Gemeinde vorhandenen Begabungen und Fähigkeiten tragen, kann während des Gottesdienstes, z.B. im Verlauf der Predigt oder bei einem Anspiel, ein Gebäude errichtet werden.
- Besondere Festgesänge: das Te Deum „Herr Gott, dich loben wir“ (191), „Großer Gott, wir loben dich“ (331).

22. SONNTAG NACH TRINITATIS

In Gottes Schuld

Liturgische Farbe: grün

Wochenspruch: Bei dir ist die Vergebung, daß man dich fürchte. (Ps 130,4)

Wochenpsalm: Psalm 143, 1–10

Wenn Ostern später als am 9. April lag, entfällt dieser und die beiden nächsten Sonntage. Fällt der 31. Oktober (Gedenktag der Reformation) auf diesen Sonntag oder fiel er auf Dienstag bis Samstag der vorausgegangenen Woche, und konnte dort oder am 1. November nicht gefeiert werden, so wird er an diesem Sonntag nachgeholt. Der Gedenktag der Heiligen (1. November) kann zwar gegebenenfalls am Sonntag, nicht aber am Reformationstag Berücksichtigung finden.

E:	Aus tiefer Not schrei ich zu dir	299
	Der Herr ist gut, in dessen Dienst wir stehn	631
	All Morgen ist ganz frisch und neu	440
	O komm, o komm, du Morgenstern	19
Ps:	Psalm 25	713
	Psalm 32	717
	Psalm 130	751
	Psalm 143	755
Wl:	Herr Jesu, Gnadensonne	404

I:	**Mt 18, 21–35 (Ev.): Das Gleichnis vom Schalksknecht**	
	Nun lob, mein Seel, den Herren	289
	Du schöner Lebensbaum des Paradieses	96
	Jesus nimmt die Sünder an	353
	O Herr, nimm unsre Schuld	235
	(So jemand spricht: Ich liebe Gott)	412,6–8
	(In allen meinen Taten)	368,5
	(Du hast uns, Herr, in dir verbunden)	240,3
	(Wenn meine Sünd mich kränken)	82,7
II:	**Phil 1, 3–11 (Ep.): Gemeindewachstum**	
	O gläubig Herz, gebenedei	318
	Vergiß nicht zu danken dem ewigen Herrn	608
	Ich glaube fest, daß alles anders wird	661
	(Es ist das Heil uns kommen her)	342,8.9
III:	**Mt 18, 15–20: Konfliktregelung in der Gemeinde**	
	Herr, gib mir Mut zum Brückenbauen	649
	O Herr, mach mich zu einem Werkzeug deines Friedens	416
	Schon bricht des Tages Glanz hervor	453
	Jesu, Seelenfreund der Deinen	560
	Wo zwei oder drei versammelt sind	568 (K)
IV:	**Röm 7, 14–25a [W: Röm 7, 14–25a; (8,2)]: Wollen und Scheitern**	
	Nun freut euch, lieben Christen g'mein	341
	Es ist das Heil uns kommen her	342
	Erneure mich, o ewigs Licht	390
	Laß mich, o Herr, in allen Dingen	414
	(Ich ruf zu dir, Herr Jesu Christ)	343,5
	(Herr Jesu, Gnadensonne)	404,7.8

V:	**Mi 6, 6–8 (AT): Gottesdienst im Alltag der Welt**	
	Wohl denen, die da wandeln	295
	Laß mich, o Herr, in allen Dingen	414
	O Herr, mach mich zu einem Werkzeug deines Friedens	416
	Laß die Wurzel unsers Handelns Liebe sein	417
	(Wenn meine Sünd mich kränken)	82,7
	(Wach auf, mein Herz, und singe)	446,5–9
	(Die güldne Sonne voll Freud und Wonne)	449,5–8
VI:	**1. Joh 2, (7–11). 12–17: Unterscheidung von der Welt**	
	Lasset uns mit Jesus ziehen	384
	Jesu, meine Freude	396
	Kommt, Kinder, laßt uns gehen	393
	Valet will ich dir geben	523
	Die Herrlichkeit der Erden	527
	So jemand spricht: Ich liebe Gott	412
W:	**1. Joh 3, 19–24: Christusglaube und Liebesgebot**	
	Ich glaube, daß die Heiligen	253
	Wohl denen, die da wandeln	295
	Es kennt der Herr die Seinen	358
	Liebe, du ans Kreuz für uns erhöhte	415
	Laß die Wurzel unsers Handelns Liebe sein	417
	Dies sind die heilgen zehn Gebot	231
S:	Ich freu mich in dem Herren	349
	Der Herr ist gut, in dessen Dienst wir stehn	631
T:	Christ, unser Herr, zum Jordan kam	202
	Gott, der du alles Leben schufst	211
	Weicht ihr Berge, fallt ihr Hügel	615
A:	Herr, du wollest uns bereiten	220
	Das sollt ihr, Jesu Jünger, nie vergessen	221
	Gott sei gelobet und gebenedeiet	214

Vorschläge zur liturgischen Gestaltung

- Bei einer Messe kann „Ohren gabst du mir“ (236) als Kyrie dienen.
- Für das Psalmgebet kommen über die gemachten Angaben hinaus alle 7 Bußpsalmen in Frage: Ps 6 (704); 32 (717); 38 (721); 51 (727); 102 (741); 130 (751); 143 (755).

23. SONNTAG NACH TRINITATIS

Die Kirche in der Welt

Liturgische Farbe: grün

Wochenspruch: Dem König aller Könige und Herrn aller Herren, der allein Unsterblichkeit hat, dem sei Ehre und ewige Macht. (1. Tim 6,15.16)

Wochenpsalm: Psalm 33, 13–22 *oder* Psalm 19

Dieser Sonntag kommt nur vor in Jahren, in denen Ostern vor dem 3. April lag. Seine Texte können mit denen des 20. Sonntags nach Trinitatis ausgetauscht werden. Fällt der 31. Oktober (Gedenktag der Reformation) auf diesen Sonntag oder fiel er auf Dienstag bis Samstag der vorausgegangenen Woche, und konnte dort oder am 1. November nicht gefeiert werden, so wird er an diesem Sonntag nachgeholt. Der Gedenktag der Heiligen (1. November) kann zwar gegebenenfalls am Sonntag, nicht aber am Reformationstag Berücksichtigung finden.

E:	Wie herrlich gibst du, Herr, dich zu erkennen	271
	Ich will, solang ich lebe	276
	Wunderbarer König	327
	Wieder kommen wir zusammen	567
Ps:	Psalm 8	705
	Psalm 19	708
	Hymnus aus dem Johannes-Evangelium	763
	Seligpreisungen	760
	Herr, unser Herrscher, wie herrlich ist dein Name	766
Wl:	In dich hab ich gehoffet, Herr	275

I: Mt 22, 15–22 (Ev.): Gott und Kaiser

Sei Lob und Ehr dem höchsten Gut	326
Jesus Christus herrscht als König	123
Großer Gott, wir loben dich	331
Christus, das Licht der Welt	410
Gottes Geschöpfe, kommt zuhauf	514
Herr, höre, Herr, erhöre	423
(Zieh ein zu deinen Toren)	133,10

II: Phil 3, 17. (18.19). 20.21 (Ep.): Das himmlische Bürgerrecht

Nun aufwärts froh den Blick gewandt	394
Lasset uns mit Jesus ziehen	384
Kommt, Kinder, laßt uns gehen	393
Ich bin ein Gast auf Erden	529
Aus Gottes guten Händen	646
(O Tod, wo ist dein Stachel nun)	113,7.8
(Herr Jesu Christ, du höchstes Gut)	219,3

III: Joh 15, 18–21: Haß der Welt

Komm in unsre stolze Welt	428
(Herr, stärke mich, dein Leiden zu bedenken)	91,7–10
(Ich bin ein Gast auf Erden)	529,3
O Herr, mach mich zu einem Werkzeug deines Friedens	416
Herr, gib mir Mut zum Brückenbauen	649
Selig sind, die da geistlich arm sind	307
Warum sollt ich mich denn grämen	370

IV: Röm 13, 1–7: Eine christliche Sicht des Staates

Herr, höre, Herr, erhöre	423
Deine Hände, großer Gott	424
Gib Frieden, Herr, gib Frieden	430
Sei Lob und Ehr dem höchsten Gut	326
Jesus Christus herrscht als König	123
Soviel Freude hast du, Gott	653
(Zieh ein zu deinen Toren)	133,8–10

V:	**Mt 5, 33–37: Eindeutige Rede**	
	Gib Frieden, Herr, gib Frieden	430
	Schon bricht des Tages Glanz hervor	453
	Brich mit den Hungrigen dein Brot	420
	(O Gott, du frommer Gott)	495,3
	(Wach auf, wach auf, du deutsches Land)	145,5.7
VI:	**1. Mose 18, 20.21.22b–33 (AT) [W: 1. Mose 18, 20–33]: Der Handel um die Rettung Sodoms**	
	Gott lebet! Sein Name gibt Leben und Stärke	613
	(Jesu, der du bist alleine)	252,7–9
	Betgemeinde, heilge dich	614
	Wenn die Last der Welt dir zu schaffen macht	618
	Mache dich, mein Geist bereit	387
	Welch ein Freund ist unser Jesus	642
	(Du schöner Lebensbaum des Paradieses)	96,3.4
W:	**1. Petr 2, 11–17: Christ und Bürger**	
	Hilf, Herr meines Lebens	419
	Selig seid ihr	651
	Laß uns den Weg der Gerechtigkeit gehen	658
	So jemand spricht: Ich liebe Gott	412
	Soviel Freude hast du, Gott	653
	Ich glaube fest, daß alles anders wird	661
	Manchmal kennen wir Gottes Willen	626
S:	Christus ist König, jubelt laut	269
	Erhalt uns, Herr, bei deinem Wort	193
	(Nun danket all und bringet Ehr)	322,6–9
T:	Kind, du bist uns anvertraut	582
	Segne dieses Kind	581
	Weicht, ich Berge, fallt, ihr Hügel	615
	(Du Wort des Vaters, rede du)	632,2–4
A:	Herr Jesu Christ, du höchstes Gut	219
	(O Haupt voll Blut und Wunden)	85,5

Vorschläge zur liturgischen Gestaltung

- Zu Beginn des Gottesdienstes kann man als „Kyrie" „Ohren gabst du mir" (236) singen.
- Teile der Sonntagsepistel stehen als Zwischentext S. 977.
- Als Fürbitte für Welt und Staat kann man an diesem Sonntag die Litanei (192) singen, im Wechsel zwischen einem Vorsänger/ einer Vorsängerin und der Gemeinde, die vom Kirchenchor gestützt wird.
- Wenn man Philipp Friedrich Hillers „Jesus Christus herrscht als König" (123) singt, können zwei unbekannte Originalstrophen dieses Liedes zusätzlich vorgelesen, oder vorgesungen werden: (22) „Trachten irdische Monarchen, / dieses Herdlein anzuschnarchen; / o sein Hirte lacht dazu. / Er läßt diese kleine Großen / sich die Köpfe blutig stoßen, / und den Schafen gibt er Ruh." – (23) „Zürnet nicht, erlauchte Machten! / dieses zielt nicht auf Verachten; / Land und Szepter bleiben euch. / Seid ihr aber Christi Spötter, / wißt, so ist er Gott der Götter; / Sein ist Ehre, Macht und Reich."

REFORMATIONSFEST

Gnade und Glaube
(Der Grund des Glaubens)

Liturgische Farbe: rot

Tagesspruch: Einen andern Grund kann niemand legen als den, der gelegt ist, welcher ist Jesus Christus. (1. Kor 3, 11)

Tagesspsalm: Psalm 46, 2–6

Am Reformationstag selbst (31. Oktober) kann ein Abendgottesdienst stattfinden. Das Reformationsfest wird an dem darauffolgenden Sonntag gefeiert und ersetzt das Proprium dieses Tages, auch dasjenige vom Gedenktag der Heiligen.

E:	Die Kirche steht gegründet	264
	Ein feste Burg ist unser Gott	362
	Freut euch, ihr Christen alle	129
	Ich glaube, daß die Heiligen	253
Ps:	Psalm 46	725
	Hymnus aus dem Römerbrief	762
Tl:	Nun freut euch, lieben Christen g'mein	341
	Ist Gott für mich, so trete	351
I:	**Mt 5, 2–10 (Ev.) [W: Mt 5, 1–10.(11–12)]: Die Seligpreisungen**	
	Selig sind, die da geistlich arm sind	307
	Selig seid ihr	651
	(Lobe den Herren, o meine Seele)	303,3.5.6
	(Fröhlich wir nun all fangen an)	159,2

II: Röm 3, 21–28. (29–31) (Ep.): Die Rechtfertigung allein durch Glauben

Es ist das Heil uns kommen her	342
Ist Gott für mich, so trete	351
Mir ist Erbarmung widerfahren	355
Ich lobe dich von ganzer Seelen	250
Nun freut euch, lieben Christen g'mein	341

III: Mt 10, 26b–33: Mut zum Bekenntnis

O komm, du Geist der Wahrheit	136
Herr, mach uns stark im Mut, der dich bekennt	154
Wir glauben Gott im höchsten Thron	184
Erhalt uns, Herr, bei deinem Wort	193
Gott wohnt in einem Lichte	379

IV: Gal 5, 1–6: Freiheit in Christus

Es ist das Heil uns kommen her	342
Ich freu mich in dem Herren	349
O Durchbrecher aller Bande	388
Die ganze Welt hast du uns überlassen	360
Gib uns Frieden jeden Tag	425

V: Jes 62, 6.7.10–12 (AT): Die Wiederaufrichtung Jerusalems

Jerusalem, du hochgebaute Stadt	150
Wachet auf, ruft uns die Stimme	147
Tröstet, tröstet, spricht der Herr	15
(Mit Ernst, o Menschenkinder)	10,2
(Kommt, Kinder, laßt uns gehen)	393,2

V [W]: Hes 3, 16b–21: Wächteramt und warnendes Wort

So wahr ich lebe, spricht dein Gott	234
Treuer Wächter Israel'	248
Wach auf, wach auf, 's ist hohe Zeit	244
Meine engen Grenzen	589

VI:	**Phil 2, 12.13 [W: Phil 2, 12–18]: Gott wirkt Wollen und Vollbringen**	
	Laß mich, o Herr, in allen Dingen	414
	O Gott, du höchster Gnadenhort	194
	(Schmück das Fest mit Maien)	135,5
	Alles ist an Gottes Segen	352
W:	**Röm 1, 16.17: Das Evangelium – die Kraft Gottes**	
	Allein auf Gottes Wort will ich	195
	Gott hat das erste Wort	199
	Eine freudige Nachricht breitet sich aus	580
	Nun freut euch, lieben Christen g'mein	341
	Es ist das Heil uns kommen her	342
S:	Herr Jesu, Gnadensonne	404
	Christus, das Licht der Welt	410
	Komm, Herr, segne uns	170
	Es ist in keinem andern Heil	356
T:	Christ, unser Herr, zum Jordan kam	202
	Herr Christ, dein bin ich eigen	204
A:	Jesus Christus, unser Heiland, der von uns den Gotteszorn wandt	215
	Gott sei gelobet und gebenedeiet	214

Vorschläge zur liturgischen Gestaltung

- Für diesen Tag legt sich die Form der Messe (689) nahe.
- Glaubensbekenntnis mit „Wir glauben all an einen Gott" (183) oder mit „Wir glauben Gott im höchsten Thron" (184) nach der Melodie von „Erhalt uns, Herr, bei deinem Wort" (193).
- Als Ausdruck des gemeinsamen Bekenntnisses kann man auch Stücke aus dem Katechismus (834) oder aus dem Augsburger Bekenntnis (835) im Gottesdienst vortragen oder gemeinsam sprechen.
- Nach altem Brauch kann man an diesem besonderen evangelischen Feiertag das Te Deum (191) oder die Litanei (192) singen.
- Die Seligpreisungen (1. Reihe) mit „Selig sind, die da geistlich arm sind" (307) singen.

- Bei „Nun freut euch, lieben Christen g'mein“ (341) strophenweise wechseln zwischen der eigenen Weise und der anderen Luthermelodie vom „Es ist gewißlich an der Zeit“ (149) in F-Dur.
- Hillers Lied „Ich glaube, daß die Heiligen“ (253) kann man nach der reformatorischen Melodie „Nun freut euch, lieben Christen g'mein“ (341) singen.

1. NOVEMBER, GEDENKTAG DER HEILIGEN

(Vorbilder im Glauben)

Liturgische Farbe: rot

Tagesspruch: So seid ihr nun nicht mehr Gäste und Fremdlinge, sondern Mitbürger der Heiligen und Gottes Hausgenossen.
(Eph 2,19)

Tagespsalm: Psalm 89, 2.6–8.(16.17) *oder* Psalm 22 II

Der Gedenktag der Heiligen am 1. November wird in der württembergischen evangelischen Landeskirche in der Regel nicht gottesdienstlich begangen. Fällt er auf einen Sonntag, so wird an diesem Tag das höherrangige Reformationsfest gefeiert. Denkbar ist aber ein Abendgottesdienst oder eine Vorabendandacht.

E:	Herr, mach uns stark im Mut, der dich bekennt	154
	Komm, Heiliger Geist, Herre Gott	125
	Geist des Glaubens, Geist der Stärke	137
	Fröhlich wir nun all fangen an	159
Ps:	Psalm 22 II	710
	Die Seligpreisungen	760
	Hymnus aus dem Römerbrief	762
Tl:	Ist Gott für mich, so trete	351
I:	**Mt 5, 2–10.(11.12) (Ev.): Die Seligpreisungen**	
	Selig sind, die da geistlich arm sind	307
	Selig seid ihr	651
	Preis, Lob und Dank sei Gott, dem Herren	245

II:	**Offb 7, 9–12 (13–17) (Ep.): Die Schar der Erlösten**	
	Herzlich tut mich erfreuen	148
	Jerusalem, du hochgebaute Stadt	150
	Die Kirche steht gegründet	264
S:	(Kommt her zu mir, spricht Gottes Sohn)	363,6.7
	Jesu, stärke deine Kinder	164
T:	Ach lieber Herre Jesu Christ, weil du ein Kind gewesen bist	468,1.2
A:	Ich glaube, daß die Heiligen	253

Vorschläge zur liturgischen Gestaltung

- Die Gottesdienste zu Allerheiligen spielen in der katholischen Kirche eine wichtige Rolle. Die Heiligen und das Gedenken an sie haben in der katholischen Kirche einen anderen Stellenwert als in der evangelischen. Nach CA 21 (S. 1503f) hat jedoch das Gedenken der Heiligen auch sein gottesdienstliches Recht. Deshalb ist es eine gute Möglichkeit, den Evangelischen einen unserem Bekenntnis angemessenen Umgang mit den Heiligen nahezulegen, statt sie mit einer eher diffusen Ablehnung der katholischen Heiligenverehrung allein zu lassen. Ein Gottesdienst zum Gedenktag der Heiligen könnte so zum Beispiel im Rahmen einer Veranstaltungsreihe etwa mit dem Thema „Der Heilige und seine Heiligen" gefeiert werden. Eine strenge Bindung an den 1. November besteht nicht. In der evangelischen Kirche kann grundsätzlich an jedem (Sonn)-Tag der Heiligen gedacht werden.
- Das hier gebotene Proprium kann auch auf Gedenktage einzelner Heiliger oder anderer Glaubenszeuginnen und -zeugen angewandt werden:
  z.B. Hl. Martin v. Tours (11. Nov.); Hl. Elisabeth v. Thüringen (19. Nov.); Martin Luther (18. Feb.); Dietrich Bonhoeffer (9. Apr.); Oscar Romero (26. März) u.v.m.
- Gesungenes Psalmgebet mit Ps 148 (779.2).
- Möglich wäre eine Liedpredigt zu „Ich glaube, daß die Heiligen" (253).

24. SONNTAG NACH TRINITATIS

Der Überwinder des Todes

Liturgische Farbe: grün

Wochenspruch: Mit Freuden sagt Dank dem Vater, der euch tüchtig gemacht hat zu dem Erbteil der Heiligen im Licht. (Kol 1,12)

Wochenpsalm: Psalm 39, 5–8

Dieser Sonntag kommt nur in den seltenen Jahren vor, in denen Ostern vor dem 27. März lag. Der 31. Oktober (Gedenktag der Reformation) fiel dann auf Dienstag bis Samstag der vorausgegangenen Woche. Konnte er dort oder am 1. November nicht gefeiert werden, so wird er an diesem Sonntag nachgeholt.

E:	Jesus, meine Zuversicht	526
	O Lebensbrünnlein tief und groß	399
Ps:	Psalm 39	722
	Hymnus aus dem Kolosserbrief	765
Wl:	Mitten wir im Leben sind	518
I:	**Mt 9, 18–26 (Ev.): Heil und Leben**	
	Deine Hände, großer Gott	424
	Gelobet sei der Herr	139
	Wer wohlauf ist und gesund	674
	Lobe den Herren, den mächtigen König der Ehren	316/317
	(Ich will dich lieben, meine Stärke)	400,5–7

II:	**Kol 1, (9–12).13–20 (Ep.): Christus – das Ebenbild Gottes**	
	Jesus Christus herrscht als König	123
	Herz und Herz vereint zusammen	251
	Jesu, der du bist alleine	252
	(Mit Freuden zart zu dieser Fahrt)	108,2
	(Auf, auf, mein Herz mit Freuden)	112,6–8
III:	**Pred 3, 1–14 (AT): Alles zu seiner Zeit**	
	Alles auf Erden hat seine Zeit	605
	Sollt ich meinem Gott nicht singen	325
	Alles ist an Gottes Segen	352
	Die Herrlichkeit der Erden	527
	Ach wie flüchtig, ach wie nichtig	528
	Bevor die Sonne sinkt	491
	Alles ist eitel, du aber bleibst	559 (K)
W:	**Jes 26, 16–19: Verzweiflung und Auferstehung Israels**	
	Herr, mach uns stark im Mut, der dich bekennt	154
	Menschen gehen zu Gott in ihrer Not	547
	Es ist gewißlich an der Zeit	149
	Holz auf Jesu Schulter	97
	(Gottes Sohn ist kommen)	5,5–9
	(O Gott, du frommer Gott)	495,7.8
S:	Wir danken dir, Herr Jesu Christ, daß du vom Tod erstanden bist	107
	Christus, der ist mein Leben	516
	Herr, wie du willst, so schick's mit mir	367
T:	Ich möcht', daß einer mit mir geht	209
	Nun schreib ins Buch des Lebens	207
A:	Das Weizenkorn muß sterben	585
	(O Tod, wo ist dein Stachel nun)	113,6–8

Vorschläge zur liturgischen Gestaltung

- Die Sonntagsepistel, den Hymnus aus dem Kolosserbrief (765), kann man im Wechsel beten.
- An Sonntagen der 2. Reihe kann man gemeinsam das Nicänum (687) sprechen, in dem manches aus Kol 1 anklingt.
- Der Predigttext der 3. Reihe steht als Zwischentext S. 160.
- Segensstrophe „Ach mein Herr Jesu, der du bist“ (114,9).

DRITTLETZTER SONNTAG DES KIRCHENJAHRES

Mitten unter uns (Der Friede Christi)

Liturgische Farbe: grün

Wochenspruch: Siehe, jetzt ist die Zeit der Gnade, jetzt ist der Tag des Heils. (2. Kor 6,2)

Wochenpsalm: Psalm 90, 1–14.(15–17)

Fällt der 31. Oktober (Gedenktag der Reformation) auf einen Montag und kann er weder an diesem Tag noch am 1. November begangen werden, so wird er an diesem Sonntag nachgeholt. Der Sonntag kann auch mit den Texten des 24. Sonntags nach Trinitatis gestaltet werden, wenn dieser ausgefallen ist. Er kann auch als Sonntag im Rahmen der Friedensdekade gefeiert werden.

E:	Gott ist gegenwärtig	165
	Gottes Ruhetag	566
	Ich heb mein Augen sehnlich auf	296
	Wenn der Herr einst die Gefangnen	298
Ps:	Psalm 90	735
	Psalm 119	748
	Psalm 126	750
	Hymnus aus dem Römerbrief	762
Wl:	Wir warten dein, o Gottes Sohn	152
	Mitten wir im Leben sind	518

I:	**Lk 17, 20–24.(25–30) (Ev.): Einbruch des Gottesreiches**	
	Der Himmel, der ist, ist nicht der Himmel der kommt	153
	Des Menschen Sohn wird kommen	558
	Gott wohnt in einem Lichte	379
	(Freuet euch im Herren allewege)	239,5
	(Nun jauchzet all, ihr Frommen)	9,5.6
	(Gib dich zufrieden und sei stille)	371,10–15
II:	**Röm 14, 7–9 (Ep.): Christus – Herr über Tote und Lebende**	
	Meinem Gott gehört die Welt	408
	In allen meinen Taten	368
	Ich bin getauft auf deinen Namen	200
	Wenn mein Stündlein vorhanden ist	522
	Du kannst nicht tiefer fallen	533
	Christus, der ist mein Leben	516
III:	**Lk 11, 14–23: Jesus und Beelzebul**	
	Jesu, hilf siegen, du Fürste des Lebens	373
	Daß Jesus siegt, bleibt ewig ausgemacht	375
	Es mag sein, daß alles fällt	378
	Gott will's machen	620
	Ich weiß, woran ich glaube	357
	(Zieh ein zu deinen Toren)	133,11–13
	(Jesus ist kommen, Grund ewiger Freude)	66,3–5
IV:	**Hiob 14, 1–6 (AT): Begrenzte Lebenszeit**	
	Die Herrlichkeit der Erden	527
	Ach wie flüchtig, ach wie nichtig	528
	Alles auf Erden hat seine Zeit	605
	Gott rufet noch	392
	Warum sollt ich mich denn grämen	370
	Nun lob, mein Seel, den Herren	289

V:	**Lk 18, 1–8: Das hartnäckige Gebet**	
	Mache dich, mein Geist, bereit	387
	Such, wer da will, ein ander Ziel	346
	Herr, unser Gott, laß nicht zuschanden werden	247
	Verzage nicht, du Häuflein klein	249
	(Befiehl du deine Wege)	361,9–12
	(Gib dich zufrieden und sei stille)	371,10
VI:	**1. Thess 5, 1–6. (7–11) [W: 1. Thess 5, 1–11]: Gefaßt auf den Tag des Herrn**	
	Wir warten dein, o Gottessohn	152
	Ermuntert euch, ihr Frommen	151
	Mache dich, mein Geist, bereit	387
	Des Menschen Sohn wird kommen	558
	Ein Licht geht uns auf in der Dunkelheit	555
W:	**Am 8, 11–12: Hunger nach Gottes Wort**	
	Walte, walte, nah und fern	578
	Es wird sein in den letzten Tagen	426
	Wie der Hirsch lechzt nach frischem Wasser	278
	In Christus gilt nicht Ost noch West	597
	Schmücke dich, o liebe Seele	218
S:	Komm in unsre stolze Welt	428
	Herr, wir stehen Hand in Hand	594
	Valet will ich dir geben	523
	Wir sind mitten im Leben zum Sterben bestimmt	682
	Herr, wie du willst, so schick's mit mir	367
T:	Nun schreib ins Buch des Lebens	207
	Voller Freude über dieses Wunder	212
A:	Herr, du wollest uns bereiten	220
	Daß du mich einstimmen läßt in deinen Jubel	609

Vorschläge zur liturgischen Gestaltung

- Anstelle des Eingangsgebetes oder zum Beschluß desselben „Gott, laß dein Heil uns schauen“ (482,5).
- „Agios o Theos – Heiliger Herre Gott“ (185.4) aus der orthodoxen Kreuzverehrung des Karfreitags – zur Anbetung.
- Bei einer Abendmahlsfeier kann „Ohren gabst du mir“ (236) als Offene Schuld fungieren.

VORLETZTER SONNTAG DES KIRCHENJAHRES

Weltgericht

Liturgische Farbe: grün

Wochenspruch: Wir müssen alle offenbar werden vor dem Richterstuhl Christi. (2. Kor 5,10)

Wochenpsalm: Psalm 50, 1.4–6.14.15.23 *oder* Psalm 126

Dieser Sonntag kann auch als Sonntag im Rahmen der Friedensdekade begangen werden. Der Sonntag kann auch als Gedenktag der Entschlafenen begangen werden, sofern nicht andere Tage hierfür üblich sind.

E:	Gott wohnt in einem Lichte	379
	Des Menschen Sohn wird kommen	558
	Die Herrlichkeit der Erden	527
	Wenn der Herr einst die Gefangnen	298
	Komm, o komm, du Geist des Lebens	134,1–4
Ps:	Psalm 126	750
	Psalm 69	731
	Psalm 102	741
	Psalm 143	755
Wl:	Es ist gewißlich an der Zeit	149

I:	**Mt 25, 31–46 (Ev.): Offenbarung Jesu in den Geringsten**	
	So jemand spricht: Ich liebe Gott	412
	Damit aus Fremden Freunde werden	657
	O Herr, mach mich zu einem Werkzeug deines Friedens	416
	Selig seid ihr	651
	(Lobet den Herren, alle die ihn ehren)	447,8–10
II:	**Röm 8, 18–23. (24.25) (Ep.) [W: Röm 8, 18–25]: Hoffnung für die ganze Schöpfung**	
	O Durchbrecher aller Bande	388
	(Wie herrlich gibst du, Herr, dich zu erkennen)	271,6–8
	Gott, unser Ursprung, Herr des Raums	431
	Des Menschen Sohn wird kommen	558
	Ich glaube fest, daß alles anders wird	661
III:	**Lk 16, 1–8.(9): Der unehrliche Geschäftsführer**	
	O Gott, du frommer Gott	495
	Ich weiß, mein Gott, daß all mein Tun	497
	Manchmal kennen wir Gottes Willen	626
	(Das Feld ist weiß)	513,2
IV:	**Offb 2, 8–11: Die Krone des Lebens**	
	Befiehl du deine Wege	361
	Zieh an die Macht, du Arm des Herrn	377
	(Großer Hirte aller Herden)	591,7.8
	(Jesus ist kommen, Grund ewiger Freude)	66,3.4
	(O gläubig Herz, gebenedei)	318,8.9
V:	**Jer 8, 4–7 (AT): Das eigensinnige Volk**	
	So wahr ich lebe, spricht dein Gott	234
	O Herr, nimm unsre Schuld	235
	Wach auf, wach auf, du deutsches Land	145
	Wohl denen, die da wandeln	295
	Meine engen Grenzen	589

VI:	**2. Kor 5, 1–10: Der Lohn Christi**	
	Wenn der Herr einst die Gefangnen	298
	Halt im Gedächtnis Jesus Christ	405
	(Der Tag bricht an und zeiget sich)	438,3–6
	(In Gottes Namen fang ich an)	494,6
W:	**Offb 20, 11–15: Eine Vision des Weltgerichts**	
	Es ist gewißlich an der Zeit	149
	So wahr ich lebe, spricht mein Gott	234
	Nun freut euch, lieben Christen g'mein	341
	Nun schreib ins Buch des Lebens	207
	Alles ist eitel, du aber bleibst	559 (K)
	(Frühmorgens, da die Sonn aufgeht)	111,10
S:	Nun lob, mein Seel, den Herren	289
	Herzlich tut mich erfreuen	148
	Gott hat das erste Wort	199
T:	Nun schreib ins Buch des Lebens	207
A:	Seht das Brot, das wir hier teilen	226

Vorschläge zur liturgischen Gestaltung

- „Alles ist eitel, du aber bleibst“ (559 K) als Gottesdienst-Motto, z.B. eingangs vom Chor gesungen, nach dem Stillen Gebet und z.B. zum Abschluß der Fürbitten vor dem Vaterunser von der Gemeinde.
- Anstelle des Eingangsgebets oder zum Beschluß desselben „O Jesu Christ, du machst es lang“ (149,7) oder „Wir preisen dich, du Herr des Lichts“ (431,3).
- Der erstmals an Reminiszere 1922 im Berliner Reichstag begangene „Volkstrauertag“ ist ein staatlicher Feiertag und wurde 1952 auf den Vorletzten Sonntag im Kirchenjahr gelegt. Wenn bei der Feier Pfarrer/innen und Kirchenchöre mitwirken, können auch Lieder und Vorschläge vom Proprium des „Totensonntags“ verwendet werden.

BUSS- UND BETTAG

Ruf zur Umkehr

Liturgische Farbe: violett

Tagesspruch: Gerechtigkeit erhöht ein Volk; aber die Sünde ist der Leute Verderben. (Spr 14,34)

Tagespsalm: Psalm 51, 3–14.

Der Gottesdienst am Buß- und Bettag kann auch nach einer besonderen Form gefeiert werden – inzwischen in der Regel als Abendgottesdienst.

E:	O Herr, nimm unsre Schuld	235
	Allein zu dir, Herr Jesu Christ	232
	Ein reines Herz, Herr, schaff in mir	389
	Verzage nicht, du Häuflein klein	249
	Du Friedefürst, Herr Jesu Christ	422
	Kommt her zu mir, spricht Gottes Sohn	363
	Auf meinen lieben Gott	345
Ps:	Psalm 51	727
	Psalm 6	704
	Psalm 4	703
Tl:	Aus tiefer Not laßt uns zu Gott	144
	Nimm von uns, Herr, du treuer Gott	146
I:	**Lk 13, (1–5). 6–9 (Ev.) [W: Lk 13, 1–9]: Der Feigenbaum**	
	Laß mich, o Herr, in allen Dingen	414
	Gott rufet noch	392
	Wach auf, wach auf, du deutsches Land	145

II: Röm 2, 1–11 (Ep.): Der Maßstab des göttlichen Gerichts

Und suchst du meine Sünde	237
Ich ruf zu dir, Herr Jesu Christ	343
Es kennt der Herr die Seinen	358
Hilf, Herr meines Lebens	419
Wenn wir in höchsten Nöten sein	366
Freunde, daß der Mandelzweig	655
(Ich lobe dich von ganzer Seelen)	250,4.5

III: Mt 12, (33–35). 36.37 [W: Mt 12, (31.32). 33–37]: Das Gewicht der Worte

O Gott, du frommer Gott	495
Gib Frieden, Herr, gib Frieden	430
(Geh aus, mein Herz, und suche Freud)	503,13–15

IV: Offb 3, 14–22: Gemeinde mit Profil

Ohren gabst du mir	236
Ein reines Herz, Herr, schaff in mir	389
Gott rufet noch	392
(Wie soll ich dich empfangen)	11,6–8
(Zieh ein zu deinen Toren)	133,12.13

V: Lk 13, 22–27.(28–30): Die enge Pforte

Aus tiefer Not laßt uns zu Gott	144
O lieber Herre Jesu Christ	68
In Christus gilt nicht Ost noch West	597
(Ich grüße dich am Kreuzesstamm)	90,2

VI: Jes 1, 10–17 (AT): Wahrer und falscher Gottesdienst

Laß mich, o Herr, in allen Dingen	414
Brich mit den Hungrigen dein Brot	420
Brich dem Hungrigen dein Brot	418
Wo ein Mensch Vertrauen gibt	638
Laß uns den Weg der Gerechtigkeit gehn	658
(Wach auf, mein Herz, und singe)	446,5–9
(Die güldne Sonne voll Freud und Wonne)	449,3

W:	**Mt 11, 16–24: Weherufe Jesu**	
	Nimm von uns, Herr, du treuer Gott	146
	Gott rufet noch	392
	Meine Seele in der Höhle	588
	Meine engen Grenzen	589
S:	Hilf, Herr meines Lebens	419
	Kommt, atmet auf, ihr sollt leben	639
	Ich will zu meinem Vater gehn	315
	(Nun laßt uns Gott dem Herren)	320,6–8
A:	Herr Jesu Christe, mein getreuer Hirte	217
	Du hast zu deinem Abendmahl	224
	(Nun sich der Tag geendet hat)	478,4.5

Vorschläge zur liturgischen Gestaltung

- Der Gottesdienst am Buß- und Bettag kann auch als Bittgottesdienst für den Frieden, z.B. zum Abschluß der Friedensdekade, gefeiert werden. Dafür bietet sich auch die Form des selbständigen Abendmahlsgottesdienstes nach Formular I B der Abendmahlsagende an.
- Schulleitungen sind gehalten, bei Schulgottesdiensten am Buß- und Bettag mit den Kirchen zusammenzuarbeiten.
- Aus der Perikope der 5. Reihe steht Lk 13, 29 S. 463 als Zwischentext.
- Der Chor kann als Rahmenvers (Antiphon) zum Psalmgebet „Schaffe in mir, Gott, ein reines Herze" (230) einstimmig und unbegleitet singen. Über die angegebenen Psalmen hinaus kommen alle 7 Bußpsalmen für den Buß- und Bettag in Frage: Ps 6 (704); 32 (717); 38 (721); 51 (727); 102 (741); 130 (751); 143 (755).
- Als Beichtspiegel können die zehn Gebote verlesen werden. Entsprechend eignet sich „Dies sind die heilgen zehn Gebot" (231), evtl. nur zum Vorlesen. Man kann auch beides miteinander kombinieren.
- Strophen aus „Herr, höre, Herr, erhöre" (423) zur Strukturierung und Unterbrechung des Fürbittengebets.

LETZTER SONNTAG DES KIRCHENJAHRES (EWIGKEITSSONNTAG)

Die ewige Stadt

Liturgische Farbe: weiß

Wochenspruch: Laßt eure Lenden umgürtet sein, und eure Lichter brennen. (Lk 12,35)

Wochenpsalm: Psalm 126

Wo es üblich ist, an diesem Sonntag der Entschlafenen zu gedenken, kann der hierauf bezogene Gottesdienst als zusätzlicher Früh- oder Predigtgottesdienst, ggf. am Vortag oder auf dem Friedhof gefeiert werden.

E:	Herzlich tut mich erfreuen	148
	Jerusalem, du hochgebaute Stadt	150
	Morgenglanz der Ewigkeit	450
Ps:	Psalm 126	750
	Psalm 146	757
	Hymnus aus dem Kolosserbrief	765
	Von allen Seiten umgibst du mich	770
Wl:	Wachet auf, ruft uns die Stimme	147
I:	**Mt 25,1–13 (Ev.): Die klugen und die törichten Jungfrauen**	
	Ermuntert euch, ihr Frommen	151
	Der Morgenstern ist aufgedrungen	69
	Mache dich, mein Geist, bereit	387
	Wach auf, du Geist der ersten Zeugen	241
	(Nun jauchzet all, ihr Frommen)	9,6

II: Offb 21, 1–7 (Ep.) [W: Offb 21, 1–7.(8)]: Der neue Himmel – die neue Erde

Jerusalem, du hochgebaute Stadt	150
Der Himmel, der ist, ist nicht der Himmel der kommt	153
Herzlich tut mich erfreuen	148
Es wird sein in den letzten Tagen	426
Lobt und preist die herrlichen Taten des Herrn	429
(Ermuntert euch, ihr Frommen)	151,7

III: Lk 12, 42–48: Mit Gottes Kommen immer rechnen

Wir warten dein, o Gottessohn	152
Wenn der Herr einst die Gefangnen	298
(Gottes Sohn ist kommen)	5,5–9
(Wie soll ich dich empfangen)	11,8–10
(Gott des Himmels und der Erden)	445,4

IV: Jes 65, 17–19.(20–22).23–25 (AT): Neuer Himmel – neue Erde

Herzlich tut mich erfreuen	148
Jerusalem, du hochgebaute Stadt	150
Es wird sein in den letzten Tagen	426
Lobt und preist die herrlichen Taten des Herrn	429
Brich herein, süßer Schein	680

V: Mk 13, 31–37: Wachet!

Des Menschen Sohn wird kommen	558
Ermuntert euch, ihr Frommen	151
Mache dich, mein Geist, bereit	387
Laß mich, o Herr, in allen Dingen	414
Freu dich sehr, o meine Seele	524
(Jesu, hilf siegen, du Fürste des Lebens)	373,4–6
Schönster Herr Jesu	403

VI:	**2. Petr 3, (3–7).8–13:**	
	Es bleibt dabei: Neuer Himmel, neue Erde	
	Wir warten dein, o Gottessohn	152
	Bleib bei uns, wenn der Tag entweicht	542
	Ist Gott für mich, so trete	351
	(Die güldne Sonne voll Freud und Wonne)	449,7.8
	(Ich wollt, daß ich daheime wär)	517,5.6
W:	**2. Thess 2, 1–12: Der Tod des Bösen**	
	O Tod, wo ist dein Stachel nun	113
	Jesu, meine Freude	396
	Bleib bei mir, Herr! Der Abend bricht herein	488
	Mach's mit mir Gott nach deiner Güt	525
	Herzlich tut mich erfreuen	148
	Ein feste Burg ist unser Gott	362
S:	Ihr lieben Christen, freut euch nun	6
	Gloria sei dir gesungen	535
	Ich habe nun den Grund gefunden	354
	Nun sich das Herz von allem löste	532
	Herr, mach uns stark im Mut, der dich bekennt	154
	Gott hat das erste Wort	199
	Du Schöpfer aller Wesen	485
	(Lobt Gott in allen Landen)	500,3.4
T:	Voller Freude über dieses Wunder	212
	Kind, du bist uns anvertraut	582
	Meinem Gott gehört die Welt	408
A:	(Herzlich tut mich erfreuen)	148,5–7
	(Ermuntert euch, ihr Frommen)	151,7.8

Vorschläge zur liturgischen Gestaltung

- Als Singsprüche, die als mehrmals gesungenes Gottesdienstmotto fungieren, eignen sich „Seht auf, und erhebt eure Häupter" (21 Ssp), die Kanongesänge „Herr, wohin sollen wir gehen" (261 K) oder „Jesus Christus, gestern und heute" (683 K).
- Kombination/Verschränkung von „Der Himmel der ist, ist nicht der Himmel der kommt" (153) mit Psalm 126 (750): Strophe 1 und Psalmverse 1.2a; Strophe 2 und Psalmverse 2b.3; Strophe 3 und Psalmvers 4; Strophe 4 und Psalmverse 5.6; Strophe 5.
- Der Predigttext der 2. Reihe steht als Zwischentext S. 982.
- Der Beginn des Predigttextes der 5. Reihe steht als Zwischentext S. 419.
- An einer passenden Stelle, z.B. während der Predigt, kann man die Paramente von schwarz nach weiß wechseln.
- Vorschläge zur Gestaltung der Namensverlesung der verstorbenen Gemeindeglieder finden sich beim Gedenktag der Entschlafenen (Totensonntag).
- Segensstrophe „Gloria sei dir gesungen" (535).

GEDENKTAG DER ENTSCHLAFENEN (TOTENSONNTAG)

Die Hoffnung des ewigen Lebens

Liturgische Farbe: weiß oder grün oder schwarz

Tagesspruch: Lehre uns bedenken, daß wir sterben müssen, auf daß wir klug werden. (Ps 90,12)

Tagespsalm: Psalm 102 in Auswahl [W: Psalm 102,2–4.13.25–29]

Wo es üblich ist, am Letzten Sonntag im Kirchenjahr der Entschlafenen zu gedenken und Stücke des Tages-Propriums des Gedenktags der Entschlafenen („Totensonntag") verwendet werden, soll das Wochen-Proprium des Ewigkeitssonntags im Hauptgottesdienst dennoch nicht ganz verdrängt werden.

E:	Christus, der ist mein Leben	516
	Jesus, meine Zuversicht	526
	Wer weiß, wie nahe mir mein Ende	530
	Wir sind nur Gast auf Erden	681
	Herr, wie du willst, so schick's mit mir	367
Ps:	Psalm 6	704
	Psalm 39	722
	Psalm 90	735
	Psalm 13	706
	Seligpreisungen	760
	Geborgen ist mein Leben in Gott	767
Tl:	Warum sollt ich mich denn grämen	370

I: Joh 5, 24–29 (Ev.):
Wer mein Wort hört, kommt nicht ins Gericht

Auferstehn, ja auferstehn wirst du	678
Und suchst du meine Sünde	237
Der du die Zeit in Händen hast	64
(Halt im Gedächtnis Jesus Christ)	405,5.6
(Meinen Jesus laß ich nicht)	402,5.6
(Der Mond ist aufgegangen)	482,4–6

II: 1. Kor 15, 35–38.42–44a (Ep.): Die leibliche Auferstehung

Herzlich lieb hab ich dich, o Herr	397
Korn, das in die Erde	98
Nun legen wir den Leib ins Grab	520
Ich bin ein Gast auf Erden	529,1.11.12
Auferstehn, ja auferstehn wirst du	678

III: Dan 12, 1b–3 (AT): Verheißung der Auferstehung

Es ist gewißlich an der Zeit	149
(Frühmorgens, da die Sonn aufgeht)	111,5–9.15
(Nun ruhen alle Wälder)	477,3–8
Alles ist eitel, du aber bleibst	559 (K)
Ich bin ein Gast auf Erden	529,1.11.12
(Valet will ich dir geben)	523,5

IV: Phil 1, 21–26: Christus – mein Leben.

Christus, der ist mein Leben	516
Auf meinen lieben Gott	345
Ich wollt, daß ich daheime wär	517
O Welt, ich muß dich lassen	521
Mitten wir im Leben sind	518
Die Herrlichkeit der Erden	527
Ach wie flüchtig, ach wie nichtig	528
Wir sind mitten im Leben zum Sterben bestimmt	682

V:	**Mt 22, 23–33: Diskussion um die Auferstehung**	
	Weiß ich den Weg auch nicht	624
	Gott, aller Schöpfung heilger Herr	142
	Morgenglanz der Ewigkeit	450
	Wenn der Herr einst die Gefangnen	298
VI:	**Hebr 4, 9–11: Die Ruhe Gottes für sein Volk**	
	Kommt, Kinder, laßt uns gehen	393
	Ich wollt, daß ich daheime wär	517
	Ich bin ein Gast auf Erden	529
	(Gib dich zufrieden und sei stille)	371,14
	(O Durchbrecher aller Bande)	388,2
	Du kannst nicht tiefer fallen	533
	Gottes Ruhetag	566
W:	**1. Thess 4, 13–18: Konkrete Auferstehungshoffnung**	
	Jesus, meine Zuversicht	526
	Ihr lieben Christen, freut euch nun	6
	Des Menschensohn wird kommen	558
	Es ist gewißlich an der Zeit	149
	Jesus lebt, mit ihm auch ich	115
S:	Nun sich das Herz von allem löste	532
	Du kannst nicht tiefer fallen	533
	Von dir, o Vater, nimmt mein Herz	622
	Brich herein, süßer Schein	680
	(Der du die Zeit in Händen hast)	64,3–6
	So nimm denn meine Hände	376
A:	Herr, du wollest uns bereiten	220
	Nun gib uns Pilgern aus der Quelle	579
	Wer weiß, wie nahe mir mein Ende	530

Vorschläge zur liturgischen Gestaltung

- Wo es üblich ist, die Namen der im zu Ende gehenden Kirchenjahr verstorbenen Gemeindeglieder im Gottesdienst zu verlesen, kann dies auch vor den Fürbitten geschehen, um dann Tote und Lebende in der Fürbitte Gott anzubefehlen. Man kann dabei für jede/n genannte/n Verstorbene/n eine Kerze anzünden (Aufgabe z.B. für Konfirmanden). Denkbar wäre diese Verlesung auch, wie in Herrnhut, am Ostermorgen auf dem Friedhof. Die Verlesung der Namen kann eingeleitet oder abgeschlossen werden mit „Herr, lehre uns, daß wir sterben müssen“ (534), „Wir sind mitten im Leben zum Sterben bestimmt“ (682), „Christ ist erstanden“ (99), oder bei Kindern mit „Du kamst, du gingst mit leiser Spur“ (679). Letzteres eignet sich auch gut zu einer Lesung.
- Man kann das Tagesproprium des Totensonntags evtl. bei einer separaten Feier auf dem Friedhof oder beim Kriegerdenkmal verwenden, wenn im Gottesdienst das volle Proprium des Ewigkeitssonntags zum Zug kommt.
- „Herr, lehre uns, daß wir sterben müssen“ (534) als Leitvers zu Psalm 90 (735).

SEGENSSTROPHEN

Der klassische liturgische Ort der Friedensbitte ist das Mittagsgebet (780.10). Der Brauch, auch im Sonntagsgottesdienst eine Friedensbitte zu singen, stammt aus den 50er-Jahren, als in Korea Krieg herrschte. Meist wurde und wird dafür die alte Antiphon „Verleih uns Frieden gnädiglich“ (421) verwendet. Nicht im Kirchenbuch I, aber im agendarischen Teil des Gesangbuchs (684; 688) steht nun vor dem Segen als fakultatives Element die „Friedensbitte“.

In der Zwischenzeit wird gern auch der Rhythmus des Kirchenjahres durch einen gewissen Wechsel an dieser Stelle betont, wobei die unmittelbare Bitte um den Frieden immer wieder erweitert wird in Richtung einer Segensbitte oder einer Strophe, die die Thematik der jeweiligen Zeit im Kirchenjahr noch einmal unterstreicht.

Nun könnte sich die Segensstrophe unter der Hand zu einem 5. Lied im württembergischen Predigtgottesdienst auswachsen. Deshalb sollte es sich an dieser Stelle bei aller Variationsfähigkeit der liturgischen Form wirklich um 1 Strophe handeln. Daher fehlen hier mehrstrophige Segenslieder, Ausnahme: „O du fröhliche“(44).

Die Segensstrophe sollte nicht zu häufig wechseln. Denkbar wäre z.B., im Laufe eines Jahres viermal zu alternieren, d.h. für den Weihnachtsfestkreis vom 1. Adventssonntag bis zur Darstellung des Herrn (2. Februar), genaugenommen bis zum letzten Sonntag nach Epiphanias eine Strophe vorzusehen, für die Zeit bis Karsamstag eine andere, z.B. die klassische Friedensbitte, im Osterfestkreis bis Pfingstmontag eine dritte festzulegen, und ab Trinitatis bis zum Ende des Kirchenjahres als viertes z.B. wieder „Verleih uns Frieden gnädiglich …“ zu singen. Ein häufigerer Wechsel ist natürlich möglich, sollte allerdings genügend Wiederholung gewährleisten.
Gloria-Patri-Strophen und Amen-Strophen sind im Gesangbuch am Ende des Inhaltsverzeichnisses S. 48 aufgelistet. Kanongesänge sind nicht ohne weiteres als Segensstrophen singbar. Manchenorts sind aber bestimmte Kanongesänge sehr geläufig und deshalb auch hier möglich. Singsprüche werden zwei oder drei Mal gesungen.

Wir schlagen vor:

Allgemein	65,7	Von guten Mächten wunderbar geborgen
	157	Laß mich dein sein und bleiben
	163	Unsern Ausgang segne Gott
	258	Zieht in Frieden eure Pfade
	421	Verleih uns Frieden gnädiglich
	458	Wir danken Gott für seine Gaben
	477,8	Breit aus die Flügel beide
	570	Die Gnade unsers Herrn Jesus Christus
	574	Nichts soll dich ängsten – Nada te turbe
	576	Meine Hoffnung und meine Freude
Kanongesänge:	172	Sende dein Licht und deine Wahrheit
	175	Ausgang und Eingang
	337	Lobet und preiset, ihr Völker, den Herrn
	435	Dona nobis pacem
	436	Herr, gib uns deinen Frieden
	456	Vom Aufgang der Sonne
	630	Du Gott stützt mich
Advent	1,5	Komm, o mein Heiland Jesus Christ
	10,4	Ach mache du mich Armen
Kanon/Singspruch:	2	Er ist die rechte Freudensonn
	21	Seht auf und erhebt eure Häupter
Weihnachten	23,7	Das hat er alles uns getan
	33,3	Lob, Preis und Dank, Herr Jesu Christ
	44	O du fröhliche
Kanon/Singspruch:	26	Ehre sei Gott in der Höhe
	28	Also hat Gott die Welt gelebt
	172	Sende dein Licht und deine Wahrheit
Jahreswende	24,15	Lob, Ehr sei Gott im höchsten Thron
	34,4	Jesu, nimm dich deiner Glieder
Epiphanias	69,4	O heilger Morgenstern, wir preisen
	71,6	Du wollst in mir entzünden
	74,4	Bleib bei uns, Herr, verlaß uns nicht
Vorpassion	s. Allgemein	

Passion	75,1	Ehre sei dir, Christe
	77,8	O hilf, Christe, Gottes Sohn
	96,6	Dank sei dem Vater, unserm Gott
Ostern	99	Christ ist erstanden
	103,5	Nun bitten wir dich, Jesus Christ
	116,5	Er ist erstanden, hat uns befreit
Himmelfahrt/ Pfingsten	120	Christ fuhr gen Himmel
	135,7	Laß uns hier indessen
	136,7	Du Heilger Geist, bereite
	171,4	Bewahre uns, Gott
Trinitatiszeit	157	Laß mich dein sein und bleiben
	140,5	Gott Vater, Sohn und Heilger Geist
	160	Gott Vater, dir sei Dank und Ehre
	557,4	Du Heilige Dreifaltigkeit
	s. auch Allgemein	
Johanniszeit	141,6	Wir danken dir, Herr Jesu Christ
Michaeliszeit	142,6	Laß deine Engel um uns sein
	143,8	Wir danken dir, Herr Jesu Christ
	467,4	Dein Engel uns zur Wach bestell
Ende des Kirchenjahrs	6,5	Ach lieber Herr, eil zum Gericht
	151,8	O Jesu, meine Wonne
	152,3	Wir warten dein, du hast uns ja
	154,5	So mach uns stark
	535	Gloria sei dir gesungen
	558,6	Ja, wachet alle, alle

VERZEICHNIS DER PERIKOPENTEXTE NACH DER BIBLISCHEN ORDNUNG

W oder *EKD* kursiv hinter einer römischen Zahl weisen hin auf Differenzen zwischen der Perikopenordnung der EKD und derjenigen Württembergs.

1. Mose

1,1–25	Miserikordias Domini W zu V
1,(1–25).26–2,4a	Jubilate V
2,1–4a	Kantate W zu V
2,4b–9.(10–14).15	15. Sonntag nach Trinitatis VI
3,1–19.(20–24)	Invokavit III
4,1–16a	13. Sonntag nach Trinitatis IV
6,5–22	15. Sonntag nach Trinitatis W
8,1–12	4. Sonntag nach Epiphanias VI
8,15–22	20. Sonntag nach Trinitatis III
11,1–9	Pfingstmontag III
12,1–4	5. Sonntag nach Trinitatis IV
15,1–6	19. Sonntag nach Trinitatis W
17,1–8	1. Januar, Tag der Beschneidung und Namensgebung Jesu III
18,20–33	23. Sonntag nach Trinitatis VI
22,1–13	Judika III
28,10–22	14. Sonntag nach Trinitatis V
32,23–32	17. Sonntag nach Trinitatis V *W*
50,15–21	4. Sonntag nach Trinitatis III

2. Mose

3,1–10.(11–14)	Letzter Sonntag nach Epiphanias III
12,1–14	Gründonnerstag V
13,20–22	Altjahrsabend IV
16,2.3.11–18	7. Sonntag nach Trinitatis VI
17,8–13	Rogate W
19,3–6	Exaudi W
20,1–17	18. Sonntag nach Trinitatis V
32,7–14	Rogate VI
33,(12–17a).17b–23	2. Sonntag nach Epiphanias III

34,4–10	19. Sonntag nach Trinitatis VI
34,29–35	Letzter Sonntag nach Epiphanias W

3. Mose

19,1–2.(3–4.11–12).13–18	21. Sonntag nach Trinitatis W

4. Mose

6,22–27	Trinitatis V
11,11.12.14–17.24.25	Pfingstsonntag V *EKD*
13,25–28; 14,1–3.10b–13.19–24.31	2. Sonntag nach dem Christfest W
21,4–9	Judika IV

5. Mose

6,4–9	1. Sonntag nach Trinitatis VI
7,6–12	6. Sonntag nach Trinitatis III *EKD*
26,1–11	Erntedankfest III *W*
30,11–20a	Konfirmation V

Josua

1,1–9	Neujahrstag IV
5,13–15	29. September, Tag des Erzengels Michael und aller Engel III
24,1–2a.(2b–12)13–18	Kirchweihfest IV

1. Samuel

2,1–2.(3–5).6–8a	Ostersonntag IV
15,35b–16,13	Septuagesimä W
16,14–23	Kantate W

2. Samuel

7,4–6.12–14a	Christnacht III
12,1–10.13–15a	11. Sonntag nach Trinitatis VI

1. Könige

8,22–24.26–28	Himmelfahrt III
17,7–16	Erntedankfest W
19,1–8.(9–13a)	Okuli VI

2. Könige

5,(1–8).9–19a	3. Sonntag nach Epiphanias IV
23,1–3	Neujahrstag W
25,8–12	10. Sonntag nach Trinitatis VI *EKD*

2. Chronik

24,19–21	26. Dezember, Tag des Erzmärtyrers Stephanus V

Nehemia

7,72b; 8,1.2.5.6.9–12	25. Juni, Gedenktag der Übergabe des Augsburgischen Bekenntnisses III

Hiob

14,1–6	Drittletzter Sonntag des Kirchenjahres IV

Psalmen

90	Altjahrsabend W

Sprüche

3,1–8	Konfirmation VI
8,22–36	Jubilate W
16,1–9	Neujahrstag V

Prediger

3,1–14	24. Sonntag nach Trinitatis III

Jesaja

1,10–17	Buß- und Bettag VI
2,1–5	8. Sonntag nach Trinitatis III
5,1–7	Reminiszere IV
6,1–13	Trinitatis III
7,10–14	Christnacht IV; 25. März, Tag der Ankündigung der Geburt des Herrn III
9,1–6	Christvesper IV

11,1–9	Christfest (2) V; 2. Juli, Tag der Heimsuchung Mariä III
12,1–6	Kantate V
25,6–9	Ostermontag V
26,13.14.(15–18).19	Osternacht oder Ostermorgen III
26,16–19	24. Sonntag nach Trinitatis W
29,17–24	12. Sonntag nach Trinitatis III
30,(8–14).15–17	Altjahrsabend III
35,3–10	2. Sonntag im Advent V
38,9–20	16. Sonntag nach Trinitatis W
40,1–11	3. Sonntag im Advent V
40,1–8	24. Juni, Tag der Geburt Johannes des Täufers VI
40,12–25	5. Sonntag nach Epiphanias III
40,26–31	Quasimodogeniti VI
42,1–4.(5–9)	1. Sonntag nach Epiphanias VI
43,1–7	6. Sonntag nach Trinitatis V
44,1–5	10. Sonntag nach Trinitatis W
49,1–6	17. Sonntag nach Trinitatis IV
49,13–16	1. Sonntag nach dem Christfest VI
50,4–9	Palmsonntag IV
51,9–16	4. Sonntag nach Epiphanias V
52,7–10	4. Sonntag im Advent VI
(52,13–15); 53,1–12	Karfreitag VI
54,7–10	Lätare VI
55,1–5	2. Sonntag nach Trinitatis V
55,6–12a	Sexagesimä V
57,15–19	12. Sonntag nach Trinitatis W
58,1–9a	Estomihi VI
58,7–12	Erntedankfest III *EKD*
60,1–6	Epiphanias V
61,1–3.(4–9).10.11	2. Sonntag nach dem Christfest IV
62,6.7.10–12	Reformationsfest V *EKD*
63,15.16.(17–19a)19b; 64,1–3	2. Sonntag im Advent
65,17–19.(20–22).23–25	Letzter Sonntag des Kirchenjahres IV
66,1.2	Kirchweihfest V

Jeremia

1,4–10	9. Sonntag nach Trinitatis IV
7,1–11.(12–15)	10. Sonntag nach Trinitatis V
8,4–7	Vorletzter Sonntag des Kirchenjahres V
9,22.23	Septuagesimä IV
15,16	Konfirmation W
16,16–21	29. Juni, Tag der Apostel Petrus und Paulus III
20,7–11a.(11b–13)	Okuli V
23,5–8	1. Sonntag im Advent III
23,16–29	1. Sonntag nach Trinitatis IV
29,1.4–7.10–14	21. Sonntag nach Trinitatis IV
31,31–34	Exaudi IV

Klagelieder

3,22–26.31.32	16. Sonntag nach Trinitatis III

Hesekiel

3,16b–21	Reformationsfest V *W*
18,1–4.21–24.30–32	3. Sonntag nach Trinitatis VI
33,10–16	5. Sonntag nach Epiphanias W
34,1.2.(3–9).10–16.31	Miserikordias Domini III
36,22–28	Pfingstsonntag V *W*
37,1–14	Karfreitag (2) VI; Pfingstsonntag W
37,24–28	Christnacht V

Daniel

9,15–19	10. Sonntag nach Trinitatis VI *W*
12,1b–3	Gedenktag der Entschlafenen III

Hosea

2,20–22	2. Sonntag nach Epiphanias W

Joel

3,1–5	Pfingstmontag W

Amos

5,4–7.10–15	13. Sonntag nach Trinitatis W
5,21–24	Estomihi IV
8,11.12	Drittletzter Sonntag des Kirchenjahres W

Jona

2	Karfreitag (2) III

Micha

5,1–4a	Christfest (1) III
6,6–8	22. Sonntag nach Trinitatis V

Sacharja

9,9.10	1. Sonntag im Advent W

Maleachi

3,1–4	2. Februar, Tag der Darstellung des Herrn III
3,13–20a	Sexagesimä W

Matthäus

1,(1–17).18–25	Christnacht I
2,1–12	Epiphanias I
2,13–18.(19–23)	1. Sonntag nach dem Christfest III
3,13–17	1. Sonntag nach Epiphanias I
4,1–11	Invokavit I
4,12–17	1. Sonntag nach Epiphanias III
5,1–10.(11.12)	Reformationsfest I
5,13–16	8. Sonntag nach Trinitatis I
5,17–20	8. Sonntag nach Trinitatis V *W*
5,33–37	23. Sonntag nach Trinitatis V
5,38–48	21. Sonntag nach Trinitatis I
6,1–4	13. Sonntag nach Trinitatis V
6,(5.6).7–13.(14.15)	Rogate V
6,19–24	Erntedankfest V
6,25–34	15. Sonntag nach Trinitatis I
7,13.14	Konfirmation I
7,21–27	9. Sonntag nach Trinitatis III

8,5–13	3. Sonntag nach Epiphanias I
9,9–13	Septuagesimä V
9,18–26	24. Sonntag nach Trinitatis I
9,35–38; 10,1.(2–4).5–7	1. Sonntag nach Trinitatis V
10,16–22	26. Dezember, Tag des Erzmärtyrers Stephanus I
10,16–20	Quasimodogeniti V *W*
10,26b–33	Reformationsfest III; 25. Juni, Gedenktag der Übergabe des Augsburgischen Bekenntnisses I
10,34–39	21. Sonntag nach Trinitatis III
11,2–6.(7–11)	3. Sonntag im Advent I
11,11–15	24. Juni, Tag der Geburt Johannes des Täufers V
11,16–24	Buß- und Bettag W
11,25–30	Kantate I
12,(31.32).33–37	Buß- und Bettag III
12,38–42	Reminiszere
13,24–30	5. Sonntag nach Trinitatis I
13,44–46	9. Sonntag nach Trinitatis V
14,22.33	4. Sonntag nach Epiphanias III
15,21–28	17. Sonntag nach Trinitatis I
16,13–19	Pfingstmontag I; 29. Juni, Tag der Apostel Petrus und Paulus I
17,1–9	Letzter Sonntag nach Epiphanias I
18,(1–6).10	29. September, Tag des Erzengels Michael und aller Engel V
18,15–20	22. Sonntag nach Trinitatis III
18,21–35	22. Sonntag nach Trinitatis I
20,1–16	Septuagesimä I
21,1–9	1. Sonntag im Advent I
21,1–17; 26,1–13	Reminiszere W.A
21,28–32	11. Sonntag nach Trinitatis III
22,1–14	2. Sonntag nach Trinitatis III
22,15–22	23. Sonntag nach Trinitatis I
22,23–33	Gedenktag der Entschlafenen V
23,1–12	11. Sonntag nach Trinitatis W
23,34–37	26. Dezember, Tag des Erzmärtyrers Stephanus III
24,1–14	2. Sonntag im Advent III

25,1–13	Letzter Sonntag des Kirchenjahres I
25,14–30	9. Sonntag nach Trinitatis I
25,31–46	Vorletzter Sonntag des Kirchenjahres I
26,1–13	siehe: Reminiszere W.A
26,14–30	Okuli W.A
26,30–56	Lätare W.A
26,57–75	Judika W.A
27,1–30	Palmsonntag W.A
27,31–56	Karfreitag W.A
27,33–51.(52–54)	Karfreitag V
27,57–66	Karfreitag (2) W.A
27,(57–61).62–66	Karfreitag (2) I
28,1–10	Osternacht oder Ostermorgen I; Ostersonntag III
28,1–15	Ostersonntag W.A
28,16–20	Ostermontag W.A; 6. Sonntag nach Trinitatis I

Markus

1,9–13.(14.15)	1. Sonntag nach Epiphanias W
1,21–28	4. Sonntag nach Epiphanias W
1,32–39	19. Sonntag nach Trinitatis III
1,40–45	14. Sonntag nach Trinitatis III
2,1–12	19. Sonntag nach Trinitatis I
2,18–20.(21.22)	2. Sonntag nach Epiphanias V
2,23–28	20. Sonntag nach Trinitatis V
3,1–6	18. Sonntag nach Trinitatis W
3,31–35	13. Sonntag nach Trinitatis III
4,26–29	Sexagesimä III
4,30–32	Kirchweihfest III
4,35–41	4. Sonntag nach Epiphanias I
7,31–37	12. Sonntag nach Trinitatis I
8,22–26	12. Sonntag nach Trinitatis V *EKD*
8,31–38; (9,1)	Estomihi I
9,17–29	17. Sonntag nach Trinitatis III
9,43–48	Invokavit W
10,2–12	20. Sonntag nach Trinitatis I
10,13–16	6. Sonntag nach Trinitatis III *W*
10,17–27	18. Sonntag nach Trinitatis III

10,35–45	Judika I
12,1–12	Reminiszere I
12,28–34	18. Sonntag nach Trinitatis I
12,41–44	Okuli III
13,31–37	Letzter Sonntag des Kirchenjahres V
14,3–9	Palmsonntag III
14,17–26	Gründonnerstag III
16,1–8	Ostersonntag I
16,9–14.(15–20)	Quasimodogeniti V *EKD*

Lukas

1,5–25.57–66	3. Sonntag im Advent III
1,26–38	4. Sonntag im Advent III; 25. März, Tag der Ankündigung der Geburt des Herrn I
1,39–47.(48–55).56	2. Juli, Tag der Heimsuchung Mariä I
1,(39–45).46–55.(56)	4. Sonntag im Advent I
1,57–67.(68–75).76–80	24. Juni, Tag der Geburt Johannes des Täufers I
1,67–79	1. Sonntag im Advent V
2,1–14.(15–20)	Christvesper I
2,(1–14).15–20	Christfest (1) I
2,21	1. Januar, Tag der Beschneidung und Namensgebung Jesu I
2,22–24.(25–35)	2. Februar, Tag der Darstellung des Herrn I
2,(22–24).25–38.(39.40)	1. Sonntag nach dem Christfest I
2,41–52	2. Sonntag nach dem Christfest I; Kirchweihfest I *W*
3,1–14	3. Sonntag im Advent III
4,16–21.(22–30)	Neujahrstagstag I
5,1–11	5. Sonntag nach Trinitatis I
6,36–42	4. Sonntag nach Trinitatis I
7,11–16	16. Sonntag nach Trinitatis V
7,36–50	11. Sonntag nach Trinitatis V
8,4–8.(9–15)	Sexagesimä I
9,10–17	7. Sonntag nach Trinitatis V
9,57–62	Okuli I
10,17–20	29. September, Tag des Erzengels Michael und aller Engel I

10,25–37	13. Sonntag nach Trinitatis I
10,38–42	Estomihi III
11,5–13	Rogate III
11,14–23	Drittletzter Sonntag des Kirchenjahres III
12,13–21	Erntedankfest I
12,35–40	Altjahrsabend I
12,42–48	Letzter Sonntag des Kirchenjahres III
13,1–9	Buß- und Bettag I
13,22–27.(28–30)	Buß- und Bettag V
13,31–35	Estomihi W
14,(15).16–24	2. Sonntag nach Trinitatis I
14,25–33	5. Sonntag nach Trinitatis V
15,1–7.(8–10)	3. Sonntag nach Trinitatis I
15,(1–3).11b–32	3. Sonntag nach Trinitatis III
16,1–8.(9)	Vorletzter Sonntag des Kirchenjahres III
16,19–31	1. Sonntag nach Trinitatis I
17,5.6	15. Sonntag nach Trinitatis V
17,7–10	Septuagesimä III
17,11–19	14. Sonntag nach Trinitatis I
17,20–24.(25–30)	Drittletzter Sonntag des Kirchenjahres I
18,1–8	Drittletzter Sonntag des Kirchenjahres V
18,9–14	11. Sonntag nach Trinitatis I
18,28–30	15. Sonntag nach Trinitatis III
18,31–43	Estomihi V
19,1–10	Kirchweihfest I *EKD;* 3. Sonntag nach Trinitatis V *W*
19,41–48	10. Sonntag nach Trinitatis I
21,25–33	2. Sonntag im Advent I
22,7–20	Gründonnerstag W
22,31–34	Invokavit V
23,33–49	Karfreitag III
24,13–35	Ostermontag I
24,36–45	Ostermontag III
24,(44–49).50–53	Christi Himmelfahrt I

Johannes

1,1–5.(6–8).9–14	Christfest (2) I
1,15–18	Epiphanias III
1,19–28	4. Sonntag im Advent V

1,29–34	1. Sonntag nach Epiphanias V
1,35–42	5. Sonntag nach Trinitatis III
1,43–51	2. Sonntag nach dem Christfest III
2,1–11	2. Sonntag nach Epiphanias I
2,13–22	10. Sonntag nach Trinitatis III
3,1–8.(9–15)	Trinitatis I
3,16–21	Christvesper III
3,22–30	24. Juni, Tag der Geburt Johannes des Täufers III
3,31–36	Christfest (1) V
4,5–14	3. Sonntag nach Epiphanias V
4,19–26	Pfingstmontag V
4,46–54	3. Sonntag nach Epiphanias III
5,1–16	19. Sonntag nach Trinitatis V
5,19–21	Osternacht oder Ostermorgen V
5,24–29	Gedenktag der Entschlafenen I
5,39–47	1. Sonntag nach Trinitatis III
6,1–15	7. Sonntag nach Trinitatis I
6,30–35	7. Sonntag nach Trinitatis III
6,37–40	3. Sonntag nach Trinitatis W
6,47–51	Lätare V
6,52–65	Lätare III
6,66–69	Konfirmation III
7,14–18	2. Sonntag nach dem Christfest V
7,28–29	Christvesper V
7,37–39	Exaudi III
8,3–11	4. Sonntag nach Trinitatis V
8,12–16	Christfest (2) III
8,(21–26a).26b–30	Reminiszere V
8,31–36	Altjahrsabend V
9,1–7	8. Sonntag nach Trinitatis V *EKD*; 12. Sonntag nach Trinitatis V *W*
9,35–41	17. Sonntag nach Trinitatis V *EKD*
10,1–11	Miserikordias Domini W
10,11–16.(27–30)	Miserikordias Domini I
11,1–4.17–27.40–45	16. Sonntag nach Trinitatis I
11,46–53	Judika V
11,46–12,19	Reminiszere W.B
12,12–19	Palmsonntag I
12,20–26	Lätare I

12,20–50	Okuli W.B
12,34–36.(37–41)	Letzter Sonntag nach Epiphanias V
12,44–50	1. Sonntag nach dem Christfest V
13,1–15.(34–35)	Gründonnerstag I
13,1–38	Lätare W.B
14,1–6	Neujahrstag III
14,15–19	Exaudi V
14,23–27	Pfingstsonntag I
15,1–8	Jubilate I
15,9–12.(13–17)	21. Sonntag nach Trinitatis V
15,18–21	23. Sonntag nach Trinitatis III
15,26 – 16,4	Exaudi I
16,5–15	Pfingstsonntag III
16,16.(17–19).20–23a	Jubilate III
16,23b–28.(29–32).33	Rogate I
17,1–8	Palmsonntag V
17,9–19	Quasimodogeniti W
17,20–26	Christi Himmelfahrt V
18,1–27	Judika W.B
18,28–19,16	Palmsonntag W.B
19,16–30	Karfreitag I
19,17–30	Karfreitag W.B
19,31–42	Karfreitag (2) W.B
19,(31–37).38–42	Karfreitag (2) V
20,1–18	Ostersonntag W.B
20,11–18	Ostersonntag V
20,19–29.(30.31)	Quasimodogeniti I
20,19–31	Ostermontag W.B
21,1–14	Quasimodogeniti III
21,15–19	Miserikordias Domini V

Apostelgeschichte

1,1–11	Christi Himmelfahrt II
2,1–21.(22–36)	Pfingstsonntag II
2,(1–21).22–23.32.33. 36–39	Pfingstmontag VI
2,41–47	7. Sonntag nach Trinitatis II
3,1–10.(11–21)	12. Sonntag nach Trinitatis IV
4,1–12	Epiphanias W

5,17–20.(21–33)	29. September, Tag des Erzengels Michael und aller Engel IV
6,1–7	13. Sonntag nach Trinitatis VI
(6,8–15;) 7,55–60	26. Dezember, Tag des Erzmärtyrers Stephanus II
8,26–39	6. Sonntag nach Trinitatis IV
9,1–20	12. Sonntag nach Trinitatis II
10,21–35	3. Sonntag nach Epiphanias VI
10,34a.36–43	Ostermontag VI
12,1–11	16. Sonntag nach Trinitatis IV
15,1–12	3. Sonntag nach Epiphanias W
16,9–15	Sexagesimä VI
16,(23.24).25–34	Kantate IV
17,(16–21).22–28a.(28b–34)	Jubilate VI
19,1–7	24. Juni, Tag der Geburt Johannes des Täufers II

Römer

1,1–7	Christnacht II
1,14–17	3. Sonntag nach Epiphanias II
1,16–17	Reformationsfest W
2,1–11	Buß- und Bettag II
3,21–28.(29–31)	Reformationsfest II
5,1–5.(6–11)	Reminiszere II
5,12–14.(15–17).18–21	4. Sonntag im Advent W
6,3–11	6. Sonntag nach Trinitatis II
6,19–23	8. Sonntag nach Trinitatis VI
7,14–25a; (8,2)	22. Sonntag nach Trinitatis IV
8,1–11	Pfingstsonntag VI
8,12–17	14. Sonntag nach Trinitatis II
8,18–25	Vorletzter Sonntag des Kirchenjahres II
8,26–30	Exaudi VI
8,31b–39	Altjahrsabend II
9,14–24	Septuagesimä VI
9,1–5; 10,1–4	10. Sonntag nach Trinitatis IV
10,9–17.(18)	17. Sonntag nach Trinitatis II
11,25–32	10. Sonntag nach Trinitatis II
11,33–36	Trinitatis II

12,1–3.(4–8)	1. Sonntag nach Epiphanias II
12,(4–8).9–16	2. Sonntag nach Epiphanias II
12,17–21	4. Sonntag nach Trinitatis VI
13,1–7	23. Sonntag nach Trinitatis IV
13,8–12.(13.14)	1. Sonntag im Advent II
14,7–9	Drittletzter Sonntag des Kirchenjahres II
14,10–13	4. Sonntag nach Trinitatis II
14,17–19	18. Sonntag nach Trinitatis II
15,(4).5–13	3. Sonntag im Advent IV
16,25–27	2. Sonntag nach dem Christfest VI

1. Korinther

1,(4.5).6–9	5. Sonntag nach Epiphanias II
1,18–25	5. Sonntag nach Trinitatis II
1,26–31	1. Sonntag nach Epiphanias IV
2,1–10	2. Sonntag nach Epiphanias IV
2,12–16	Pfingstsonntag IV
3,9–15	12. Sonntag nach Trinitatis VI
3,21b–23	Konfirmation IV
4,1–5	3. Sonntag im Advent II
6,9–14.(15–17).18–20	8. Sonntag nach Trinitatis IV
7,29–31	20. Sonntag nach Trinitatis IV
8,5.6	Christfest (2) W
9,16–23	2. Sonntag nach Trinitatis VI
9,24–27	Septuagesimä II
10,1–13	6. Sonntag nach Trinitatis W
10,16.17	Gründonnerstag IV
11,(17–22).23–26.(27–29)	Gründonnerstag II
12,4–11	Pfingstmontag II
12,12–14.(15–25).26.27	21. Sonntag nach Trinitatis VI
13	Estomihi II
14,1–3.20–25	2. Sonntag nach Trinitatis IV
15,1–11	Ostersonntag II
15,12–20	Ostermontag II
15,19–28	Ostersonntag VI
15,35–38.42–44a	Gedenktag der Entschlafenen II
15,50–58	Ostermontag IV

2. Korinther

1,3–7	Lätare II
1,8–11	4. Sonntag nach Epiphanias II
1,18–22	4. Sonntag im Advent IV
3,2–9	20. Sonntag nach Trinitatis VI
4,1–6	Epiphanias VI
4,6–10	Letzter Sonntag nach Epiphanias II
4,16–18	Jubilate IV
5,1–10	Vorletzter Sonntag des Kirchenjahres VI
5,(14b–18).19–21	Karfreitag II
6,1–10	Invokavit IV
6,14–18	Jubilate IV
8,9	Christfest (2) VI
9,6–15	Erntedankfest II
(11,18.23b–30); 12,1–10	Sexagesimä IV
13,11.(12).13	Trinitatis VI

Galater

1,11–24	5. Sonntag nach Trinitatis W
2,16–21	11. Sonntag nach Trinitatis IV
3,26–29	1. Januar, Tag der Beschneidung und Namensgebung Jesu II
4,4–7	Christfest (1) VI; 25. März, Tag der Ankündigung der Geburt des Herrn II
5,1–6	Reformationsfest IV
5,16–25	14. Sonntag nach Trinitatis W
5,25–26; 6,1–10	15. Sonntag nach Trinitatis IV

Epheser

1,3–14	Trinitatis IV
1,15–20a	4. Sonntag nach Epiphanias IV
1,20b–23	Christi Himmelfahrt VI
2,(1–3).4–10	11. Sonntag nach Trinitatis II
2,17–22	2. Sonntag nach Trinitatis II
2,19–22	29. Juni, Tag der Apostel Petrus und Paulus II
3,2.3a.5.6	Epiphanias II
3,14–21	Exaudi II
4,1–6	17. Sonntag nach Trinitatis VI

4,11–16	Pfingstmontag IV
4,22–32	19. Sonntag nach Trinitatis II
5,1–8	Okuli II
5,8b–14	8. Sonntag nach Trinitatis II
5,15–21	18. Sonntag nach Trinitatis VI
5,25–32	20. Sonntag nach Trinitatis W
6,10–17	21. Sonntag nach Trinitatis II

Philipper

1,3–11	22. Sonntag nach Trinitatis II
1,15–21	Lätare IV
1,21–26	Gedenktag der Entschlafenen IV
2,1–4	7. Sonntag nach Trinitatis IV
2,5–11	Palmsonntag II
2,12–18	Reformationsfest VI
3,(4b–6).7–14	9. Sonntag nach Trinitatis II
3,17.(18.19).20.21	23. Sonntag nach Trinitatis II
4,4–7.(8.9)	4. Sonntag im Advent II
4,10–13.(14–20)	Neujahrstag VI

Kolosser

1,(9–12).13–20	24. Sonntag nach Trinitatis II
1,13–20	Christfest (1) W
1,24–27.(28.29)	Epiphanias IV
2,2b–10	Christnacht VI
2,12–15	Quasimodogeniti IV
3,1–4	Osternacht oder Ostermorgen II *EKD*; Christi Himmelfahrt IV *W*
3,12–17	Kantate II
4,2–4.(5.6)	Rogate IV

1. Thessalonicher

1,2–10	14. Sonntag nach Trinitatis IV
4,1–8	20. Sonntag nach Trinitatis II
4,13.14	Osternacht oder Ostermorgen IV
4,13–18	Gedenktag der Entschlafenen W
5,1–11	Drittletzter Sonntag des Kirchenjahres VI
5,14–24	14. Sonntag nach Trinitatis VI

2. Thessalonicher

2,1–12	Letzter Sonntag des Kirchenjahres W
3,1–5	5. Sonntag nach Trinitatis VI
3,6–16	9. Sonntag nach Trinitatis W

1. Timotheus

1,12–17	3. Sonntag nach Trinitatis II
2,1–6a	Rogate II
3,16	Christvesper VI; 2. Juli, Tag der Heimsuchung Mariä II
4,1–5	Erntedankfest IV
6,11b–16	Konfirmation II; 25. Juni, Gedenktag der Übergabe des Augsburgischen Bekenntnisses II

2. Timotheus

1,7–10	16. Sonntag nach Trinitatis II
2,8a.(8b–13)	Osternacht oder Ostermorgen VI
3,14–17	1. Sonntag nach Trinitatis W

Titus

2,11–14	Christvesper II
3,4–7	Christfest (1) II

1. Petrus

1,1–9	Quasimodogeniti II
1,8–12	24. Juni, Tag der Geburt Johannes des Täufers IV
1,(13–17).18–21	Okuli IV
2,1–10	6. Sonntag nach Trinitatis VI
2,4.5	Kirchweihfest II *W*
2,11–17	23. Sonntag nach Trinitatis W
2,21b–25	Miserikordias Domini II
3,8–15a.(15b–17)	4. Sonntag nach Trinitatis IV
3,18–22	Karfreitag (2) II
4,7–11	9. Sonntag nach Trinitatis VI
5,1–5	Miserikordias Domini IV
5,5c–11	15. Sonntag nach Trinitatis II

2. Petrus

1,16–19.(20.21)	Letzter Sonntag nach Epiphanias VI
3,(3–7).8–13	Letzter Sonntag des Kirchenjahres VI

1. Johannes

1,1–4	1. Sonntag nach dem Christfest II
1,5 – 2,6	3. Sonntag nach Trinitatis IV
2,(7–11).12–17	22. Sonntag nach Trinitatis VI
2,21–25	1. Sonntag nach dem Christfest IV
3,1–6	Christfest (1) IV
3,13–18	2. Sonntag nach Trinitatis W
3,19–24	22. Sonntag nach Trinitatis W
4,1–6	1. Sonntag nach dem Christfest W
4,7–12.(13–16)	13. Sonntag nach Trinitatis II
4,16b–21	1. Sonntag nach Trinitatis II
5,1–4	Jubilate II
5,(6–8).9–12.(13)	2. Sonntag nach dem Christfest II

Hebräer

1,1–6	Christfest (2) II
1,7.13–14	29. September, Tag des Erzengels Michael und aller Engel VI
2,10–18	Gründonnerstag VI
2,14–18	2. Februar, Tag der Darstellung des Herrn II
3,1.6b–14	Kirchweihfest W
4,9–11	Gedenktag der Entschlafenen VI
4,12.13	Sexagesimä II
4,14–16	Invokavit II
5,7–9	Judika II
8,1–6	Kirchweihfest VI
9,11–12.24	Karfreitag (2) IV
9,15.26b–28	Karfreitag IV
10,19–25	1. Sonntag im Advent VI
10,32–34.39	26. Dezember, Tag des Ermärtyrers Stephanus VI
10,35–39	16. Sonntag nach Trinitatis VI
11,1–3.8–10	Reminiszere VI
12,1–3	Palmsonntag VI

12,12–18.(19–21).22–25a	2. Sonntag nach Epiphanias VI
13,8.9b	Altjahrsabend VI
13,(9–11).12–14	Judika VI
13,15–16	Erntedankfest VI
13,20.21	Miserikordias Domini VI

Jakobus

1,12–18	Invokavit VI
2,1–13	18. Sonntag nach Trinitatis IV
2,14–24	8. Sonntag nach Trinitatis W
3,1–12	4. Sonntag nach Trinitatis W
4,13–15.(16.17)	Neujahrstagstag II
5,7.8	2. Sonntag im Advent II
5,13–16	19. Sonntag nach Trinitatis IV

Offenbarung

1,4–8	Himmelfahrt IV *EKD*; Trinitatis W
1,(4–7).8	Osternacht oder Ostermorgen II W
1,9–18	Letzter Sonntag nach Epiphanias IV
2,1–7	2. Sonntag im Advent W
2,8–11	Vorletzter Sonntag des Kirchenjahres IV
3,1–6	3. Sonntag im Advent VI
3,7–13	2. Sonntag im Advent VI
3,14–22	Buß- und Bettag IV
4,1–11	Christi Himmelfahrt W
5,1–5.(6–14)	1. Sonntag im Advent IV
7,9–12.(13–17)	Christfest (2) IV; 26. Dezember, Tag des Ermärtyrers Stephanus IV
12,7–12	29. September, Tag des Erzengels Michael und aller Engel II
14,6.7	29. September, Tag des Erzengels Michael und aller Engel W
15,2–4	Kantate VI
19,6–9	7. Sonntag nach Trinitatis W
20,11–15	Vorletzter Sonntag des Kirchenjahres W
21,1–5a	Kirchweihfest II *EKD*

BIBELSTELLEN-ANGABEN BEI LIEDSTROPHEN

Vollständiges Register zum Evangelischen Gesangbuch, Ausgabe Württemberg

121,4	248,1
121,8	163; 173
124	297
126	298
126,1	678,4
126,5.6	513,7
130	299
130,1	144,1
130,5	623,1
134	300
136	301
145,15.16	461; 512, 2; 666,2
146	302; 303
147	304
147,18	592,4
148	305; 306; 779.2
148,12.13	338
150,5	549

Prediger

1,2	559
3,1–8	605
3,14	559

Jesaia

2,2–5	426
6,2.3	139,5; 191
6,3	143,3; 165,2; 185.1ff; 331,2
9,1–6	20
11,1	7,3; 30; 70,1
11,2	126,4; 128,6
12,2	576
30,15	621,3
32,17	429,6
40,1–10	15
40,3.4	10,2
41,10	630
44,3	135,4
45,8	7,2
46,3.4	380
49,14–16	243,3
50,4.5	452,1
51,9	377,1
52,8	69,2; 147,1
53,4–7	83,1
54,10	615,1; 616,1
58,7	418,1
62,6.7	241,1
64,1	7,1

Jeremia

1,11	655
14,9	782.6

Klagelieder

3,22.23	440,1; 665

Hesekiel

33,11	234,1
37,1–10	154,2

Daniel

7,13.14.27	6,3

Micha

5,1	25,2

Markus

5,36	622,9
10,13–16	203,3; 644,1
16,1–7	105
16,15	202,5
16,16	342,5

Lukas

1,46–55	308; 309; 781.6
1,46.47	310
1,46	573
1,68–79	779.6
1,78	450,4
2,9–16	24
2,14	26; (180.1ff);
2,14a	572
2,29–32	222,1; 519; 782.10
3,10–14	312
4,18	260 (K)
5,4–7	494,2
5,4	675,4
8,4–15	196
10,38–42	386
10,39	198,2
11,21.22	66,3
12,37	452,4
14,16–24	250,2; 586
14,17	213,1
15,1–7	353,3
15,11–24	315
16,2	513,6
16,22	397,3
21,28	21
22,31	617,3
24,1–8	566,3
24,29	483; 542,1

Johannes

1,1–3	199,1
1,14	45,4
1,14.18	67,1
1,19–28	141
1,29	66,6; 190.4; 625,2
3,3	68,4
3,5	206,2
3,16	28; 51,1; 90,2
6,35	418,3; 619,1
6,68	261
8,12	385,2; 612,1; 619
10,9	612,1; 619,2
10,11.14	619,3
10,16	591,8
11,25	113,5
12,24	78,9; 98,1; 585,1; 593,1
12,32	122,1
14,6	207,3; 385,2; 612,1; 619
15,4–7	406,1
15,5	619,4
17,17	634,1

VORSCHLÄGE FÜR DIE VERWENDUNG VON ZWISCHENTEXTEN IM GOTTESDIENST

Die römischen Ziffern bezeichnen die Perikopenreihe eines Sonntags. Manche Zwischentexte beziehen sich auch auf das Leitbild eines ganzen Sonntags.

Eingangsgebet:
S. 61; S. 66; S. 86 (Weihnachten); S. 259 (Ostern); S. 414; S. 608; S. 681; S. 749; S. 786 (Weihnachten); S. 807; S. 815; S. 835 (Neujahr); S. 852; S. 872 (abends); S. 1013 (Ostern); S. 1109; S. 1127; S. 1133; S. 1141; S. 1165; S: 1181.

Zur Beichte:
S. 451; S. 467; S. 472; S. 473; S. 497

Vergebungszuspruch:
S. 772

Ausgedruckte Perikopen (z.T. auszugsweise):

2. Sonntag im Advent	III:	S. 319
3. Sonntag im Advent	IV:	S. 984
	V:	S. 77
4. Sonntag im Advent	VI:	S. 307
Christvesper	I:	S. 89
	III:	S. 183
	IV:	S. 85
Christfest, 1. Feiertag	III:	S. 101
Christfest, 2. Feiertag	I:	S. 126
	V:	S. 104
Silvester	II:	S. 763
	VI:	S. 147
Neujahrstag	III:	S. 1271
Epiphanias	I:	S. 168
	V:	S. 163
2. Sonntag nach Epiphanias	II:	S. 1431
3. Sonntag nach Epiphanias	I:	S. 443
4. Sonntag nach Epiphanias	I:	S. 1080
	III:	S. 489

Sexagesimä	V:	S. 933
Estomihi	VI:	S. 798
Okuli	W.B:	S. 739; 1076
Lätare	I:	S. 739; 1076
	VI:	S. 821
Palmsonntag	II:	S. 187
	V:	S. 531
Gründonnerstag	II:	S. 449
	IV:	S. 446
Karfreitag	II:	S. 663
	VI:	S. 197
Karfreitag	I:	S. 1007
	II:	S. 663
	III:	S. 1007
	VI:	S. 197
	W.A:	S. 1007
	W.B:	S. 1007
Ostersonntag	I:	S. 235
Ostermontag	W.A:	S. 1265
Quasimodogeniti	VI:	S. 356
	W:	S. 531
Jubilate	V:	S. 1269
Kantate	I:	S. 441; 1162
	II:	S. 363; 1269
Rogate	I:	S. 699; 1478
	V:	S. 855
Himmelfahrt	V:	S. 531
	W:	S. 321
Exaudi	III:	S. 1067
	VI:	S. 647
Pfingstsonntag	I:	S. 1272
	II:	S. 277
	III:	S. 273
Pfingstmontag	IV:	S. 521
2. Juli, Tag der Heimsuchung Mariä	III:	S. 104
Trinitatis	III:	S. 375
	VI:	S. 299
1. Sonntag nach Trinitatis	II:	S. 477
3. Sonntag nach Trinitatis	II:	S. 364

25. Juni, CA-Übergabe	I:	S. 1482
6. Sonntag nach Trinitatis	I:	S. 1265
	V:	S. 423; 1477
7. Sonntag nach Trinitatis	II:	S. 1239
8. Sonntag nach Trinitatis	I:	S. 483
14. Sonntag nach Trinitatis	II:	S. 647
15. Sonntag nach Trinitatis	I:	S. 939
16. Sonntag nach Trinitatis	I:	S. 229; 1272; S. 1478
20. Sonntag nach Trinitatis	III:	S. 919
21. Sonntag nach Trinitatis	I:	S. 789
	VI:	S. 505
Kirchweihfest	II *EKD*	S. 982
23. Sonntag nach Trinitatis	II:	S. 977
Reformationsfest	III	S. 1482
24. Sonntag nach Trinitatis	III:	S. 160
Drittletzter Sonntag des Kirchenjahres	II:	S. 949; 1477
Buß- und Bettag	V:	S. 463
Letzter Sonntag des Kirchenjahres	II:	S. 982
	V:	S. 419
Gedenktag der Entschlafenen	II:	S. 1273

Inhaltliche Bezüge von Perikopen zu Zwischentexten:

1. Sonntag im Advent		S. 499; 989
2. Sonntag im Advent	IV:	S. 61
3. Sonntag im Advent	I:	S. 807
4. Sonntag im Advent	III:	S. 899
	IV:	S. 587
Christvesper; Christnacht		S. 106; 144; 541; 993; 1003
Christvesper	I:	S. 124
Christfest (2)	I:	S. 1035; 1055
	V:	S. 115
	III:	S. 695
Neujahrstag	III:	S. 695
1. Sonntag nach Epiphanias	II:	S. 455
4. Sonntag nach Epiphanias	I:	S. 497; 1081

Letzter Sonntag nach Epiphanias	I:	S. 852
Septuagesimae	VI:	S. 376
Sexagesimae	IV:	S. 1051; 1169
	V:	S. 1055; 1153
	W:	S. 844; 852; 887
Estomihi	I:	S. 740; 747
	II:	S. 501; 533; 691; 905; 1158; 1193
	III:	S. 529
	VI:	S. 929
Reminiszere	II:	S. 518; 701; 804
	VI:	S. 705; 750; 1074
Judika	W.A:	S. 221
Konfirmation	I:	S. 779
Gründonnerstag		S. 1181
Karfreitag		S. 211; 213; 215; 223; 226; 434; 569; 633; 772
Osternacht	III:	S. 262
Ostern		S. 296; 1013
Ostersonntag	I:	S. 253
Ostermontag	I:	S. 705
Quasimodogeniti	I:	S. 261
	IV:	S. 193
	VI:	S. 262
	W:	S. 1088
Miserikordias Domini	V (W):	S. 579; 926; 927; 1197
Jubilate	V:	S. 132; 579; 921
Kantate		S. 239; 301; 575; 628; 653; 946; 1097; 1119
	VI:	S. 304; 758
Rogate		S. 344; 347; 411; 553; 819; 969; 1092; 1115
	V:	S. 304; 863
Himmelfahrt		S. 600
	V:	S. 1088
Exaudi	VI:	S. 709; 723

Pfingstmontag	II:	S. 351; 373
	III:	S. 296
Trinitatis	III:	S. 165
	W:	S. 835
5. Sonntag nach Trinitatis	I:	S. 1232
2. Juli, Tag der Heimsuchung Mariä	III:	S. 115
6. Sonntag nach Trinitatis	II:	S. 193
	V:	S. 1183; 1231
8. Sonntag nach Trinitatis	I:	S. 779
	III:	S. 805; 1025;
	IV:	S. 658
	V *W*:	S. 779
9. Sonntag nach Trinitatis	III:	S. 779
10. Sonntag nach Trinitatis		S. 64; 226; 291; 341; 420; 472; 526; 553; 569; 606; 644; 737; 804; 809; 819; 969; 973; 1186
12. Sonntag nach Trinitatis	III:	S. 304; 807
13. Sonntag nach Trinitatis	IV:	S. 296; 509
	V:	S. 779
14. Sonntag nach Trinitatis	II:	S. 387
	V:	S. 758
15. Sonntag nach Trinitatis	I:	S. 779
16. Sonntag nach Trinitatis	I:	S. 961
	IV:	S. 309
18. Sonntag nach Trinitatis	I:	S. 573
29. September, Tag des Erzengels Michael und aller Engel		S. 309; 311; 899
Erntedankfest		S. 941
	I:	S. 289; 636
	III *W*:	S. 929
	V:	S. 779
19. Sonntag nach Trinitatis	I:	S. 313
21. Sonntag nach Trinitatis	I:	S. 779; 811; 820
	V:	S. 966
23. Sonntag nach Trinitatis	V:	S. 779
Reformationsfest		S. 627; 665; 667; 669

	I:	S. 95; 583; 606; 779
24. Sonntag nach Trinitatis	III:	S. 157; 339
Drittletzter Sonntag des Kirchenjahres	VI:	S. 903
Vorletzter Sonntag des Kirchenjahres		S. 781
	I:	S. 202; 270;325; 676
Buß- und Bettag		S. 315; 317; 451; 467; 472; 473; 485; 757
	II:	S. 325
Letzter Sonntag des Kirchenjahres		329; 424; 565; 737; 1145

Zur Anbetung:
S. 131 (Weihnachten); S. 223 (Passion); S. 301; 392; 665; 676; 835; 1031; 1131; 1141

Abendmahlsbereitung:
S. 79 (Weihnachten); 223 (Passion); S. 398; 442; 454; 517; 665; 929; 1065; 1207

Entlaßwort beim Abendmahl:
S. 57; 434; 461; 526

Nach dem Abendmahl:
S. 503; 1131

Schlußgebet:
S. 106 (Weihnachten); S. 131; S. 157 (Neujahr); S. 383; 485; 503; 961 (Ostern); S. 1051 (Reformation); 1113; 1131; 1149 (Reformation)

Vaterunser-Variante:
S. 395

Vorsprüche zum Segen:
S. 351; 376

Segensparaphrase:
S. 559; 1039; 1147

Taufe:
S. 424; 425; 427; 430; 433; 1059; 1061

Trauung:
S. 479; 1071

Bestattung:
S. 57; 230; 293; 549; 608; 733; 950; 957; 973; 976; 1042f; 1127; 1205; 1226; 1228

MÖGLICHE ZUORDNUNGEN DER BILDER ZU SONNTAGEN UND PERIKOPEN

S. 54 **Hans Arp, Christus am Kreuz:**
Karwoche

S. 88 **Anonym, Neujahrsglückwunsch:**
Neujahr; Beschneidung und Namensgebung Jesu

S. 146 **Marc Chagall, Noah mit dem Regenbogen:**
4. Sonntag nach Epiphanias VI; 20. Sonntag nach Trinitatis III

S. 162 **Karl Schmidt-Rottluff, Die Heiligen Drei Könige:**
Epiphanias I

S. 182 **Max Beckmann, Christus und Pilatus:**
Karwoche

S. 228 **Karl Schmidt-Rottluff, Christus in Emmaus:**
Ostermontag I

S. 264 **Paul Klee, Christuskopf:**
Himmelfahrt

S. 272 **Marc Chagall, Tanz der Mirjam:**
Kantate

S. 298 **Karl Schmidt-Rottluff, Christus und Nikodemus:**
Trinitatis I; Christvesper III

S. 306 **Otto Dix, Taufe Jesu:**
1. Sonntag nach Epiphanias

S. 318 **Ben Willikens, Raum 81:**
Kirchweihfest II *EKD*;
Vorletzter Sonntag des Kirchenjahres W;
Letzter Sonntag des Kirchenjahres II

S. 336 **Karl Schmidt-Rottluff, Fischzug Petri:**
5. Sonntag nach Trinitatis I

S. 362 **Alexey Jawlensky, Johannes der Täufer:**
3. Sonntag im Advent; 1. Sonntag nach Epiphanias I;
24. Juni, Tag der Geburt Johannes des Täufers

S. 412 **Christian Rohlfs, Bergpredigt:**
Konfirmation I; Rogate V; 8. Sonntag nach Trinitatis I und V; 9. Sonntag nach Trinitatis III; 13. Sonntag nach Trinitatis V; 15. Sonntag nach Trinitatis I; Erntedank V; 21. Sonntag nach Trinitatis I; 23. Sonntag nach Trinitatis V; Reformationsfest I

S. 422 **Marc Chagall, Die Rettung des Propheten Jona:**
Karfreitag (2); Karsamstag III
S. 440 **Alfred Hrdlicka, Emmaus – Abendmahl – Ostern:**
Gründonnerstag
S. 464 **Käthe Kollwitz, Nachdenkende Frau:**
Silvester; Passion; Buß- und Bettag
S. 476 **Ernst Barlach, Sitzendes Liebespaar:**
Trauung; Christnacht I; 20. Sonntag nach Trinitatis W
S. 482 **C. D. Friedrich, Die Jacobikirche in Greifswald als Ruine:**
2. Sonntag im Advent W; 3. Sonntag im Advent VI;
Buß- und Bettag IV;
S. 520 **Pablo Picasso, Christuskopf:**
Passion
S. 538 **Otto Dix, Saul und David:**
Sonntag Kantate, bes. W
S. 610 **Käthe Kollwitz, Begegnung – Maria und Elisabeth:**
4. Sonntag im Advent; 2. Juli, Tag der Heimsuchung Mariä
S. 622 **Marc Chagall, Lobgesang im Paradies:**
Miserikordias Domini W zu V; Jubilate V; Kantate W zu V und VI
S. 662 **Max Beckmann, Jakob ringt mit dem Engel:**
17. Sonntag nach Trinitatis W zu V
S. 698 **Christian Rohlfs, Gethsemane:**
Karwoche; Judika W.B
S. 738 **Otto Dix, Verleugnung Petri**
Lätare WR.B; Judika WR.A und WR.B
S. 760 **Christian Rohlfs, Der verlorene Sohn:**
3. Sonntag nach Trinitatis III
S. 788 **Otto Müller, Polnische Familie:**
Christvesper, Christnacht
S. 802 **Johannes Schreiter, Turmbau – Fazit 19/1989:**
Pfingstmontag III
S. 824 **Otto Pankok, Die Taube pflückt den Ölzweig:**
4. Sonntag nach Epiphanias VI
S. 854 **Oskar Kokoschka, Christus hilft den hungernden Kindern:**
Passion
S. 866 **Rembrandt, Christus in Emmaus:**
Ostermontag I

S. 908 **Ernst Barlach, Der Barmherzige:**
13. Sonntag nach Trinitatis I

S. 918 **Paul Klee, Verlassener Garten:**
Invokavit III

S. 948 **Ernst Barlach, Der Müde – Tröstung:**
Okuli VI; Passion

S. 986 **Anonym, Das Leben Christi:**
Weihnachten

S. 1028 **Marc Chagall, Aaron mit dem siebenarmigen Leuchter:**
10. Sonntag nach Trinitatis

S. 1090 **Emil Nolde, Saul und David:**
Kantate W

S. 1106 **Rembrandt, Abraham und der Engel:**
5. Sonntag nach Trinitatis IV; 19. Sonntag nach Trinitatis W

S. 1238 **Piet Mondrian, Komposition in Schwarz und Weiß:**
Miserikordias Domini W zu V

S. 1264 **Rembrandt Harmensz van Rijn, Jakobs Traum:**
14. Sonntag nach Trinitatis V

S. 1276 **Franz Marc, Schöpfungsgeschichte II:**
Miserikordias Domini W zu V; Kantate W zu V; Jubilate V; 15. Sonntag nach Trinitatis VI

S. 1340 **Marc Chagall, Der schützende Engel – Psalm 10:**
Trinitatis V

S. 1430 **Jürgen Brodwolf, Figur in Figur:**
Rogate

S. 1484 **Emil Nolde, Prophet:**
26. Dezember, Tag des Ermärtyreres Stephanus; Okuli V; 9. Sonntag nach Trinitatis IV; 12. Sonntag nach Trinitatis II; Reformationsfest

MÖGLICHE ZUORDNUNG DER SONNTAGE UND PERIKOPEN ZU BILDERN

2. Sonntag im Advent W:
C. D. Friedrich, Die Jacobikirche in Greifswald als Ruine S. 482

3. Sonntag im Advent:
Alexey Jawlensky, Johannes der Täufer S. 362

19. Sonntag nach Trinitatis W:
Rembrandt, Abraham und der Engel S. 1106
20. Sonntag nach Trinitatis III:
Marc Chagall, Noah mit dem Regenbogen S. 146
20. Sonntag nach Trinitatis W:
Ernst Barlach, Sitzendes Liebespaar S. 476
Kirchweihfest II *EKD*:
Ben Willikens, Raum 81 S. 318
Reformationsfest:
Emil Nolde, Prophet S. 1484
Reformationsfest I:
Christian Rohlfs, Bergpredigt S. 412
21. Sonntag nach Trinitatis I:
Christian Rohlfs, Bergpredigt S. 412
23. Sonntag nach Trinitatis V:
Christian Rohlfs, Bergpredigt S. 412
Vorletzter Sonntag des Kirchenjahres W:
Ben Willikens, Raum 81 S. 318
Buß- und Bettag:
Käthe Kollwitz, Nachdenkende Frau S. 464
Buß- und Bettag IV:
C. D. Friedrich, Die Jacobikirche in Greifswald als Ruine S. 482
Letzter Sonntag des Kirchenjahres II:
Ben Willikens, Raum 81 S. 318
Trauung:
Ernst Barlach, Sitzendes Liebespaar S. 476

Literaturhinweis: Klaus Raschzok (Hg), Die Bilder im Gesangbuch. Beschreibung, Kontext, Zugänge. Erlangen 1995. ISBN 3-87214-267-4

DER STROPHENBAU DER LIEDER

ch chorale Notation
m mensurale Notation
t taktierte Notation
< auftaktig oder
nicht mit der vollen Mensur beginnende Melodien
° gedehnte Anfangsnote

2-zeilig

3-zeilig

4-zeilig

8.8.8.7.

8.8.8.8.

Chorale Notation

Mensurale Notation

°Gott Vater, Herr, wir danken dir I 557
Mein Seel, o Herr, muß loben dich 308
Nun jauchzt dem Herren alle Welt 288
O Jesu Christe, wahres Licht 72
Ein reines Herz, Herr, schaff in mir 389
Erneure mich, o ewigs Licht 390
Gott, der du alles Leben schufst 211
Ach lieber Herre Jesu Christ,
der du ein Kindlein worden bist 203
Wir danken dir, Herr Jesu Christ,
daß du unser Gast gewesen bist 462

[:8.:][:8.:]
Uns wird erzählt von Jesus Christ (t) 57

<8.8.8.12.
Christus ist König, jubelt laut I (t) 269
Gelobt sei Gott im höchsten Thron (t) 103
Christus ist König, jubelt laut II (t) 269
Text: 8.8.8.4.

<8.8.8.12.
Hevenu schalom alejchem (t) 433

8.8.11.8. siehe 5zeilig 8.8.7.4.8.

9.6.5.6.
Manchmal kennen wir Gottes Willen (t) 626

<9.8.8.8.
Weil Gott in tiefster Nacht erschienen (t) 56

<9.8.8.9.
Das Volk, das noch im Finstern wandelt (m) 20

9.8.9.5.
Danke für diesen guten Morgen (t) 334

9.8.9.8.
Herr, gib mir Mut zum Brückenbauen (t) 649

5-zeilig

8.6.5.7.7.
Jesus Christus, unser Heiland, der den Tod überwand (m) 102

<8.6.8.6.6.
Lobt Gott, ihr Christen alle gleich (m) 27
Auf Seele, auf und säume nicht (m) 73

8.6.8.8.8.
Ach wie flüchtig, ach wie nichtig (m) 528

<8.8.7.4.8.
Ich möcht', daß einer mit mir geht (t) 209

8.7.8.7.7.
Seht, das Brot, das wir hier teilen (t) 226
Freuet euch der schönen Erde (t) 510

8.7.8.7.8.
°Verleih uns Frieden gnädiglich (ch) 421

<8.7.8.8.4.
Gelobet seist du, Jesu Christ (m) 23

<8.7.8.8.7.
Herr, dieses Kind dir dargebracht (t) 583

8.8.7.8.7.
°Ich weiß, mein Gott, daß all mein Tun (m) 497
s. auch 6zeilig 8.8.7.4.4.7.

<8.8.7.8.7.
In dich hab ich gehoffet, Herr (m) 275
Gott Vater, höre unsre Bitt (m) 205

8.8.8.7.7.
Wißt ihr noch, wie es geschehen (m) 52
s. auch 4zeilig 8.8.8.7.

8.8.8.8.4.
Erschienen ist der herrlich Tag (m) 106

Frühmorgens, da die Sonn aufgeht (m) 111
Gott Lob, der Sonntag kommt herbei (m) 162
Wir danken dir, Herr Jesu Christ,
daß du vom Tod erstanden bist 107

<8.8.8.8.4.
Das walte Gott, der helfen kann (t) 675
In Gottes Namen fahren wir (m) 498
Dies sind die heilgen zehn Gebot (m) 231

9.9.10.10.4. s. 9.9.11.10.4.

<8.8.8.8.5.
Du Kind, zu dieser heilgen Zeit (t) 50

9.6.5.7.8.
Auferstehn, ja auferstehn wirst du (t) 678

9.9.11.10.4.
°Nun bitten wir den heiligen Geist (m) 124
Strophe 4: 9.9.10.10.4.

9.9.11.11.9. s. 7zeilig 9.9.6.5.6.5.9.

<10.8.8.8.10.
O heiliger Geist, o heiliger Gott (t) 131

<10.9.8.7.9.
Laß uns den Weg der Gerechtigkeit gehn (t) 658

[:10.:] 10.10.4.
Kommet, ihr Hirten, ihr Männer und Fraun (t) 48

[:11.:] 11.11.11.
Gott, mein Gott, warum hast du mich verlassen (t) 381

12.12.11.9.12.
Herr, deine Güte reicht, soweit der Himmel ist (t) 277
Text 3zeilig 11.9.12. bzw. 6zeilig 6.5.6.3.5.7.

<[:14.:] 4.7.8.
Lobe den Herren,
den mächtigen König der Ehren (t) 316/317
Jauchzet, ihr Himmel, frohlocket ihr Engel II (t) 41
Jauchzet, ihr Himmel, frohlocket ihr Engel I (t) 41

6-zeilig

4.4.7.4.4.7.
°Ach Gott und Herr, wie groß und schwer (m) 233

4.5.5.10.6.6.
Danket dem Herrn! Wir danken dem Herrn (t) 333

4.7.4.4.7.4.
Fürchte dich nicht (t) 629

[:5.:] 7.5.4.7.
We shall overcome (t) 652

5.5.8.5.5.9.
O du fröhliche, o du selige (t) 44

5.5.8.8.5.5.
Jesu, geh voran (t) 391

5.6.5.6.9.10. s. 7zeilig 5.6.5.6.9.10.10.
5.6.11.11.5. s. 4zeilig 11.11.11.5.

5.6.7.5.5.7.
Schönster Herr Jesu I und II (t) 403

5.6.7.6.5.6.
°Kam einst zum Ufer (t) 312

6.4.6.6.4.6.
Strahlen brechen viele aus einem Licht (t) 268

<6.6.5.6.6.5.

Die güldene Sonne bringt Leben und Wonne (t) 444

s. auch 4zeilig 6.11.6.11.

6.6.6.6.6.6.

Gottes Sohn ist kommen (m) 5

<6.6.7.7.7.7.

Auf meinen lieben Gott (t) 345

<6.6.10.7.7.8.

Gelobt sei deine Treu (t) 665

7.5. [:7.5.:]

Lieber Gott, ich danke dir (t) 645

<7.6.7.6.6.6.

Das Weizenkorn muß sterben (t) 585

Text 4zeilig 7.6.7.6.

7.6.9.9.6.6.

Stille Nacht, heilige Nacht (t) 46

<7.6. [:8.6.:]

Aus Gottes guten Händen (t) 646

<7.7.6.7.7.8.

Der Mond ist aufgegangen (t) 482

°O Welt ich muß dich lassen (m) 521

Die Herrlichkeit der Erden (m) 527

Herr, höre, Herr, erhöre (m) 423

In allen meinen Taten (m) 368

Nun ruhen alle Wälder (m) 477

Nun sich der Tag geendet, mein Herz (m) 481

O Welt, sieh hier dein Leben (m) 84

°Das Kreuz ist aufgerichtet (t) 94

7.7.7.7.7.7.

Tochter Zion, freue dich (t) 13

8.6.6.8.6.6

Fröhlich soll mein Herze springen (t) 36
Warum sollt ich mich denn grämen (m) 370

[:8.6.:] 8.7.

°Du Friedefürst, Herr Jesu Christ (m) 422

[:8.7.:] 4.7.

Erd und Himmel sollen singen (t) 499

[:8.7.:] 7.7.

°Gott des Himmels und der Erden (t) 445
Gott, wir preisen deine Wunder (t) 590
Licht, das in die Welt gekommen (t) 592
Tut mir auf die schöne Pforte 166
Weicht ihr Berge, fallt ihr Hügel II (t) 615
Weicht ihr Berge, fallt ihr Hügel I (t) 615

8.7.8.7.8.7. s. 9zeilig 4.4.7.4.4.7.4.4.7.

<[:8.7.:] 7.7.

Komm, o komm, du Geist des Lebens (t) 134
Liebe, die du mich zum Bilde (t) 401

8.7.8.7.8.7.

°Im Frieden dein, o Herre mein 222

<[:8.7.:] 8.7.

Meine Seele in der Höhle (t) 588

<8.7.8.7.8.8.

Hilf, Herr Jesu, laß gelingen (t) 61

[:8.7.:] 8.8.

°Mach's mit mir, Gott, nach deiner Güt (m) 525
°Mir nach, spricht Christus, unser Held (m) 385
°So jemand spricht: Ich liebe Gott (m) 412

8.8.6.6.6.6.

°Er ist das Brot, er ist der Wein (t) 228

Taktierte Notation

°Bleib bei uns, wenn der Tag entweicht I 542
Heut triumphieret Gottes Sohn 109
Wir danken dir, Herr Jesu Christ,
daß du gen Himmel g'fahren bist 121
Bleib bei uns, wenn der Tag entweicht II 542

[:8.8.:] 9.9.

Hört, der Engel helle Lieder (t) 54
Text [:8.8.:]

<[:9.8.:] 8.8.

Dies ist die Nacht, da mir erschienen I (t) 40
O daß ich tausend Zungen hätte (t) 330
Dies ist die Nacht, da mir erschienen II (t) 40
Du hast uns, Herr, in dir verbunden (t) 240
Ich bin getauft auf deinen Namen (t) 200
Ich habe nun den Grund gefunden (t) 354
So ist die Woche nun geschlossen I (t) 669
Wer nur den lieben Gott läßt walten (t) 369
Mir ist Erbarmung widerfahren (t) 355
So ist die Woche nun geschlossen II (t) 669
Ich will dich lieben, meine Stärke (t) 400
Wer weiß, wie nahe mir mein Ende (t) 530

<9.8.9.8.9.9.

Ich bete an die Macht der Liebe (t) 641

9.9.5.5.5.4. s. 4zeilig 9.9.10.9.

9.9.8.8.8.8.

Nun danket Gott, erhebt und preiset (m) 290

<9.9.8.9.9.8.

Dein König kommt in niedern Hüllen (t) 14

9.9. [:10.9.:]

Für Christus leben, sterben für ihn (t) 640

<[:9.10.:] 10.10.
Dir, dir, o Höchster will ich singen (m) 328
Laß mich, o Herr, in allen Dingen (m) 414
Wach auf, du Geist der ersten Zeugen (m) 241

10.10.10.11.11.10. s. 10zeilig 5.5.5.5.10.5.6.5.6.10.

[:10.4.:] 10.10.
°Herr, weil mich festhält deine starke Hand (t) 625

10.9.[:10.8.:]
Gott gab uns Atem, damit wir leben (t) 432

<10.9.11.12.14.14.
Ich werfe meine Fragen hinüber (t) 627

<[:10.11.:] 10.4.
Der Herr ist gut, in dessen Dienst wir stehn (t) 631

<10.11.10.11.10.11.
°Ich steh vor dir mit leeren Händen, Herr (t) 382

11.8.4.10.10.5.
Lobt und preist die herrlichen Taten des Herrn (t) 429

11.10.11.10.11.10.
Herr, deine Liebe ist wie Gras und Ufer (t) 643

[:11.10.:] 11.11.
Jesus ist kommen, Grund ewiger Freude (t) 66
Jesu, hilf siegen, du Fürste des Lebens I (t) 373

<[:11.10.:] 11.11.
Christen erwarten in allerlei Fällen (t) 621
Jesu, hilf siegen, du Fürste des Lebens II (t) 373

11.11.6.6.5.6.
Ich will dir danken, Herr, unter den Völkern (t) 291
Strophen 4zeilig 6.6.5.6.

7-zeilig

Fröhlich wir nun all fangen an	159
°Herr, für dein Wort sei hoch gepreist	196
Halt im Gedächtnis Jesus Christ I	405
°Sei Lob und Ehr dem höchsten Gut I	326
Wach auf, mein Herz, die Nacht ist hin	114
In Gottes Namen fang ich an	494
°Such, wer da will, ein ander Ziel (m)	346
°Wach auf, wach auf, du deutsches Land	145
°Wo Gott der Herr nicht bei uns hält	297
Ich steh in meines Herren Hand	374

<[:8.7.:] 8.8.7

Mensurale Notation

Allein Gott in der Höh sei Ehr	179
Es ist das Heil uns kommen her	342
O Tod, wo ist dein Stachel nun	113
Es ist gewißlich an der Zeit	149
Auf Christi Himmelfahrt allein	122
Halt im Gedächtnis Jesus Christ II	405
Es ist in keinem andern Heil	356
°Herr Jesu Christ, du höchstes Gut I	219
Herr Jesu, deine Angst und Pein	89
Lobt Gott den Herrn, ihr Heiden all	293
Der Geist des Herrn erfüllt das All	554
Zieh an die Macht, du Arm des Herrn	377
Nun freut euch, lieben Christen gmein	341

Taktierte Notation

Bis hierher hat mich Gott gebracht	329
Ich glaube, daß die Heiligen	253
Herr, laß mich deine Heiligung	634
Sei Lob und Ehr dem höchsten Gut II	326
Wenn ich, o Schöpfer, deine Macht	506
Ich steh an deiner Krippen hier	37

8.8.8.8.5.5.5.

Ich bin das Brot, lade euch ein (t) 587

Strophe 4zeilig 8.8.8.8.

[:8.8.:] 8.8.8.
°Mit Freuden zart zu dieser Fahrt (m) 108

9.4.13.8.7.8.7.
Jesus zieht in Jerusalem ein (t) 314

9.9.6.5.6.5.9.
Singt das Lied der Freude über Gott (t) 305

[:9.8.:] 9.9.5.
°Gib dich zufrieden und sei stille (m) 371

[:10.6.:] 9.9.4.
Daß Jesus siegt, bleibt ewig ausgemacht (t) 375
Gott ist getreu (t) 616

<[:10.8.:] 5.4.6.
Wir sagen euch an den lieben Advent (t) 17

<[:10.8.:] 8.8.8.
Lobe den Herren, o meine Seele (t) 303

[:12.11.:] 12.12.12. s. 8zeilig [:12.11.:] 6.6.12.12.

<10.10.5.12.11.10.5.
Die Sonne geht auf: Christ ist erstanden (t) 550

<11.10.11.10.4.6.6.
Die ganze Welt hast du uns überlassen I/II (t) 360
Strophe 4zeilig 11.10.11.10.

8-zeilig

<4.6.6.5.4.6.6.5.
Nun schläfet man (t) 480

<5.5.4.5.7.7.7.7
Ein Licht geht uns auf in der Dunkelheit (t) 555

<[:6.7.:] 7.6.8.6.
Ins Wasser fällt ein Stein (t) 637

[:6.7.:] [:8.7.:]
Kommt herbei, singt dem Herrn (t) 601

[:6.8.:] 8.8.7.7.
Abraham, Abraham, verlaß dein Land (t) 311

<[:7.4.:] 7.4.7.4.
So nimm denn meine Hände (t) 376

7.5.8.5.6.6.7.5.
Gib uns Frieden jeden Tag (t) 425

[:7.6.:] 6.6.6.6.
Auf, auf, mein Herz, mit Freuden (t) 112

<[:7.6.:] 6.7.6.7.
Wir wollen fröhlich singen (t) 167

[:7.6.:] 6.7.7.6
Zieh ein zu deinen Toren (m) 133
    Freut euch, ihr Christen alle, Gott schenkt (m) 129
    Kommt her, ihr seid geladen (m) 213

<[:7.6.:] 6.7.7.6
Aus meines Herzens Grunde (t) 443
    Auf, auf, ihr Christen alle II (t) 536
    Nun jauchzet all, ihr Frommen II (t) 9
    Die Ernt ist nun zu Ende (t) 505
Nun jauchzet all ihr Frommen I (t) 9
Von Gott will ich nicht lassen (t) 365
    Mit Ernst, o Menschenkinder (t) 10
Auf, auf, ihr Christen alle I (t) 536
s. auch 9zeilig [:7.6.:]6.7.7.6.6.

<[:7.6.:][:7.4.:]
Du hast uns, Herr, gerufen (t) 168

7.6.7.6.7.6.7.6.

- Christus, der uns selig macht (m) 77
  - Jesu Kreuz, Leiden und Pein II 78
  - Jesu, deine Passion II 88
- °Gott wohnt in einem Lichte I (m) 379
- Jesu, deine Passion I (m) 88
- Jesu Kreuz, Leiden und Pein I (m) 78
- °O Haupt, voll Blut und Wunden I (m) 85
  - °Ich bin ein Gast auf Erden 529
  - °Noch kann ich es nicht fassen 531

<7.6.7.6.7.6.7.6.

Mensurale Notation

- Herzlich tut mich erfreuen 148
  - Ermuntert euch, ihr Frommen I 151
  - Lobt Gott in allen Landen I 500

Taktierte Notation

- Die Kirche steht gegründet 264

s. auch 13zeilig 7.6.7.6.7.6.7.6.6.6.4.4.4.

[:7.6.:] 7.6.7.6.

- Er weckt mich alle Morgen 452
- Wer wohlauf ist und gesund 674

<[:7.6.:] 7.6.7.6.

Mensurale Notation

- °Du meine Seele, singe 302

Taktierte Notation

- Auf, Seele, Gott zu loben (t) 602
- Befiehl du deine Wege 361
  - Das Jahr geht still zu Ende 63
  - Gib Frieden, Herr, gib Frieden 430
  - Gott wohnt in einem Lichte II 379
- Des Menschen Sohn wird kommen (t) 558
- °Die Nacht ist vorgedrungen 16
- Herr Christ, dein bin ich eigen (t) 204

[:8.6.:] [:10.10.:]
- Lob, Anbetung, Ruhm und Ehre (t) 610

<[:8.7.:] 4.4.7.7.
- Was Gott tut, das ist wohlgetan (t) 372
  - Wir warten dein, o Gottes Sohn (t) 152

<[:8.7.:] 6.6.8.8.
- Der lieben Sonne Licht und Pracht (t) 479

[:8.7.:] 7.7.8.8.
- Freu dich sehr, o meine Seele (m) 524
  - Wenn der Herr einst die Gefangnen (m) 298
  - Wie der Hirsch nach frischer Quelle (m) 600

<[:8.7.:] 7.7.8.8.
- Werde munter, mein Gemüte (t) 475

[:8.7.:] 8.7.8.7.
- °Allein auf Gottes Wort will ich (m) 195
- °Christ ist der Weg, das Licht, die Pfort (m) 612
- Du hast zu deinem Abendmahl I (t) 224
- Welch ein Freund ist unser Jesus (t) 642

s. auch 10zeilig [:8.7.:] 4.4.7.4.4.7.

<[:8.7.:] 8.7.8.7.
- Gott in der Höh sei Preis und Ehr (t) 180.2
- Herz und Herz vereint zusammen (t) 251
  - Bei dir, Jesu, will ich bleiben (t) 406
  - Herr, dein Wort die edle Gabe II (t) 198
  - Herr, die Erde ist gesegnet II (t) 512
- Nun gehören unsre Herzen (t) 93
- O Durchbrecher aller Bande (t) 388
  - Geist des Glaubens, Geist der Stärke (t) 137
  - Herr, dein Wort, die edle Gabe I (t) 198
  - Herr, die Erde ist gesegnet I (t) 512
- Was mein Gott will, gescheh allzeit (m) 364
- Du hast uns Leib und Seele gespeist (m) 216
- Du hast zu deinem Abendmahl II (m) 224

10.11.10.11.6.5.6.5.
Der Herr segne dich und behüte dich (t) 563

<[:11.8.:] 11.8.11.8.
Vergiß nicht zu danken dem ewigen Herrn (t) 608
Strophen 4zeilig 11.8.11.8.

<11.8.11.11.7.11.8.7.
Das ist ein köstlich Ding (t) 285
Strophen 4zeilig 7.11.8.7.

11.10.11.10.[:11.10.:]
Gott gibt ein Fest (t) 586

<11.10.11.10.11.10.11.10.
Von guten Mächten treu und still umgeben (t) 541
s. auch 4zeilig 11.10.11.10.

11.11.7.11.[:11.4.:]
Ich lobe meinen Gott von ganzem Herzen (t) 272

<[:12.11.:] 6.6.12.12.
Gott lebet! Sein Name gibt Leben und Stärke (t) 613

9-zeilig

4.6.6.4.6.6.9.9.4. s. 7zeilig [:10.6.:] 9.9.4.

<5.5.8.[:5.4.8.:]
Bewahre uns Gott, behüte uns Gott 171

[:6.6.5.:] 7.8.6.
Schmückt das Fest mit Maien I (t) 135
Hirte deiner Schafe (t) 670
Jesu, meine Freude (t) 396
Schmückt das Fest mit Maien II (t) 135

10-zeilig

5.5.5.5.10.5.6.5.6.10.
Die güldne Sonne voll Freud und Wonne (t) 449

[:6.6.8.:] 3.3.6.6.
Wunderbarer König, Herrscher von uns allen (t) 327
Gott ist gegenwärtig (t) 165

[:6.7.5.:] 6.7.6.2.
Christe, du Lamm Gottes (ch) 190.2

<7.5.7.4.7.4.7.5.7.4.
Wir wolln uns gerne wagen I/II (t) 254

[:8.4.:] 8.4.8.4.8.4.
°Gottes Geschöpfe, kommt zuhauf (m) 514

<[:8.6.:] 8.8.8.8.4.6.
Die Sach ist dein, Herr Jesu Christ (t) 593

8.7.7.8.7.7.8.8.8.8.
Freuet euch, ihr Christen alle (t) 34

<[:8.7.:] 8.8.7.7.7.7.
Der Tag, der ist so freudenreich (m) 538
Strophe 1: [:8.6.:] 8.8.6.7.7.6.

<[:8.7.:] 8.7.7.8.7.7.
Sollt ich meinem Gott nicht singen (t) 325
Lasset uns mit Jesu ziehen (t) 384

[:8.7.:] 8.8.7.8.8.7.
°Ein Lämmlein geht, und trägt die Schuld (m) 83
°Du Wort des Vaters, rede du (m) 632

[:8.8.7.:] 4.8.4.8. s. 12 zeilig 8.8.7.8.8.7.2.2.4.4.4.8.
8.8.8.8.8.8.8.8.8.8. s. 11zeilig 8.8.8.8.8.8.8.8.5.3.8.

8.8.8.8.8.8.8.8.8.8.8.
°Wir glauben all an einen Gott (m) 183

<[:9.8.:] 9.9.8.9.9.8.
O Gottes Sohn, du Licht und Leben (t) 633

[:10.7.:] 10.10.9. s. 16zeilig [:5.5.7.:][:5.5.5.5.9.:]

[[:11.8.:] 6.9.9.6.7.6.
Gott sei gelobet und gebenedeiet (m) 214
Herr Jesu Christe, mein getreuer Hirte (m) 217

<12.12. [:13.11.:] 6.6.6.6.
Du bist der Weg und die Wahrheit und das Leben (t) 619

11-zeilig

6.5.6.5.6.6.6.6.7.6.7.
Ehre sei dir, Christe (m) 75
1. Strophe: 6.5.6.5.6.5.6.5.7.6.7.

<7.6.7.6.8.5.5.5.5.8.8.
Kein Tierlein ist auf Erden (t) 509
Strophe 4zeilig 7.6.7.6.

[:8.4.7.:] 7.7.11.11.11.
Den die Hirten lobeten sehre II. Teil Heut sein (m) 509
Ganze Form 15zeilig 8.8.8.7. [:8.4.7.:] 7.7.11.11.11.

8.7.8.7.9.8.6.6.6.9.7.4.
Gehe ein in deinen Frieden (t) 489

[:8.8.6.7.:] 9.9.11.
Singen wir heut mit einem Mund (m) 104

[:8.9.8.:][:6.:] 4.8.8.
Wachet auf, ruft uns die Stimme (m) 147/535
Einer ist's, an dem wir hangen (m) 256
Herr, du wollest uns bereiten (m) 220

Jesu, stärke deine Kinder (m) 164
Zieht in Frieden eure Pfade (m) 258

9.6.5.6.6.6.5.9.9.9.7.
Meine Zeit steht in deinen Händen (t) 628
Strophe 9.9.9.7.

12-zeilig

4.4.7.4.4.7.4.4.7.4.4.7. s. 8zeilig 8.7.8.7.8.7.8.7.

5.4.5.4. [:5.5.5.4.:] s. 6zeilig 9.9. [:10.9.:]

6.4.6.5.4.5.6.5.5.4.6.4.
Harre, meine Seele (t) 623

6.6.6.6.6.6.6.6.8.7.8.7.
Geh unter der Gnade 543
s. auch 4zeilig 8.7.8.7.

<[:7.8.:] 7.6.7.6.7.6.7.6.
Nun lob, mein Seel, den Herren (m) 289
Man lobt dich in der Stille (m) 323

<[:8.8.7.:] 2.2.4.4.4.8.
Wie schön leuchtet der Morgenstern (m) 70/544
O Heilger Geist, kehr bei uns ein (m) 130

[:8.8.7.:] 8.8.7.8.8.7.
°O Mensch, bewein dein Sünde groß (m) 76
Ich grüße dich am Kreuzesstamm (m) 90
Jauchz, Erd und Himmel, juble hell (m) 127
Erhebet er sich, unser Gott (m) 281

<9.8.9.9.8.6.8.7.[:4.9.:]
Es wird sein in den letzten Tagen (t) 426
Strophe 8zeilig 9.8.9.9.8.6.8.7.

13-zeilig

<7.6.7.6.7.6.7.6.6.6.4.4.4.
Wir pflügen, und wir streuen (t) 508
Strophe 8zeilig 7.6.7.6.7.6.7.6.
Kehrvers 5zeilig 6.6.4.4.4.

8.7.6.9.10.6.5.6.5.6.5.6.5.
Kommt, atmet auf, ihr sollt leben (t) 639
s. auch 8zeilig 6.5.6.5.6.5.6.5.

[:8.8.7.:] [:8.:] 8.8.4.8.8.
°Herzlich lieb hab ich dich, o Herr (m) 397

14-zeilig

[:7.6.:] 7.8.7. [:6.:] 9.5.6.7.5.
Mitten wir im Leben sind (m) 518

[:7.7.:] [:7.7.7.7.:] 7.8.
Gott, der Vater, steh uns bei (m) 138

15-zeilig

8.8.8.7. [:8.4.7.:] 7.7.11.11.11.
s. auch 4zeilig 8.8.8.7. und 11zeilig [:8.4.7.:] 7.7.11.11.11.

16-zeilig

<[:5.5.7.:] [:5.5.5.5.9.:]
In dir ist Freude in allem Leide (t) 398

<8.6.8.6.8.6.8.6.8.6.8.6.5.5.12.6.
Ein Schiff, das sich Gemeinde nennt (t) 595

<8.7.8.7.8.7.8.7. [:5.8.5.8.:]
Wie ein Fest nach langer Trauer (t) 660
s. auch 8zeilig 8.7.8.7.8.7.8.7.

18-zeilig

Unregelmäßige Bildungen

Nichtliedförmige Bildungen

Singsprüche

Liturgische Gesänge
EG 177.1–177.3; 178.1–178.13; 180.1; 180.3; 181.1–181.6; 185.1–4; 186–189; 190.2–190.3; 570; 571.1–571.2; 574–577; 779–787.

ALPHABETISCHES VERZEICHNIS DER MEHRSTIMMIGEN SÄTZE UND KANONGESÄNGE

Sätze

Kanongesänge